Carl-Auer-Systeme

AGNES KAISER REKKAS

KLINISCHE HYPNOSE UND HYPNOTHERAPIE

Praxisbezogenes Lehrbuch für die Ausbildung

Zweite, korrigierte und überarbeitete Auflage, 2001

Carl-Auer-Systeme im Internet: **www.carl-auer.de**

Bitte fordern Sie unser Gesamtprospekt an:
Carl-Auer-Systeme Verlag
Weberstr. 2
D-69120 Heidelberg

Satz u. Layout: Drißner-Design u. DTP, Meßstetten
Umschlaggestaltung: WSP Design, Heidelberg
unter Verwendung des Gemäldes „The Juggler" von Michael Parkes, Öl auf Leinwand, 1981

Printed in Germany
Druck und Bindung: Kösel, Kempten (www.Koeselbuch.de)

Zweite, korr. u. überarb. Aufl., 2001
ISBN 3-89670-224-6

Die Deutsche Bibliothek - CIP-Einheitsaufnahme

Ein Titeldatensatz für diese Publikation ist bei
Der Deutschen Bibliothek erhältlich.

Inhalt

Vorwort

Von einem Lehrbuch erwartet man u. a. wissenschaftliche Diskurse zu einem breiten Spektrum von Themen, konsequente systematische und thematische Gliederung sowie ausführliche Literaturangaben. Der vorliegende Band ist ein „Lehrbuch anderer Art“, d. h. keines im herkömmlichen, konventionellen Sinn: Es beschränkt sich bewußt auf praxisbezogene Themen, die hauptsächlich auf dem persönlichen Repertoire einer offensichtlich erfahrenen, geschickten und kreativen Therapeutin und Ausbilderin basieren, während es Themen, die anderswo gründlich behandelt werden, lediglich streift. Theoretisches wird nur erwähnt, wenn es zum Verständnis des Praktischen unbedingt notwendig ist. Dafür wird das Gebotene durch konkrete Fallbeispiele anschaulich und interessant, lebens- bzw. wirklichkeitsnah vermittelt. Transkripte von Hypnosesitzungen mit Patienten oder Kursteilnehmern werden im Wortlaut wiedergegeben. So dürfte dieses Buch für „medizinische und psychologische Einsteiger in die Hypnotherapie“ (um mit den Worten der Autorin zu sprechen) ein nützliches Begleitbuch, eine willkommene Ergänzung, oft sogar eine Fundgrube sein. Gleichzeitig bietet es jenen, die mit Hypnose noch nicht vertraut sind, Orientierungsmöglichkeiten, wie Hypnose in der Praxis zur Anwendung kommen kann.

Auch der Aufbau des Buches ist unkonventionell, indem es sich nicht an strikte „Schemata“ oder Gliederungen hält. Die gewählten Themen werden weder aus dem gleichen Blickwinkel noch in einer vergleichbaren Reihenfolge besprochen. Vielmehr konzentriert sich die Autorin auf jene Punkte, die sie in der jeweiligen Situation für didaktisch hervorhebenswert hält und dem Leser nahebringen möchte, was auch ein Grund für Wiederholungen ist.

Hier wird nicht trockenes theoretisches Lernmaterial geboten, sondern man empfindet es manchmal als geradezu spannend – als ob man für ein Weilchen als interessierter Zuschauer durch einen

Einwegspiegel einer Sitzung beiwohnen würde –, und man bekommt dabei einen Einblick in den Reichtum der Möglichkeiten, die dem Psychotherapeuten oder Arzt in der Praxis zur Verfügung stehen. Gleichzeitig kann man beobachten, wie bei Nutzung bekannter Techniken die Kreativität und Individualität des Therapeuten zum therapeutischen Erfolg beitragen können. So möchte das Buch den Leser dazu anregen, das Gebotene durch seine eigene Kreativität, Phantasie, Imagination und Intuition so zu modifizieren, wie es für ihn selbst, für seine Patienten und die jeweilige Situation stimmig ist, um die bestmöglichen Therapieerfolge zu erzielen.

Besonders hilfreich dürften die auf CD* gesprochenen Hypnosetexte sein, geben sie doch die bei Hypnose so wichtigen Nuancen der Sprache wieder, die man einem geschriebenen Text nicht entnehmen kann: die breite Skala und ständig wechselnden Variationen von Tonfall, Mudulation, Tempo, Stimmlagen, Lautstärke, Pausen usw.

Offensichtlich ist Agnes Kaiser Rekkas' therapeutische Arbeit stark von Milton H. Erickson und David Cheek (die ich beide persönlich kannte) beeinflußt. Beide, aber vor allem Cheek, scheinen für dieses Buch sozusagen Pate gestanden zu haben, denn z. B. das „ideomotor signaling" wird besonders eingehend behandelt. Durch Fallbeispiele und eine Vielfalt von Formulierungen wird eine Fülle von diagnostischen und therapeutischen Möglichkeiten dargestellt, die diese Modalität veranschaulichen. Der bescheidene David Cheek, der noch wenige Stunden vor seinem Tode mit mir über seine Arbeit sprach, hätte sich gefreut, eines der Themen, die ihm wichtig waren, so kreativ angewandt und von der Autorin so interessant weiterentwickelt zu sehen.

Noch ein weiterer wichtiger Beitrag von Cheek wird in diesem Buch angesprochen: intraoperative Wahrnehmung. Cheek hatte bereits 1959 versucht, Ärzte darauf aufmerksam zu machen. Die ablehnende Reaktion des „medical establishment" schlägt sich u. a.

* Agnes Kaiser Rekkas (1998): Wie von Zauberhand … CD mit drei hypnotherapeutischen Übungsanleitungen zum Buch „Klinische Hypnose und Hypnotherapie". Heidelberg (Carl-Auer-Systeme)

Agnes Kaiser Rekkas (2000): Seifenblasen. Vier hypnotische Anleitungen für psychosomatische Krankheitsbilder. Heidelberg (Carl-Auer-Systeme).

in dem Umstand nieder, daß keine der renommierten medizinischen Fachzeitschriften auch nur einen seiner sieben diesbezüglichen Artikel veröffentlichte und diese schließlich nur in der „obskuren" Hypnoseliteratur unterkamen. Erst knapp 30 Jahre später wurde intraoperative Wahrnehmung als seriöses medizinisches Thema aufgegriffen und zum Gegenstand von mittlerweile vier internationalen Symposien.

Durch die Veröffentlichung einer Arbeit zu diesem Thema, an der Agnes Kaiser Rekkas beteiligt war, wurde ich ursprünglich auf die Autorin aufmerksam. Damals war ich beeindruckt davon, daß für sie Patienten nicht nur Untersuchungsobjekte waren (was ihnen absolut nicht geschadet hätte), sondern daß das Design des Experiments ein Zugeständnis an die Bedürfnisse der Versuchsperson machte (was in medizinisch-wissenschaftlichen Untersuchungen unüblich ist): Agnes Kaiser Rekkas flocht therapeutische Suggestionen ein, die zwar die wissenschaftliche Untersuchung nicht beeinträchtigten, dem Patienten aber einen unerwarteten Gewinn ermöglichten.

Auch andere Themen wie Schmerztherapie, Analgesie, Anästhesie, Vorbereitung für chirurgische Eingriffe sind hier mit Beispielen belegt und mit Hinweisen für erfolgreiches Vorgehen versehen.

Neue Horizonte können sich dem aufmerksamen Leser eröffnen bei der Erörterung gewisser „Tabus" wie Verwendung von Hypnose bei Depressionen oder Körperberührung. Während Körperberührung in der somatischen Medizin selbstverständlich und unumgänglich notwendig ist, scheint sie in der Psychotherapie immer noch als problematisch betrachtet zu werden. Agnes Kaiser Rekkas führt Gründe, Grenzen und Beispiele zu diesem Thema an.

Obwohl ich geographisch, fachlich und sprachlich „in einer anderen Welt" lebe, hoffe ich mit diesem Vorwort einer deutschsprachigen Leserschaft hinreichend gerecht zu werden. Denn auch wenn mir die Themen dieses Buches außerordentlich vertraut und geläufig sind (ich verwende Hypnose täglich in der somatischen Medizin, der Chirurgie bzw. Anästhesie, der Gynäkologie, bei Krebspatienten usw.) und ich im deutschsprachigen Raum seit Jahren Seminare halte, so weiß ich über den europäischen Ausbildungsgang und die deutschsprachige Fachliteratur nur unzureichend und oberflächlich Bescheid. Ich glaube aber, daß das vorliegende Buch für Ärzte und Psychologen, Anfänger und Fortgeschrittene nützliche Informationen enthält und daß es sogar ein Vergnügen sein dürfte, nur einfach darin zu „schmökern".

Christel J. Bejenke, M. D.
Santa Barbara, Kalifornien
im August 1998

Einleitung

Das vorliegende Buch ist aus der Praxis entstanden und für den Gebrauch bestimmt. Es will nicht wiederholen, was in anderen Büchern über Hypnose schon gut und ausführlich beschrieben ist. Aus diesem Grunde sind die Mythen und Vorurteile, die geschichtlichen Stationen der Hypnose, die Hypnosephänomene sowie die Grundgedanken der heutigen Hypnotherapie nur stichpunktartig in Erinnerung gebracht, um sie als ‚Hintergrundwissen' zu aktivieren. Hier geht es vielmehr um die Befähigung des medizinischen und psychologischen Einsteigers in die Hypnotherapie im pragmatischen Bereich – und damit zuerst einmal um die Position des Therapeuten* im Wellengang der an ihn gestellten und zumeist unerfüllbaren Wünsche von seiten des Patienten. Die Arbeit mit der heutigen Form der Hypnose setzt ein Umdenken voraus, das beim Therapeuten anzufangen hat. Das Prinzip der therapeutischen Kooperation, verbunden mit der impliziten Prämisse der Fähigkeiten des Patienten – „All your patients are potential healers" (David Cheek 1992) – führt das System des Helfens ad absurdum, eröffnet dafür aber im Gegenzug eine ungemein reiche Vielfalt an Möglichkeiten, welche letztendlich den Therapeuten entlasten und den Patienten stärken.

Das Grundschema der therapeutischen Veränderung in Hypnose leitet sich in logischer Konsequenz davon ab und ist einfach: Es geht darum, in veränderter Bewußtseinslage durch Visualisation oder Halluzination dem Therapieziel entsprechende Reaktionen hervorzurufen. Die suggestiv wirkenden Anregungen von seiten des Therapeuten führen den Patienten, der durch sein Leiden am Symptom

* *Ich bin eine Frau*, sicher eine bewußte Frau, eine Therapeut*in*, ein weiblicher Therapeut, und natürlich habe ich Patient*innen*. Der Einfachheit halber schreibe ich aber im weiteren von dem Therapeuten und dem Patienten. Die Lösung mit „TherapeutIn" etc. halte ich nicht für überzeugend. Ich weiß, daß ich damit Kritik provozieren werde; mein Anliegen ist aber die Vermittlung von Konzepten und Techniken in einer Form, die möglichst wenig kompliziert ist.

motiviert und durch Erwartungshaltung aufgeschlossen sowie mit Hilfe der passenden Hypnoseinduktion absorbiert ist, wie von alleine in ein ihm neu erscheinendes und beeindruckendes „Erleben". Dieses Erleben kann Entlastung, Ruhe, Entspannung oder sogar Schmerzfreiheit genauso umfassen wie die Fähigkeit zur Problemlösung; ebenso auch die Kraft, alten Kindheitsdramen zu begegnen, sie grundsätzlich zu ordnen und zu überwinden. Mit hypnotherapeutischer Unterstützung lernt der Patient, die erfahrenen Erlebnisse psychisch und physiologisch auszuwerten und sie für entsprechende Alltagssituationen nutzbar zu machen. Unserer Kunst obliegt es dabei, mit der richtigen Intervention zum richtigen Zeitpunkt die richtige Entwicklung zu fördern. Das ist nun wiederum nicht so einfach, da es kein Standardprinzip geben kann. Jeder Mensch ist einzigartig, mit individuellem Leid, mit eigenem Kontext, in seiner Art von Weltbild, mit persönlichen Kapazitäten. Aber gerade das macht unsere Arbeit auch so aufregend und vielseitig.

Um einen Überblick über die vielfältigen, möglichen Vorgehensweisen zu vermitteln, werden in diesem Buch grundlegende bewährte Strategien und Methoden ausgebreitet. Dabei wird sowohl auf die ‚Altmeister' der Hypnotherapie wie Milton Erickson und David Cheek zurückgegriffen, als auch auf Methoden von befreundeten Experten und von mir selbst entwickelte Interventionsmöglichkeiten.

Das Buch veranschaulicht eine Anzahl von therapeutischen Anwendungen in der Diagnostik, in der Behandlung psychosomatisch Erkrankter, in der Hilfe zur Konfliktlösung sowie auch in der heilenden und integrativen Arbeit zur Bewältigung von Kindheitstraumata; es untermalt diese Themen mit Therapieaufzeichnungen.

Ausführlich beschrieben wird eines unserer wichtigsten Arbeitswerkzeuge, das ideomotorische Signalisieren mit der Anzeige des „neuen Fingers" für die Bestätigung einer sich anbahnenden neuen Entwicklung nach Kaiser Rekkas. Dieser vorerst vielleicht seltsam anmutende Gebrauch eines autonomen, unbewußten Antwortsystems erscheint mir außerordentlich effektiv und ausbaufähig.

In meinen Seminaren wurde immer wieder ein großes Bedürfnis nach Wissen um schmerztherapeutische Maßnahmen deutlich. Deshalb wird das Thema Hypnose und Schmerz mit seinen vielfältigen Möglichkeiten, auch in der Anästhesiologie, eingehend beleuchtet.

Die ideomotorische Traumarbeit ist aufgezeichnet und zur Illustrierung der therapeutischen Wirkung mit Patientenberichten (wie z. B. die Traumbeschreibung „Erdbeeren mit Vanillesoße“) vervollständigt.

Breiter Raum wird der Technik der Selbsthypnose, welche mit ihrer Betonung zur Selbständigkeit des Patienten als Tragbalken der Therapie fungieren kann, gegeben.

In bestimmten Bereichen, wie in der Kindertherapie, in der Therapie bei Menschen mit Depressionen oder bei psychosomatisch Erkrankten, unterscheiden sich die Konzepte im Vorgehen oft grundsätzlich oder weisen der Erfahrung nach besondere Eigenarten auf. Das Lehrbuch versucht, dieser Tatsache mit entsprechenden Kriterien und Beispielen für die Anwendung von Hypnose gerecht zu werden. Zu jedem Themenbereich finden sich außerdem Hinweise auf weiterführende Literatur.

Die Übungsbeschreibungen und Anleitungen im Wortlaut sollten als Beispiele und Anregungen verstanden werden. Man achte aber sensibel darauf, nichts zu übernehmen, was im Konzept oder inhaltlichen Bild nicht stimmig mit der eigenen Persönlichkeit ist. Dann sollte man den Text entsprechend abwandeln oder sich animiert fühlen, etwas ganz Neues zu erfinden. Generell ist es das Anliegen dieses Lehrbuches, die Basis der hypnotherapeutischen Strategien und Methoden zu beschreiben; auf dieser Grundlage will es seine Leser ermutigen, im Rahmen des eigenen Repertoires und/oder Therapieansatzes zu experimentieren und sich Neuland zu erobern.

In einem Anhang bieten fünf Fragebögen ausreichend Material, um sowohl in der Ausbildungs- und Supervisionsgruppe als auch in der persönlichen Reflexion wesentliche Kriterien in der Arbeit mit Hypnotherapie zu überprüfen. Mit jeweils unterschiedlicher Intention setzt jeder Fragebogen einen anderen Fokus, um das ganze Spektrum von der Eigenbefindlichkeit des Therapeuten bis hin zu strukturiertem Vorgehen in der Gestaltung der Hypnosesitzung abzudecken.

München, August 1998

Teil eins

Voraussetzungen ◀

Kapitel 1

Grundlagen

1.1 In Hypnose ‚beamen' und weg ist das Problem?

Ein morgendlicher Telefonanruf:

Eine Männerstimme: „Bin ich da richtig bei Frau Dr. ...?"

Ich: „Ja, Sie sind richtig."

Der Herr: „Ich interessiere mich für Hypnose."

Ich, freundlich: „Ja?"

Der Herr: „Ich möchte, daß Sie mich in Hypnose versetzen, damit ich meine Angst loswerde."

Na, das ist alltäglich, und ich reagiere sachlich: „Hm, im Prinzip kann Hypnose in der Angsttherapie sehr erfolgreich eingesetzt werden. Von wem kommen Sie denn, wer hat Sie an mich empfohlen?"

Der Herr: „Ich komme über diesen Verein, wie heißt er gerade noch, ‚Verein für Deutsche Hypnose'."

Ich: „Aha, über die ‚Deutsche Gesellschaft für Hypnose'."

Der Herr: „Richtig, über die Therapeutenliste der ‚Deutschen Gesellschaft für Hypnose'."

Im stillen denke ich mir: „Typisch. Wieder ein Artikel in der Radiozeitschrift oder in einem Heftchen in der Arztpraxis und einem schon bekannten dummen Mythos aufgesessen oder womöglich noch etwas aus meiner eigenen Feder in einem Gesundheitsmagazin und nicht offen für Bekehrung ... und dann darunter die MEG- und DGH-Adresse ..."

Der Herr unterbricht mein Räsonieren: „Wissen Sie, ich mache schon eine Psychotherapie, eine ganz normale. Jetzt will ich aber endlich meine Angst weghypnotisiert haben."

Ich betone nochmals, daß Hypnose prädestiniert in der Behandlung von Angstsymptomen eingesetzt werden kann, informiere den Herrn aber auch, daß Symptome meistens ja ihre Geschichte und auch einen Sinn haben, so daß man sie nicht einfach „wegzaubern" dürfe, was auch nicht funktioniere. In Hypnose könne leider, aber eigentlich auch glücklicherweise, niemand anderer für einen selbst das Problem erledigen. Dagegen verhelfe der veränderte Bewußtseinszustand der Hypnose einem aber dazu, ganz selbständig neue Kräfte zu mobilisieren, so daß man letztendlich selber das Problem lösen könne. Das sei doch auch viel besser. Und außerdem befände er sich ja schon in Therapie …

Ich komme nicht weit:

Der Herr: „Und das Rauchen? Können Sie mich nicht dafür in Hypnose ‚beamen', damit ich aufhören kann?"

„Oh, là, là ein hartnäckiger Fall", geht mir durch den Kopf.

Ich erkläre weiter, daß Hypnose nur in einen psychotherapeutischen Rahmen eingebettet angewendet werden sollte. Auch ich würde Hypnose ausschließlich innerhalb meiner Psychotherapien einsetzen. Und da er sich schon in einer Therapie befände, bliebe mir nur übrig, ihm eine Empfehlung zu geben, und ob er diese anhören wolle.

Der Herr: „Werden Sie mich jetzt durchs Telefon hypnotisieren?"

Amüsiert antworte ich: „Durchs Telefon? Eigentlich nicht, aber wer weiß, nichts ist unmöglich. Und Sie sind ja wirklich zu vielem bereit, um Ihre Angst zu verlieren. Das ist gut. Dann werden Sie auch erfolgreich sein!"

Klingt wie eine klassische Suggestion, könnte sogar wirken, bei *der* Motivation …

Pause.

Gespannte Aufmerksamkeit auf der anderen Seite.

Ich: „Wollen Sie meine Empfehlung nun anhören, um sich besser zu fühlen und sicherer zu werden?"

Der Herr deutlich: „Ja."

Ich: „Lernen Sie Selbsthypnose! Kaufen Sie sich dazu das Buch *Selbsthypnose* von Brian Alman, studieren Sie es, machen Sie die Übungen und besprechen Sie alles mit Ihrem Therapeuten."

Der Herr, hörbar aus allen Wolken fallend: „*Ich* soll da selber was machen können?"

Ich, die sich zufällig ergebende Chance nutzend: „Ja, Sie können, weil Sie wollen!"

Der Herr, verwundert, aber sich öffnend: „Meinen Sie?"

Ich: „Ja, ich meine nicht nur, ich bin sicher. Sie werden davon profitieren."

Der Herr: „Warum nicht?"

Ich: „Ja, warum nicht. Alles Gute!"

Dieses Gespräch gibt die typische Erwartungshaltung wieder, der wir als Hypnotherapeuten ständig von neuem ausgesetzt sind und für die wir gewappnet sein müssen. Im Moment des Niederschreibens am PC erhalte ich einen fast identischen Anruf, auch was die nachträgliche Frage nach der Raucherentwöhnung anbelangt, nur unterschieden durch die Aufzählung aller bisher durchlaufenen therapeutischen und medizinischen Stationen (zur Beseitigung einer Schlaflosigkeit der Aufenthalt im Schlaflabor etc.) und durch den Hilferuf:

„Sie sind meine letzte Rettung!"

1.2 Mythen und Vorurteile

Die ganz besonderen ‚Hypnosephänomene', die von uns Hypnotherapeuten, ob wir es wünschen oder nicht, wie automatisch Besitz ergreifen

Der Glaube des Laien:

Hypnose ist nur bei leichtgläubigen und einfältigen Personen anwendbar.
Hypnose erzeugt Abhängigkeit.
In Hypnose benimmt man sich auf peinliche Art und Weise.
In Hypnose erzählt man widerstandslos alles über sich.
Aus dem hypnotischen Zustand kann man eventuell nicht zurückkehren.
In Hypnose geht man in eine Art Koma.
Jemand anderer kann einen im hypnotischen Zustand zu unfreiwilligen Aussagen oder Handlungen mißbrauchen.

In Hypnose ist man dem Therapeuten ausgeliefert.
Jemand anderer (der Hypnotiseur oder der Hypnotherapeut) könne für einen etwas auf magische Art und Weise (möglichst innerhalb einer Sitzung) erledigen.
Der Hypnotherapeut ‚versetzt einen in Hypnose' und manipuliert dann am Symptom, bis es weg ist.

Die immer noch verbreitete Ansicht in Fachkreisen:

Nur bestimmte (suggestible, ‚einfach strukturierte', ‚hysterische') Leute sind „hypnotisierbar".
Hypnose ist einfach nur Entspannung.
Hypnose ist ein schlafähnlicher Zustand.
Hypnose deckt Probleme nur zu.
In Hypnose wird (gefährlicherweise) nur symptomorientiert gearbeitet.
Hypnose ist bei Depressionen kontraindiziert, sogar gefährlich wegen angeblicher Begünstigung suizidaler Tendenzen und starker Abhängigkeit vom Therapeuten.
Hypnose ist das Eintrichtern einfacher positiver (und natürlich unwirksamer) Formeln.

1.3 Hypnose aber wirkt anders

Kurzgefaßt: Der hypnotische Zustand entkrampft physisch und psychisch. Durch Tiefenentspannung mit vegetativer Umstellung bzw. Harmonisierung wird somatische Heilung unterstützt.

Psychisch wird mehr Freiraum gewonnen, mental werden innere Bezugsrahmen erweitert und Handlungsspielräume vergrößert. Insgesamt können wir von einer Stärkung der Persönlichkeit im positiven Sinne ausgehen, womit die Autonomie des Patienten gefördert wird. Traumata können aufgefunden und bearbeitet werden. Hypnose verändert innere Bilder.

Gute Erfolge lassen sich in der Schmerztherapie und in der Behandlung psychosomatischer Krankheiten verzeichnen.

1.4 Hypnose in Stichpunkten

Nach Milton Erickson beschreiben vier Worte, die alle mit dem Buchstaben ‚E' anfangen, die Hypnose: **Excitement – Experiment – Experience – Enjoyment**

Hypnose ist:

- primär entspannend, somit entängstigend (ent„eng"stigend) und tief erholsam;
- ein veränderter Bewußtseinszustand mit ausgeprägten Alpha-Phasen in der rechten Hemisphäre;
- ein aktiver, wacher, geistig aufmerksamer Zustand;
- im therapeutischen Sinn ein schöpferischer Zustand des Lernens und der Neuorientierung;
- die Hypnotisierbarkeit ist ein natürliches Phänomen, allerdings situations- und kontextabhängig;
- ist keine Therapie, sondern eine Methode, bei der Psychotherapie mit spezifischen Techniken im Trancezustand erfolgt;
- ein Verfahren, das die Suggestibilität erhöht, wobei kritisches Denkvermögen und ethisches Werteurteil unverändert aufrecht erhalten bleiben.

1.5 Therapeutisch nutzbare Phänomene der Hypnose

- Dissoziation, d. h. gleichzeitiges Erleben von hier und dort, zwei unterschiedlichen Zuständen
- veränderte Zeitwahrnehmung, Zeitverzerrung
- Amnesie oder Hyperamnesie
- Zeitregression/-progression
- Anästhesie/Analgesie
- Halluzination
- Katalepsie (Handlevitation) und ideomotorisches Signalisieren
- Veränderung der Körperwahrnehmung/des Körperschemas
- Dissoziation eines Körperbereiches
- Hypermnesie, verbesserte Erinnerungsfähigkeit

- ‚Trancelogik', was eine Bereitschaft für flexiblere Denkvorgänge durch geistige Akzeptanz von konträren Inhalten bedeutet

1.6 Objektivierbare Indikatoren von Hypnose

Somatisch:

- Kopf sinkt, glatte, entspannte Gesichtszüge, Blässe im Gesicht, Darmgeräusche
- vertiefte, ruhige Atmung – Veränderung der Pulsfrequenz
- sparsame, verlangsamte Bewegungen, evtl. Katalepsie
- Verschwinden oder Verzögerung von Reflextätigkeit
- verringerter Hautwiderstand, verlangsamter Metabolismus, verzögerte allergische Reaktion
- vegetative Beeinflußbarkeit (Durchblutung, Blutdruck, Magensäureproduktion etc.)
- Senkung der Katecholamine und Glukokortikoide im Blutspiegel
- Zunahme der Lymphozytenzahl 20 Minuten nach der Hypnose

Mental:

- verlangsamte Reaktionsbereitschaft
- langsames, leises Sprechen, oftmals in kindlichem Tonfall, gegebenenfalls in anderer Sprache aus der Kinderzeit (Regression)
- zeitliche Verzögerung im begrifflichen Denken
- „Wörtlich nehmen", Nichtverstehen von Verneinungen („stell dir kein blaues Auto vor")
- Suggestibilität im Rahmen der ethischen und moralischen Werte
- Akzeptanz von gedanklichen Widersprüchlichkeiten
- Flexibilität im Auffinden ganz neuer Gedankengänge, Erweiterung innerer Bezugsrahmen
- Erinnerung längst vergessener Situationen aus frühester Kindheit
- Absorption, klare innere Aufmerksamkeit, Konzentration auf ein Thema

- gute Visualisierungsfähigkeit, Fähigkeit, auf „innerer Bühne“ zu experimentieren
- erweiterte Vorstellungskraft auf allen Sinneskanälen
- nach der Hypnose Zeit der körperlichen und geistigen Reorientierung

1.7 Hypnose – gestern und heute

Ein zusammenfassender Überblick teilt die Geschichte der Hypnose in drei Kapitel mit jeweils völlig unterschiedlichen Ansätzen ein:

Bei dem **„autoritären Ansatz“** liegt der **Fokus auf dem Hypnotiseur,** seinem starken Willen, seiner Macht und seinem ‚magischen Auge‘. Seine Suggestionen sollen tief in unbewußte Schichten eindringen und veränderte Verhaltens- und Reaktionsweisen beim Hypnotisanten auslösen. Diese Epoche der Hypnose ist mit den Namen von **Mesmer, Charcot und Freud** verbunden.

Bei dem **„standardisierten“ Ansatz** richtet sich das Augenmerk dagegen auf den Hypnotisierten bzw. Patienten. Aus der Experimentalpsychologie entwickelt, steht die suggestive Modifizierbarkeit des Verhaltens im Vordergrund. Dieser Ansatz zeichnet sich durch langwierige Induktionsformen ausschließlich über Entspannung und mangelnde Kontextvariablen aus. Er ist inflexibel und lastet Mißerfolge einem Manko an **Suggestibilität** und Hypnotisierbarkeit an. In dieser Phase wurde eine Menge an standardisierter Verfahren ausgearbeitet. Ausführliche Suggestibilitätstests sollten abklären, wieweit Hypnose wirksam werden könne. Führende Persönlichkeiten waren hier Hilgard und Hull.

Der **„Kooperationsansatz“** leitet sich aus einem Zusammenspiel der modernen Psychotherapien ab und berücksichtigt die systemischen Rückkoppelungsprozesse. Alle Karten werden auf die **Wechselwirkung zwischen Therapeut und Patient** gesetzt. Respekt und Achtung vor den Fähigkeiten des anderen werden offen ausgedrückt und die Zusammenarbeit auf gleichem Niveau unter dem Aspekt einer Konferenz zweier Fachleute betont. Keine rigiden Prozeduren, keine fixierten Methoden schränken schöpferische Prozesse ein. Der Therapeut führt bzw. begleitet den Patienten mit fachlicher Anleitung in Richtung Therapieziel. Die Trance wird als eine Phase der Neuorientierung und des Lernens verstanden. Suggestionen werden möglichst vermieden, da der therapeutische Effekt fraglich ist. Auf jeden Fall sollte eine Analyse oder Interpretation der Hypnoseerfahrung unterbleiben, um in Gang gesetzte unbewußte Leistungen nicht durch bewußte Reflexion zu stören. Dieser Ansatz ist hervorragend zur Stärkung der Persönlichkeit in allen ihren Facetten sowie zur Nähe-Distanz-Regulierung geeignet, womit er auch in der Therapie bei Depressionen (Yapko 1996) indiziert ist. Diese Erweiterung der einfachen klassischen Hypnose wird **Hypnotherapie** genannt, was die gewonnene Vielfalt schon andeutet. Die Väter und Mütter der Hypnotherapie sind nicht nur **Milton H. Erickson**, David Cheek und weitere Hypnosefachleute, sondern auch Virginia Satir und viele andere Psychotherapeuten mit weiteren methodischen Ansätzen.

Will man sich nicht mit dieser knapp-nüchternen Auflistung begnügen, lasse man sich faszinieren von Konrad Wolffs Artikel „Hypnotische Archäologie – lang ist und windungsreich der Weg von der physikalistischen Phantastik des Mesmerismus bis zum psychologischen Realismus der Ericksonianer" (1998). Das romangleiche Schriftstück stellt in unvergleichlicher Weise die schillernde Geschichte der Hypnose dar.

1.8 Rapport und Kooperation – Die Basis der heutigen Hypnotherapie

Sie setzt bei uns Therapeuten voraus, an unbewußte Fähigkeiten und Kräfte zu glauben. Unsere eigenen Erfahrungen in Selbsthypnose und die Arbeit mit den Patienten lehren uns, mehr und mehr auf diese Begabungen, die bewußt vorerst nicht zugänglich sind, zu achten und ihnen zu vertrauen.

Eine wesentliche Bedingung für guten Rapport ist die **Kunst der subtilen Beobachtung.** Üben Sie das Beobachten des Patienten. Fangen Sie bei der Begrüßung an: so z. B. Bewegung, Mimik, Atmung, Sprachfluß, Sprachgebrauch, Grad der Rigidität/Flexibilität in den Denkmustern, Wachsamkeit/Aufmerksamkeit, Gespanntheit, die Fähigkeit sich zu konzentrieren etc. **Nehmen Sie den Patienten wahr.**

Es ist ein Dilemma, das den Patienten zu uns führt, d. h., er ist in Probleme geraten, die er durch bewußte Prozesse nicht zu lösen vermag. In der Sprache der Hypnose: Seine gelernten Bezugsrahmen sind zu eng geworden, so daß er Gefangener im eigenen System ist. Oft zeigen sich zwei Alternativen, die aber beide nicht zum Erfolg führen oder sogar in Katastrophen enden würden (pathologische Doppelbindung = Pattsituation).

Der Auftrag des Hypnotherapeuten beinhaltet nicht das Ziel, den Patienten neu zu prägen, zu beeinflussen oder (gar noch auf magische Art und Weise) zu manipulieren. Im Gegenteil soll die hypnotische Intervention des Therapeuten den Patienten anleiten, zu seinen eigenen Ressourcen zu finden. Der Therapeut suggeriert nicht, er regt innere Suchprozesse an, er ruft hervor.

Das Prinzip der Kooperation beruht auf dem nutzbringenden Zusammenschluß zweier Fachleute mit unterschiedlichen Kompetenzen auf respektvoller Ebene. Geistige und seelische Prozesse werden dabei auf besondere Art und Weise ins Fließen gebracht, so daß in der Folge therapeutische Veränderungen, für welche Art von Krankheit oder Problematik auch immer, vollzogen werden können. Das geschieht im Trancezustand auf „unabsichtliche“, spielerische Art und Weise, ohne Behinderung durch bewußte Kontrollmechanismen. Hypnose ist somit kein passiver und regressiver Zustand, sondern eine hochmotivierte Verfassung, eine Phase der besonderen inneren Konzentration, eine Zeit des Lernens.

Bestenfalls beobachtet der Patient in aller Ruhe, was sich in seinem Inneren abspielt.

Bestenfalls begleitet der Therapeut ihn dabei mit zugewandter, warmherziger, ruhiger und permissiver Art und fordert ihn auf, dem inneren Prozeß zu folgen und sich für Überraschungen (neue Lösungen, Wendungen, Schmerzbewältigung) zu öffnen.

Der Glaube an die Fähigkeit des Patienten zu dieser unbewußten Leistung und die Sicherheit in der Begleitung sind die potentesten Suggestionen, die wir dem Patienten zu geben vermögen.

(Siehe auch Gilligan 1991)

1.9 Ist die Hypnose tief genug?

Die Frage der Korrelation von Hypnosetiefe und -wirksamkeit

Zumeist den Patienten, oft aber auch den angehenden Hypnotherapeuten beschäftigt die Frage nach der ausreichenden Hypnosetiefe, die implizit den Zweifel an der Wirksamkeit der Hypnose enthält. Vorsichtig, aber auch offen geäußerte Fragen (siehe auch Fragebogen im Anhang) zielen auf diese Thematik ab: „Ich habe Sie aber immer noch gehört!" Oder: „Ich kann mich aber an alles erinnern. Ist das denn richtig?"

Tatsächlich korrelierte man den Erfolg der Hypnose bis zur Entwicklung der modernen Hypnotherapie mit der Tiefe des hypnotischen Zustandes. Mißerfolge, d. h. Resultate, bei denen die vom Hypnosetherapeuten dargebotenen Suggestionen oder Formeln keine Resonanz zeigten, konnte man somit der mangelhaften Hypnotisierbarkeit des Probanden anlasten. Die experimentelle Hypnose beschäftigte sich ausführlich mit der Hypnotisierbarkeit, die sie an Versuchspersonen, wie z. B. Studenten testete, die im allgemeinen keine tiefere Motivation für das Ausführen von suggeriertem Verhalten haben konnten. Man fand, je nach Studie in den Resultaten etwas divergierend, eine Aufteilung der Hypnotisierbarkeit in ungefähr zwei Drittel „Normalhypnotisierbare", das weitere Drittel verteilt auf „Hochhypnotisierbare" und „Geringhypnotisierbare".

Diese erforschten Hypnotisierbarkeitsvariablen lassen sich nun der Erfahrung nach aber keineswegs auf den „Menschen in Not" übertragen. **Wo Leid, Tragik, Schmerz, Angst und Trauma herrschen, erhöht sich spontan die bewußte, aber vor allem die unbewußte Motivation zur Veränderung der Situation und gleichzeitig die Suggestibilität und Hypnotisierbarkeit.** In meiner Untersuchung im Rahmen einer Studie der Universität München, Medizinische Fakultät, und des Klinikums Großhadern zur Erforschung intraoperativer akustischer Wahrnehmung (mit Hypnose) in der Kardiochirurgie zeigte sich, daß die Patienten (die keine vorherige Erfahrung in Psychotherapie oder Hypnose aufwiesen) sich kurz vor dem operativen Eingriff ohne weiteres in der Hypnosetechnik anleiten ließen. Ihre Berichte lassen darauf schließen, daß sie sogar von der Intervention profitieren konnten:

„Untersucht wurden insgesamt 70 Patienten im Alter zwischen 42 und 71 Jahren, davon 19 Frauen. Das Angebot einer psychotherapeutischen Unterstützung wurde von den Patienten größtenteils positiv aufgenommen. Trotz der Knappheit des zeitlichen Rahmens am präoperativen Tag und der damit verbundenen nervlichen Belastung sowie der Fremdheit des Verfahrens konnte zu fast allen Patienten ein guter bis sehr guter Kontakt hergestellt und Interesse geweckt werden. Die Gelegenheit, das Verfahren der Hypnose zu erlernen, wurde von den Patienten bewußt/unbewußt vorteilhaft genutzt. So erlebten 95 % der Patienten eine Trance mit sichtbaren Trancemerkmalen, 92 % mit kataleptischer Handlevitation, 70 % mit ideomotorischem Signalisieren durch Fingerzeichen nach Cheek. Über 90 % der Patienten gaben an, durch die Therapie eine Unterstützung des subjektiven Wohlbefindens, innere Entspannung und Verminderung existentieller Ängste erhalten zu haben. Bei 50 % der Patienten war es möglich, eine positive Beeinflussung bezüglich Schmerzempfinden, Atemnot und anderer Mißbefindlichkeiten zu erzielen. Etwa die Hälfte der Patienten konnte anschließend an die Hypnose ein bestimmtes Tranceerlebnis – wie ein schönes, angenehmes Bild – wiedergeben. Einige Patienten übten aus eigenem Interesse nach der Intervention noch eigenständig Selbsthypnose mit Handlevitation. Bei über der Hälfte kam es im postoperativen Interview zur spontanen Handlevitation.

Folgende Patientenberichte mögen mit ihren eigenen Worten sprechen:

61jähriger Patient, Absatzmoduleur i. R. (OP: 2 x Bypass): *„Die Übung hat mir sehr geholfen. Das Leichterwerden der Hand* (die Handlevitation, Anm. der Verfasserin) war *eine Art Genugtuung für mich. Ich bin mit einer gewissen Kraft in den OP hineingegangen. Dann habe ich die Frage gehört: ‚Was lieben Sie?' Ich habe gesagt: ‚Musik!' Dann spielte auf einmal Musik."*

69jährige Patientin, Hausfrau, (OP: Mitralklappenersatz). Diese Patientin visionierte in der präoperativen Trance, sie läge auf einer grünen Wiese und sähe in „schöne Wolken". Postoperativ sagte sie: *„Eigentlich liege ich immer noch auf dieser Wiese. Die Wolken sind auch noch da, aber bunter, prächtiger."*

66jähriger Patient, angestellt bei der Wach- und Schließgesellschaft (OP: Bypass). *„Das ist jetzt gut gewesen, so beruhigend. Das liftet einen so richtig."*

Verglichen mit Erfahrungen aus der therapeutischen Anwendung von Hypnose in meiner Psychotherapiepraxis stellt sich hier ein besonders hoher Faktor an Trancebereitschaft und unbewußter Kooperation dar. So kann aus den oben aufgezeichneten Beobachtungen geschlossen werden, daß die Patienten vor einem kardiochirurgischen Eingriff einen – vor allem unbewußt – hohen motivationalen Status erreichen, um Hypnose zu erleben, zu genießen und die Erfahrung auf längere Dauer bewußt/unbewußt nutzbringend zu verwenden." (Kaiser 1992)

Auch meine langjährige Erfahrung mit Hypnotherapie zeigt, daß **Hypnotisierbarkeit** kein feststehender Faktor, sondern **kontextabhängig** und individuell unterschiedlich ist. Ein und dieselbe Person kann zu verschiedenen Zeitpunkten in unterschiedlichen Kontexten völlig verschieden reagieren. Abgesehen von der Stärke des aktuellen Leides, der Erwartungshaltung, Neugier und dem Willen zur Verbesserung der Situationen ist dabei verständlicherweise das Zusammenspiel mit dem Therapeuten, das sich in gegenseitiger Wertschätzung und Anerkennung der Kompetenz des anderen spiegelt, von großer Bedeutung.

Es kann davon ausgegangen werden, daß **jeder Mensch** hypnotische Zustände kennt und sie auch willentlich oder unwillentlich nach Bedarf einsetzt, was bedeutet, daß er **hypnotisierbar** ist. Das erklärt, weshalb dem Patienten anfangs dieser veränderte Bewußtseinszustand (ohne tieferen therapeutischen Inhalt) so vertraut vorkommt.

Erweist sich aber ein Patient als überhaupt nicht hypnotisierbar, bedarf dies der Abklärung. Die Ursache kann neben einer Störung der therapeutischen Beziehung im therapeutischen Setting liegen. Eventuell besteht auch zur Zeit kein Boden für eine therapeutische Intervention, oder der Patient hat einfach keine Lust. Die Ursache kann auch in einer unbewußt gespeicherten, unangenehmen ehemaligen Trancesituation liegen (das „Flashback-Phänomen"), die eine erneute Bereitschaft für Hypnose behindert. So konnte eine Freundin und Kollegin von mir, die Hypnose als Therapie zur Bewältigung der Schmerzen ihrer primär chronischen Polyarthritis wünschte, diesen Zustand nicht erreichen. Längeres Eruieren brachte zutage, daß sie – in Haiti aufgewachsen – unbewußt den Zustand der Hypnose mit den tranceinduzierenden, politischen Indoktrinationen von ‚Papa Doc' über Radio und Lautsprecher in Zusammenhang brachte. Bei derartigen Befunden ist natürlich keinesfalls zu drängen, sondern den Faktor Zeit für sich arbeiten zu lassen, Sicherheit zu schaffen und evtl. ein entsprechendes Trauma zu bearbeiten. Überhaupt sollte der Therapeut es sich zur Devise machen, in der Therapie eher auf die Bremse als aufs Gaspedal zu treten.

Ein Hinweis sei hier noch angefügt: Ein erstaunlich schnelles und tiefes Abgleiten in Hypnose kann ein Indiz für Gewalt und auch sexuelle Grenzüberschreitung in der Kindheit sowie für ‚Verrücktheit' im System der Ursprungsfamilie sein. Beobachtungen in dieser Richtung sollten auf jeden Fall notiert und während der Therapie im Auge behalten werden.

Nun, wie tief soll sie also sein, die Hypnose?

1. **Generell braucht man für psychotherapeutische Prozesse keine tiefe Hypnose.** Wenn auch praktiziert und in der Bevölkerung als Vorstellung verbreitet, geht es ja nicht darum, dem Patienten in einer Art „Tiefenhypnose" Suggestionen zur Provokation neuer Verhaltensweisen „einzutrichtern". Ziel ist vielmehr, ihm zur Erweiterung seiner Spielbreite maßgeschneiderte Ermutigungen zu geben. In sehr tiefen hypnotischen Zuständen könnte sogar die Gefahr liegen, daß uns der Patient entgleitet und sich der therapeutischen Arbeit entwindet.

2. **Für die Arbeit mit ideomotorischem Signalisieren brauchen wir sogar nur eine oberflächliche Hypnose.** Allein die Aufforderung: „Schließen Sie nun einfach mal die Augen – das tut gut –, und lassen Sie uns wissen, welches Ihr Finger für die Antwort ‚ja' etc. ist", reicht schon als Induktion. Der Patient wird absorbiert, und die Hypnose vertieft sich automatisch und dem therapeutischen Prozeß angemessen.

3. **Indikationen für tiefe Hypnose sind seelische und physische Erschöpfungszustände sowie die Therapie des somatischen Anteiles psychosomatischer Erkrankungen.** Diese Hypnosen sollten, wenn möglich, **im Liegen** durchgeführt werden. Die ausgiebige Erholung „in der kristallklaren Stille" (Meares 1983, ein australischer Arzt und Hypnotherapeut, der viel mit Krebspatienten arbeitete) trägt wesentlich zur Immunsteigerung (Untersuchung der Universität Konstanz unter Walter Bongartz 1990) und physischen Stärkung bei. Aus diesem Grunde sollten psychosomatisch Erkrankte sowie Schmerzpatienten regelmäßig zirka dreimal täglich Selbsthypnose zur Tiefenentspannung ausüben.

Gute Resultate habe ich mit tiefer Hypnose auch bei Kindern und Jugendlichen mit Tic-Erkrankungen (auch bei Tourette-Syndrom) erreichen können.

Merke: Wir Therapeuten sollten uns auf keinen Fall irgendeinem Druck von seiten des Patienten, ihn in tiefe Hypnose zu „zaubern", beugen. Menschen reagieren unterschiedlich, und manchmal braucht es einige Übung zum Erreichen des Zieles. Auch ist der Patient darüber zu informieren, daß **Hypnose kein ‚Alles-oder-nichts-Zustand'** ist, sondern fließende Übergänge hat und sich in einer Art schwingender Wellenbewegung vertiefen und auch wieder abflachen kann.

1.10 Hypnose – eine Erlebnistherapie

Oder: Wie erklären sich psychische Entwicklung und somatische Heilung durch Hypnose?

Das Prinzip ist einfach und schlüssig, die Erklärung geradezu simpel, der Vorgang nur allzu logisch.
Zum besseren Verständnis dieser gewagt klingenden These halten Sie jetzt bitte im Lesen kurz inne und machen ein kleines Experiment:

Strecken Sie die Arme waagerecht nach vorne, die Handflächen zueinander gedreht. Schließen Sie nun die Augen und stellen sich vor, an jeder Ihrer Handflächen sei ein starker Magnet unterschiedlicher Polung, also anziehender Kraft, befestigt. Obwohl Sie versuchen, die Arme in der gleichen Stellung zu halten, sind die imaginierten Magnete stärker, die Anziehungskraft zwischen den Händen enorm – ein starkes magnetisches Kraftfeld, das die Handflächen unwiderstehlich näher und näher bringt. Sie atmen ruhig und gleichmäßig, was die magnetische Kraft noch erhöht. Dann verharren Sie einen Moment, öffnen die Augen und betrachten die Stellung Ihrer Arme und Hände. Was ist passiert? Vielleicht sind Sie überrascht, vielleicht ist es Ihnen schon von vornherein klar gewesen: Die Hände sind sich nahe gekommen. Wodurch? Durch Ihre reine Vorstellungskraft.

Wenn wir diese Erfahrung noch mit der Übung „Obstschale, Halluzination auf allen (Sinnes-)Kanälen" erweitern, erhalten wir alle Ingredienzen für das hypnotherapeutische Menü. Allein durch die phantasievolle Vision einer leckeren, reifen Frucht, die wir in der Hand wiegen und deren Duft uns in die Nase steigt, läuft uns das Wasser im Munde zusammen, und wir müssen sogar reflektorisch schlucken. Und während ihr Aroma noch die Zunge bezaubert, versinken wir in einen Traum voller Farbigkeit und heiterem Lachen ...

In feiner Abstufung, richtig dosiert, auf den Geschmack des Patienten abgestimmt, mehr geschärft zur Anfeuerung oder einfach begleitend bei seiner selbstinszenierten Hypnosereise, tun wir nichts anderes, als eben diese Vorstellungskraft für jedwedes therapeutische Ziel, ob auf physiologischer oder psychischer Ebene, zu nutzen.

Kann im Zeitraum des hypnotischen Zustandes

- **der Angstpatient Sicherheit und Ruhe erfahren,**
- **der an Depressionen leidende Patient sich schwungvoll und mit neuen Ideen erfüllt fühlen,**
- **der Schmerzpatient beschwerdefrei in Phantasie z. B. an einem Bergsee weilen (siehe die Übung „Badesee"),**
- **der Patient, der Verbrennungen erlitt, sich intensiv Kühle und Taubheit „einbilden",**
- **der sich in der Krise befindende Patient einen Tag in der Zukunft halluzinieren, an dem das Problem gelöst sein wird, und er ganz deutlich erfährt, wie sich dies als Erleichterung und Befreiung in ihm breitmacht (siehe die Übung „Wunder"),**

so ist er schon längst auf dem Weg der Besserung, Heilung, Konfliktlösung und im Begriff, seine „Bezugsrahmen" zu erweitern und sein Lebenskonzept zu bereichern.

Mit der erlebten Sensation von Wohlbefinden, innerer Geborgenheit, Ruhe und Stärke während der Hypnose wird der Same der Veränderung schon gesät. Die **Vorstellungskraft** während der Hypnose setzt die Veränderung in Gang. Der Patient erinnert sich wieder, wie gut es sich anfühlt, symptomfrei zu sein, oder er lernt neu dazu. Stundenlange therapeutische Gespräche können niemals die Wirkung von fünf Minuten körperlich und seelisch durchlebter Erfahrung aufwiegen. Deshalb ist Hypnose eine Erlebnistherapie.

Fördern wir Hypnoseerfahrungen mit der zu Hause ausgeübten Selbsthypnose, mit therapeutischen Träumen, mit der Klärung von

Hintergrundthemen (Traumata) und mit dem Ankoppeln der Fortschritte an das Lebenssystem (Partnerschaft/Familie) durch Partner- oder Familiensitzungen, beschreiten wir eine erfolgreiche Bahn.

Ist der Patient engagiert, geistig rege, phantasievoll, wird der Fortschritt sich entsprechend dynamisch entwickeln. Er bietet in der Hypnose die Voraussetzung,

- sich in die therapeutische Arbeit zu absorbieren,
- sich für unbewußte Prozesse anregen zu lassen,
- sich spielerisch neue Gefühls- und Handlungsweisen zu eröffnen,
- Gefühle, wie zum Beispiel Zuversichtlichkeit, Gelassenheit, Ruhe, Schmerzfreiheit, Wohlbefinden, Leichtigkeit, Freude und Heiterkeit zu erleben und neu zu etablieren,
- neue Handlungs- und Gefühlsweisen auf der inneren Bühne für (zum Beispiel) das Bestehen einer Prüfung, das positive Austragen eines Konfliktes, auszuprobieren,
- neues Erleben durch ideomotorische Arbeit der Fingerzeichen, vor allem der Betätigung des „neuen Fingers" zu bestätigen und zu verankern,
- eine gute Resonanz auf gezielte posthypnotische Suggestionen zur Vertiefung des Effektes der Therapie nach der Stunde (Depoteffekt) zu erhalten,
- letztendlich die intensive und konkrete Imagination des Therapieziels zu erreichen, was eine Menge unbewußter Arbeit in Gang setzt, um den Weg dorthin zu finden.

Kann sich ein Patient dagegen eher mühsam und stockend auf innere Bilder konzentrieren, zeigen diese kaum Plastizität, werden seine hypnotischen Erfahrungen mager und spärlich sein. Die Beschreibung seiner Tranceerfahrung fällt trocken und einsilbig aus. Entweder erreicht man durch reine Phantasiereise-Anleitungen Fortschritte oder erwägt eine andere Therapieform.

Im Gegensatz dazu haben wir es vereinzelt mit Menschen zu tun, die betont positiv auf jeden hypnotherapeutischen Vorschlag reagieren.

Sie leben sich in der Hypnose geradezu aus, haben sofort eine willkürlich anmutende Handlevitation, die heftigsten und widersprüchlichsten Fingerzeichen. Sie schnaufen und verrenken sich, daß einem ganz angst und bange wird. Das sind die Patienten mit dominanten hysterischen Persönlichkeitsanteilen, für die die Hypnose zum ‚Abenteuerspielplatz' wird. Der Therapeut verbleibt als staunender, vielleicht aber auch irritierter Zuschauer. Der Kontakt zwischen Therapeut und Patient ist abgerissen. Diese Patienten berichten die tollsten Erlebnisse, so daß man sich wundert, daß es ihnen nicht blümerant wird. Aber sie werden in der nächsten Stunde wieder nach Hypnose fragen. Sie lieben geradezu die Hypnose, und sobald nur das Wort ‚Hypnose' fällt, ‚geht die Post ab', und das ganze Spiel beginnt von vorne. Sie bringen den Therapeuten schweißtreibend an seine Grenzen. Für Charcots Paradepatienten, die Hysteriker(innen), ist unsere Therapieart nicht geeignet. Die gewaltigen Sensationen, die kathartischen Reaktionen, mit denen sie uns in Atem halten, fruchten nicht. Stunde für Stunde vergeht, und die Therapie – und das ist das Tragische – hat keinen Nutzen. Der Therapeut ist am Ende der Stunde erledigt, und der Patient trägt keinen Gewinn davon, sondern reproduziert *wie* ein Perpetuum mobile seine eingefahrenen Schlaufen, ohne Chance, sie zu lösen. Hier muß eine andere Therapiemethode gewählt werden.

Kapitel 2

Reflexionen

2.1 Der Zauber der Stimme

Obliegt es uns nun schon, den Patienten mit der Aufklärung, daß uns keine magischen Kräfte innewohnen, zu enttäuschen, sollten wir uns aber *einer* „Zauberkraft“ bewußt sein: der Tragkraft unserer Stimme. Mit ihrem Klang, der Melodie der Satzgebilde, der Betonung, dem Leisen, Lauten, dem Bestimmten, dem Herausfordernden und Fragenden, nicht zu vergessen dem Pausensetzen, verankern wir unseren Patienten. Diese Faszination, im wahrsten Sinne eine therapeutische „Fesselung“, ist zweifelsohne von wesentlicher Bedeutung für die Hypnose. Sei die Stimme beruhigend, sanft begleitend, bestätigend, zweifelnd oder wie mit sich selbst im Zwiegespräch, der Patient ist immer ‚ganz Ohr‘ für die Stimme des Therapeuten; vielleicht weniger bewußt, aber unbewußt uneingeschränkt. Tatsächlich belegen neurophysiologische Untersuchungen, daß die auditive auch die letzte zerebrale Funktion ist, die in der Allgemeinanästhesie erlischt. Die Struktur der Hörbahn (und da speziell die Colliculi inferiores) weist auch während Allgemeinanästhesie nahezu unveränderte Stoffwechselaktivität auf (Sokoloff 1981).

(Zu diesem Thema seien die Studien von David Cheek (Cheek 1959, 1962, 1964, 1966, 1980, 1988) zur intraoperativen akustischen Wahrnehmung sowie eine der darauf basierenden Studien an der Universität München (A. Kaiser Rekkas 1992) erwähnt; siehe auch den während des kardiochirurgischen Eingriffes präsentierten hypnotherapeutischen Tonbandtext mit der postoperativen Erinnerung von 23 % der Patienten im Kapitel ‚Hypnose in der Schmerztherapie‘.)

Sei er in tiefster Hypnose, der Patient lauscht uns. Er vernimmt die Melodie, die ihn begleitet, ihn geleitet und sichert, wie das Rauschen eines Baches, der an seiner Seite fließt. Es bewährt sich fast immer, während der Sitzung eine Tonbandaufnahme für das Üben zu Hause zu machen. Die meisten Patienten profitieren davon für die Selbsthypnose und verbinden automatisch das Hören der Stimme mit der therapeutischen Situation. „Ich brauche nur Ihre Stimme zu hören, da beginne ich mich schon zu entspannen und wohl zu fühlen ..." Oder die Aussage einer Patientin, die ab und an Hypnose mittels unserer Tonbandaufnahme in ihr turbulentes Leben einbaut: „Da nehme ich ein wenig ‚Instant-Agnes' zu mir." Naja, immerhin.

Wird die Stimme moduliert und differenziert eingesetzt, hat die Hypnotherapie ein wesentliches Agens dazugewonnen.

„Das ist gut so."

Ein kleiner, unscheinbarer Satz. In wie vielen Variationen kann er ausgesprochen werden!

Hypnose darf nicht ‚triefelig' angeleitet werden: mit leiser, sedierender Stimmlage, besorgter Miene und der Angst im Nacken, die falsche Formulierung zu treffen. Das Repertoire sollte von heiter und beschwingt, über anspornend bis ernst, laut bis leise, und möglichst natürlich reichen. Die Worte auf der Zunge zergehen lassen, den Klang selber nachvollziehend, ganz in Konzentration, genügend geruhsame Pausen setzend, die sich stimmig anfühlen. Erlauben wir Zeiträume, in denen unsere Worte im Patienten zum Schwingen kommen und Bilder sich entfalten! Mit Hypnose arbeitend, empfiehlt es sich, die Augen selber öfters zu schließen, um ganz bei sich zu sein. Dann bekommt die Stimme einen schönen Klang und wirkt getragen. **Als hypnotisches Fluidum verleiht sie dem Patienten Halt und Kraft** und läßt ihn damit leichter therapeutische Schritte vollziehen.

2.2 Körperliche Berührung – fast ein Tabu

Befaßt man sich mit der Geschichte der Hypnose, wird deutlich, daß die veränderten Bewußtseinszustände, die wir heute mit „Hypnose" bezeichnen, schon seit ihren frühen Anfängen über Mesmer bis in dieses Jahrhundert auch mit körperlicher Berührung zu tun hatten.

In der klassischen Hypnose wird weiterhin Berührung zur Vertiefung der Trance eingesetzt. Erst in neuerer Zeit scheint das Anfassen des Patienten durch den Therapeuten einem nicht offen ausgedrückten Tabu zu unterliegen. Das wird verständlich, wenn wir die vielen Pseudotherapeuten auf dem Heiler- und Seelenmarkt, die das, was sie Hypnose nennen, zu egoistischen und kommerziellen Zwecken mißbrauchen, in Betracht ziehen. Vor allem in den USA erfolgten entsprechende Gerichtsprozesse, und so führt diese so effektive Art der therapeutischen Intervention ein Schattendasein. Aber was für eine verpaßte Chance! Dem Eid des Hippokrates verpflichtet, üben wir die Kunst des Heilens aus, und wir sollten nicht von einer Methode Abstand nehmen, nur weil sie andernorts mißbraucht oder verunglimpft wurde.

Ich plädiere für die körperliche Berührung in der psychotherapeutischen Arbeit mit Hypnose.

Wer kennt nicht das Wohlgefühl, auf angenehme Art berührt zu werden! Wird der Kopf sanft gehalten oder sachte und leicht bewegt, die Arme von den Schultern an abwärts zu den Händen hin ausgestrichen, ebenso die Beine, die Füße gehalten oder leicht gedrückt, erfahren wir Genuß und Entspannung. Die Wärme einer Hand zwischen den Schulterblättern läßt uns unseren „Rückhalt" deutlicher spüren, die Hand auf dem Oberbauch die Atmung, in der Lumbalgegend die „Basis". Genauso empfindet es unser Patient, wenn wir in Einklang mit uns selbst sind und der therapeutische Prozeß Berührung erlaubt.

Wann ist nun welche Berührung therapeutisch sinnvoll?

Es gibt drei Indikationen:

1. **zur Förderung der Hypnosetiefe bei schweren Erkrankungen oder Erschöpfungszuständen**
2. **zur sichernden Begleitung in der Konflikt- und Traumabearbeitung**

3. **zur psychoneuralen Harmonisierung bei Spannungszuständen, Kopfschmerzen, Schlaflosigkeit, Tics, Nervosität.**

Zu 1) Fünf empfehlenswerte Varianten:

- Der Therapeut hält mit leichtem Druck, den er langsam nachläßt, mit der einen Hand den Kopf des Patienten an der Stirne und mit der anderen am Hinterkopf.
- Der Therapeut befindet sich hinter dem sitzenden oder liegenden Patienten und berührt mit warmen Händen Schläfen, Wangen und Kinn des Patienten.
- Der Therapeut befindet sich ebenfalls hinter dem Patienten und legt seine Hände vorsichtig von oben auf dessen Schultern. Dann übt er über kurze Zeit leichten Druck nach unten und gleichzeitig etwas nach außen und hinten ziehend aus. Der Patient verspürt dabei im besten Falle ein Absinken der Schultern und ein Öffnen des Brustkorbes mit erleichterter Atmung.
- Wird das als angenehm empfunden, kann der Therapeut den Kopf halten (wozu man sich der Schwere eines menschlichen Kopfes vorher bewußt sein sollte) und ganz langsam und überaus sachte leicht schaukelnd bewegen. Die daraus resultierenden vestibulären Reize wirken hypnosestimulierend. Vom Standpunkt der Bioenergetik aus kann in dem Moment, in dem die Schulter-Nackenmuskulatur in der Anspannung nachläßt, die im Kopf hochgehaltene Energie in den Körper abfließen, womit sich Blockaden lösen und Stauungen abfließen.
- Der Therapeut führt unter leichter Berührung etwa viermalig Ausstreichungen vom Kopf her abwärts über die Arme und dann über den Körper und die Beine aus, sich bei jedem Mal von der Körperoberfläche des Patienten weiter entfernend. Der Körpertherapeut rät zum anschließenden Ausschütteln der Hände, um vom Patienten aufgenommene Energie wieder „abzuschütteln“.

Die Hände sollten nach dem Berühren generell nicht einfach weggenommen werden, sondern sich nur langsam zentimeterweise entfernen, so daß die davon ausstrahlende Wärme und Energie noch verspürt werden können. Erst dann sollten die Hände „entschweben“.

Zu 2)

Sobald ich bemerke, daß der Patient sich seinem Trauma nähert und die Situation für ihn bedrohlich wird, rutsche ich näher zu ihm hin, was ich gleichzeitig anspreche: „Ich bin bei Ihnen.“ oder: „Bleiben Sie dabei. Sie machen das sehr gut. Sie können da jetzt weiterkommen. Ich begleite Sie.“ Das ermutigt in der ‚Gefahrensituation‘ und läßt die Chance der anschließenden Verarbeitung wachsen. Intuitiv berühre ich den Patienten, wenn ich ihn in seinem Unwohlsein und in seiner Hilflosigkeit erlebe und sage, „Ich berühre Sie jetzt am Arm. Das gibt Ihnen Rückhalt, zu erledigen, was zu erledigen ist ...“ etc. **Die Berührung vermittelt dem Patienten die Verankerung in der äußeren Realität. Er erfährt deutlicher die Dissoziation von äußerem und innerem Erleben, lernt diese zwei Welten zu trennen und kann sich dem inneren Prozeß und seiner therapeutischen Arbeit intensiver widmen.**

Ebenso wie das Näherkommen ist auch das Entfernen zum richtigen Zeitpunkt von entscheidender Wichtigkeit. Sobald deutlich wird, daß der Patient die Klippe überwunden hat, geht meine Hand zurück. Ich rutsche meinen Stuhl wieder in die Ausgangsposition und betone, daß er das nun am besten alleine erledigen könne. Leistet der Patient die abschließende „Integrationsarbeit“, sollte sich der Therapeut völlig zurückziehen und darauf vertrauen, daß dieses ohne sein Zutun am besten vonstatten geht. Der Patient selber ist sich in dieser Phase der Therapie der beste Begleiter.

Zu 3)

Bei Patienten mit einer der unter Punkt 3 (Indikationen) erwähnten Symptomatik arbeite ich oftmals in Kotherapie mit meiner Körpertherapeutin.

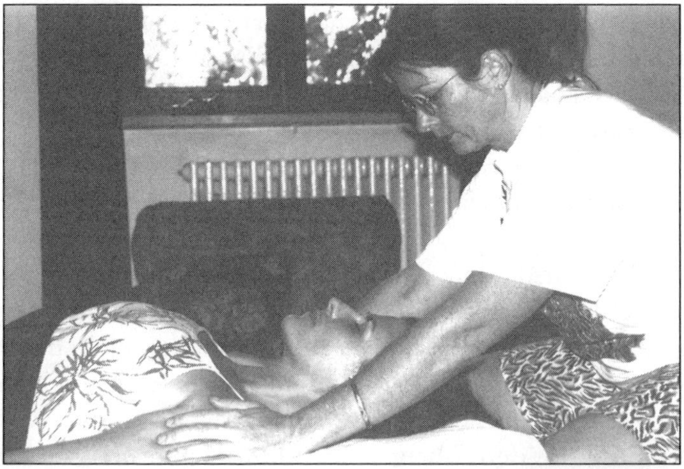

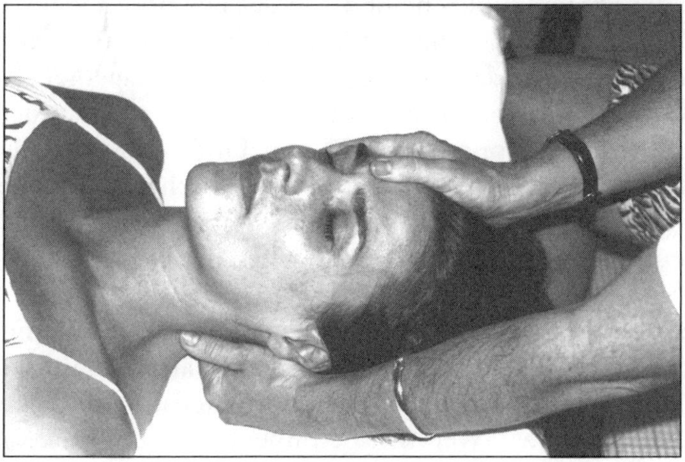

Abb. 1 u. 2: Berührungstechnik am Kopf und im Schulter-Nacken-Bereich zur Hypnosevertiefung; Demonstration durch die Körpertherapeutin Usha Inniss während eines Hypnose-Ausbildungsseminars

2.3 Das weibliche Element – Frauen bereichern die Hypnose

Sie, in Hysteria hingegossen, er, der potente Hypnotiseur, mit Schnurrbart ausgestattet, in Imponierstellung von seinem eigenen Auftritt „verhypnotisiert". Die Frau, durchlässig für dieses Verfahren, weil schlicht gefügiger, einfältiger, labiler, weichlicher und wahrscheinlich doch nicht so hochgradig intelligent. Da kommt Hypnose zur Wirkung, da hat sie Effekte, da trifft die Suggestion – **die Frau in Hypnose. Eine alte Szene.**

Die Zeit ist vorangeschritten, die Methodik verändert, die Forschung hat die alten Annahmen auf den Kopf gestellt. Und immer noch sitzen in den Vorständen der Hypnosegesellschaften vorwiegend Männer, werden die Fachbücher von Männern geschrieben oder herausgegeben – obwohl sich da schon mal ein weiblicher Artikel einschleicht. In meinem Bücherschrank finden sich ungefähr drei Dutzend Bücher zum Fach Hypnose, eines davon von zwei Kolleginnen. Während in den übrigen Psychotherapieverfahren Frauen machtvoll vertreten sind, scheint das in der Hypnose anders zu sein. Über die Gründe sei an dieser Stelle nicht spekuliert. Es liegt mir daran sicherzustellen, daß Männer gut sind, als Therapeuten, Dozenten, Autoren. Und Frauen sind anders gut. Und es ist an der Zeit, Weibliches in der Hypnose zu etablieren. Und … es tut sich was ‚in den billigen Rängen'! In den Seminaren beobachte ich eine steigende Anzahl von Frauen. In meinem derzeitigen Ausbildungscurriculum in München gibt es inzwischen bei 14 Frauen nur einen Mann. Nicht, daß ich dieses Verhältnis nun für besonders ausgewogen erachte. Aber es ist vorerst gut so. **Die Hypnose erhält mit dem weiblichen Anteil der Therapeutin mehr Wärme, mehr Gewährendes und Permissives, mehr Raum für Wachstum und natürlich mehr Mütterliches.** Wer die besonnene Anästhesistin Christel Bejenke aus Santa Barbara im Umgang mit chirurgischen, Krebs- und Intensivpatienten erlebt, wer Joan Murray-Jobsis bei schizophrenen Patienten so beeindruckend mit ihren Techniken des ‚mothering' und ‚nuturing' arbeiten sieht, wer Susy Signer-Fischer so lebendig und spielerisch von ihrer Arbeit mit Kindern berichten hört, weiß um diese Qualität.

Und zwei europäische Kongresse für Hypnose trugen sich auf zarten Frauenschultern, denen von Marianne Martin und Henriette Walter in Wien und Eva Banyai in Budapest.

Hypnose ist keine Domäne der Männer mehr, Frauen unterwandern als Therapeutinnen die Hypnose.

2.4 Unsere Kollegen in den USA – was machen sie anders, was sollten wir übernehmen?

An einem meiner Ausbildungscurricula nimmt eine Anästhesistin nur deshalb teil, weil sie mal in den USA ein Flugzeug benutzte. Sonst kommt man da ja auch nicht vom Fleck. Natürlich passierte dabei etwas. Sie saß neben einem Mann. In amerikanisch aufgeschlossener Art kamen die beiden ins Gespräch. Er fragte sie unter anderem nach ihrem Beruf. Aha, Anästhesistin. Er schien beeindruckt. Wieviel Hypnose sie in ihrer Arbeit anwende? Hypnose? Sollte das ein Scherz sein? Sie hätte keine Ahnung von Hypnose. Als Anästhesistin nichts über Hypnose wissen? Nein, das sei nicht möglich. Vor kurzem sei seine Frau in Hypnose hysterektomiert worden. Die Anästhesistin konnte es nicht fassen, fragte aber interessiert nach. Und abends kam per Zufall in ihrem Hotelzimmer-TV ein Bericht über Hypnose in der Schmerzbehandlung; das hat ihrer beruflichen Laufbahn den entscheidenden ‚Kick' gegeben: Ihre Habilitation wird „Hypnose und Immunsystem" zum Thema haben.

Meine USA-Erfahrungen bescheiden sich auf einen Besuch in San Diego zu einem Hypnosekongreß. Bis ich kurz vor meiner Abreise endlich alle Bus- und Trolleylinien aus dem Kopf wußte, pflegte ich auch mit dem Taxi vorwärts zu kommen. Von Billy berichte ich am Ende des Buches. Aber auch alle meine anderen Taxifahrer entpuppten sich im Laufe der Gespräche, auf überdimensionalen Highways dahinrauschend, als erfahrene und begeisterte Selbsthypnotiseure. Der italienischstämmige George brachte mit Hypnose die Durchblutung seiner unteren Extremitäten, was auch immer er damit meinte (und ich hielt mich zurück, näher nachzufragen), in Gang. Rico brauchte sie zum Einschlafen, Arthur einfach als eine Art täglicher Konzentrationsübung. Vielleicht waren alle diese Begegnungen auch Zufall, aber auffällig war es allemal. Sobald ich auf Anfrage berichtete, aus welchem Grunde ich in San Diego weilte, wußte dort jeder ‚Eingeborene' seine Erfahrungen mit Hypnose zum besten zu geben.

Beeindruckend ist für uns sicher die in den USA herrschende Selbstverständlichkeit in der Inanspruchnahme von Psychotherapie allgemein und der Anwendung von Hypnose im besonderen. Dafür spricht auch die Unmenge von Selbsthilfebüchern auf diesem Sektor. Diese Hypnoserenner sind gespickt mit wundervoll tönenden Slogans, wie z. B. in der **Schmerztherapie: „Love the part which hurts“** oder in der **Sexualtherapie: „Focus on pleasure, not on performance“**. Klingt gut und ist richtig. Leider können wir das hier im Deutschen nicht so direkt verwenden, sondern bringen es weit weniger keß und eher etwas verknotet an den Mann/die Frau: „Nach allem, was Sie an Schmerzen ertragen mußten, ist es Ihnen eigentlich noch möglich, ein positives Gefühl für diesen Körperbereich zu entwickeln?“ Oder im zweiten Fall: „Achten Sie mehr auf den Genuß, als darauf, was Sie für eine Figur dabei abgeben.“ Na, so besonders überzeugend wirkt das dann wohl doch nicht. Es läßt sich im Amerikanischen einfach prägnanter ausdrücken. Das sitzt und wird verstanden. Auch die guten Interventionen von David Cheek aus dem Buch „Mind-Body Therapy, Methods of Ideodynamic Healing in Hypnosis“ – übersichtlich in Boxen aufgelistet („Stop that bleeding now, don't waste your precious blood!“) – lassen sich **nicht einfach übersetzen** und anwenden. Es hört sich nämlich komisch, manchmal zu simpel und meist einfach nicht passend an. Wir sollten bei unserer eigenen Sprache bleiben und trotzdem immer offen hinhören, ob nicht doch dieses oder jenes unser Spektrum bereichern könnte.

Gehen wir vom bewußten zum unbewußten Sprachgebrauch über, können wir dagegen sehr wohl viel übernehmen, und zwar was den selbstverständlichen Gebrauch von Fingerzeichen anbelangt. **Die Nutzung ideomotorischer Signale,** die hier manchmal fast noch als anrüchig gilt, weil nicht weit entfernt vom Pendel und damit wieder nicht weit von Esoterik und allem, was dazugehört, ist ‚drüben‘ ein fester Bestandteil der Therapie und in der Anwendung selbstverständlich. Diese Methode wird einfach immer benutzt, und dann merkt man schon von alleine, wo sie sich erschöpft oder ihre Grenzen hat. Aufgrund meiner Erfahrung in der Arbeit mit ideomotorischen Signalen möchte ich dringend diese hervorragende, die Therapie intensivierende, den Patienten stimulierende und den Therapeuten entlastende Methode empfehlen.

Die Hypnose hatte nach dem 2. Weltkrieg in den USA einen ganz anderen Nährboden als bei uns in Europa. Große therapeutische Schulen wuchsen unter den Händen befähigter Menschen heran. Die einzelnen Disziplinen, wie die Psychoanalyse, die Verhaltenstherapie, die sich neu formierenden Therapierichtungen wie die Gestalttherapie, die systematische Therapie, die Bioenergetik und die Körpertherapien, sind nun aber nicht im Alleingang, sondern in der Konfrontation und der Begegnung miteinander gewachsen. So auch die Hypnose. Und da in Amerika nun sowieso immer ein bißchen mehr möglich ist, hat die Hypnose auch nicht so um ihr Image kämpfen müssen, sondern wurde einfach mehr und mehr, erfolgreicher und erfolgreicher angewendet. Befruchtet im Zusammenspiel mit den anderen Therapieverfahren, erwuchsen viele schöne neue und griffige Methoden, wobei **Milton H. Erickson** wohl ohne Zweifel ‚den Vogel abschoß'. Aber auch seine Hypnotherapie ist zweifellos das Ergebnis äußerst produktiver Kooperation der ganzen Therapeutengeneration, die unentwegt experimentierte und nichts unprobiert ließ. Aber man tut Erickson unrecht, würde man ihn nicht als den begabtesten und intuitivsten aller Hypnotherapeuten mit großem Charisma einschätzen. Er ist auch nicht nachzuahmen. Er war und bleibt ‚unique'. Und trotzdem können und sollten wir sowohl die Anregung zu neuen Einfällen beherzigen als auch **die Grundannahmen des Ericksonschen Ansatzes** in unser Therapiekonzept aufnehmen. Diese lauten:

Hypnose ist ein natürliches Phänomen.

Hypnose ist ein erlebnishafter Prozeß, bei dem innere Ideen und Bilder ausgetauscht werden.

Jede Person ist einzigartig, und diese Einzigartigkeit ist zu schätzen.

Jede Person hat Entwicklungsressourcen im geistigen und psychischen Bereich.

Die Hypnose stärkt und erweitert diese Ressourcen.

Die Hypnotherapie korrigiert nicht Fehler, sondern unterstützt neue Lernerfahrungen auf der Basis vorhandener Fähigkeiten.

Diese Ansicht über den anderen Menschen, der zufällig unser Patient ist, ist in der Seele humanistisch und im Herzen amerikanisch. Sie hätte hier in Europa nicht so formuliert werden können. Lassen wir uns trotzdem von diesen Prinzipien leiten und inspirieren von **Experimentierfreude, Spaß, Humor und der Selbstverständlichkeit und Natürlichkeit** in der Intervention und dem unendlichen **Pioniergeist**, Hypnose immer wieder neu und für alle Bereiche nutzbringend einzusetzen!

Teil zwei

Methodik ◀

Exkurs: Das Unbewußte – ein geheimnisvoller Begriff

Schon lange vor Erfindung der Psychoanalyse ahnten Dichter und Denker von der Kraft des Unbewußten. In den letzten hundert Jahren haben sich dann viele Theorien und Modellvorstellungen vom Unbewußten (Freud und Jung) bzw. Unterbewußten (Adler) gebildet, ohne letztendlich die zugrundeliegenden Phänomene erklären zu können. Gerade die Vielfalt und Verschiedenartigkeit der Definitionen weisen auf einen unerschöpflichen Strom in den Tiefen der menschlichen Existenz hin.

Im Englischen spricht man von „inner mind", von „the unconscious" oder „deeper self". Im Deutschen finden wir ähnlich viel- und somit nichtssagende Begriffe, die oft unbeholfen klingen, da sie nur gequält in Worten konstruieren, was wir eigentlich gar nicht benennen und definieren können. Gleichfalls ist uns ein Rätsel, was unser Unbewußtes nun tun und lassen kann. Aber wir erleben, daß wir mithilfe dieses ganz besonderen Bereiches in uns in der Therapie produktiv arbeiten können. Wir bauen darauf, auch wenn wir ihn nicht einmal vage zu beschreiben vermögen. Gestehen wir, daß wir – wie so oft in der Therapie – etwas benutzen, wovon wir im Grunde nicht so recht wissen, was es ist und wie es wirkt. Bei M. H. Erickson (1981) können wir nachlesen, wie er so herrlich intuitiv arbeitend, die Veränderung des Patienten auch nicht immer gleich erklären konnte. War das wieder eine von diesen „unfaßbaren unbewußten Leistungen"? Wahrscheinlich schon. Und meistens läßt sie sich im Rückblick doch noch nachvollziehen, diese nicht logische, sondern *psycho*-logische Entwicklung mit all ihrer tiefen Sinnhaftigkeit. Nehmen wir uns die Freiheit, zu dem zu greifen, was sich passend anfühlt! Gehen wir pragmatisch vor! Benutzen wir die Worte, die den jeweiligen Patienten ansprechen und verzichten auf Anspruch vollständiger Erklärung. Sagen wir einfach:

„Ein Teil in Ihnen weiß zu dieser Frage vielleicht schon eine Antwort."

„Der Bereich in uns, der auch für unser Traumleben sorgt, kann uns oft weiterhelfen."

„Der Körper kann sich erinnern, wie es sich anfühlt, wenn die Sonne wärmend auf die Haut scheint."

„Auf tieferer Ebene verfügen wir ja über so viel mehr Fähigkeiten!"

„Während Sie sich bewußt vielleicht gerade fragen, was die Hypnose Ihnen heute bringen wird, kann Ihr Unbewußtes schon angefangen haben, an dem Therapieziel weiterzuarbeiten."

Unterstützen wir den Patienten, sich an seine unbewußten Vorgänge zu halten und sie zu schützen!

Eine meiner Patientinnen mit primär chronischer Polyarthritis behandelt mit Selbsthypnose erfolgreich ihre starken Beschwerden. Direkt nach der Hypnose sind die Schmerzen wesentlich verringert, einige Stunden danach ist eine objektive Verminderung der Schwellung zu beobachten. Ihr Leitspruch lautet: „Der Glaube versetzt Berge." Die Fähigkeit zu glauben hat mit unserer Lebensgeschichte zu tun. Diese schließt unsere Zweifel ein und wirkt, aber nicht über bewußte Kanäle.

Kapitel 1

Planung

1.1 Das Aufklärungsgespräch

Aufdecken von Mythen und Vorurteilen und Vermittlung klarer Information am Anfang der Therapie!

Typische Patientenfragen: Bin ich für Hypnose geeignet? Können Sie mich überhaupt hypnotisieren? Was wird mit mir geschehen? Verliere ich die Kontrolle? Bekommen Sie Macht über mich? Verhalte ich mich dann komisch? Weiß ich nachher noch was davon? Kann ich in meine Kindheit/mein früheres Leben gehen? Wie komme ich aus der Hypnose wieder zurück?

1. **Gehen Sie davon aus, daß der Patient irrige Vorstellungen über Hypnose hat!**
2. Lassen Sie den Patienten seine Vorstellungen (knapp) schildern.
3. Gehen Sie nicht auf die (oft abstrusen) Vorurteile über Hypnose ein, sondern stellen Sie sachlich die Falschheit dieser Ansichten fest und bieten dem Patienten fachlich kompetente Information an.
4. Vermeiden Sie weitere Negativbeispiele, welche in diesem Kontext schon wie Suggestionen wirken können. Erklären Sie dagegen in positiven Aussagen,

was Hypnose ist und wie sie wirkt:

1. Der hypnotische Zustand ist etwas ganz Natürliches.

2. Normalerweise wird angenehme Entspannung empfunden, womit sich das Gefühl der Sicherheit und auch der Kontrolle über die Situation vergrößert.

3. Man verbleibt immer im Vollbesitz seiner geistigen Kräfte und Werturteile und ist sich seiner Gefühle, Handlungen und Aussagen bewußt.

4. Hypnose unterscheidet sich vom Zustand des Schlafes, was sich neurophysiologisch besonders in der EEG-Ableitung deutlich macht. Der Entspannungszustand der Hypnose hat allerdings physiologische Gemeinsamkeiten mit denen von anderen Entspannungsverfahren.

5. Je besser man sich etwas in der Phantasie vorstellen kann (z. B. einen schönen Sonnenuntergang), um so leichter kann man sich entspannen und auf das Thema der Therapie konzentrieren.

6. Gefühle können freieren Lauf nehmen, was immer positiv gewertet werden sollte. Anschließend werden sich Entlastung und Erleichterung breitmachen.

7. Hypnose ist keine eigenständige Therapieform, sondern muß in einen medizinischen oder/und psychotherapeutischen Rahmen eingebettet werden.

8. Der Erfolg der Hypnose hängt sehr wohl von den Fachkenntnissen und menschlichen Qualitäten des Therapeuten ab, aber auf keinen Fall von Fähigkeiten magischer Art.

9. Hypnose ist eine effektive Technik, sich körperlich heilend und seelisch stärkend zu beeinflussen (Beispiele nennen).

10. In Hypnose können unter fachlicher Begleitung tiefe psychische Traumata gelöst und geheilt werden.

1.2 Psychotherapie und Hypnose: Überleitung vom Gespräch zur Hypnose

Ausgehend von einem Zeitraum von 50 bis 60 Minuten für eine Therapiestunde, ist die erste Hälfte in das therapeutische Gespräch zu investieren. Dieses dient zum ersten dem Auflisten von neuen Erfahrungen und Ergebnissen seit der letzten Sitzung. Nicht jeder Patient hat da spontan etwas zu berichten. Oftmals ist es reiner Zufall, wenn zutage tritt, daß z. B. der Nachtschlaf ruhig und erholsam war, die Abgrenzung besser oder Konflikte geklärt wurden. Viele Patienten bemerken ihre Fortschritte nicht oder ‚vergessen' gar, wie schlecht es ihnen ging. Aus diesem Grunde ist es oftmals vonnöten, den Patienten akribisch auszufragen und Situationen im Detail haargenau beschreiben zu lassen. Dabei erweist es sich manchmal als sinnvoll, zu erklären, daß man den anderen keineswegs seckieren möchte, sondern daß jedem – im eigenen System steckend – Veränderungen verborgen bleiben können. Es ist aber wichtig, Fortschritte zu erkennen und wertzuschätzen. Das stärkt sowohl das Selbstvertrauen als auch die Basis der Therapie („Sehen Sie, wozu Sie alles fähig sind?"). Zum zweiten gewinnt der Therapeut im Gespräch Informationen, die er für die Hypnoseintervention nutzen wird. So kann er dem Patienten besser an *der* Stelle begegnen, wo dieser sich innerlich gerade befindet. Der Patient wird sich besser verstanden fühlen, was die therapeutische Beziehung (den Rapport) stützt.

Natürlich ist es oftmals sinnvoll, spontan auftretende Trancezustände sofort therapeutisch zu nutzen. Aber es können auch innerhalb des Gespräches **indirekt wirkende Suggestionen** eingeflochten werden:

Zum Beispiel **Bestätigungen:** „Sehr gut, und das kann sich sogar verstärken …"

Oder **Infragestellungen**:

Pat.: „Schrecklich, das ist bei mir immer so."
Ther.: „Wenn es auch *bislang* immer so *war*, wären Sie überrascht, wenn es sich ändern würde?"
Pat.: „Ja, sehr."
Ther.: „Wären Sie bereit, sich überraschen zu lassen?"
Patient lacht. In diesem Moment erweitert sich sein Bezugsrahmen. Er öffnet sich für Neues.

Oder **Fokussierung auf den Moment**:

Ther.: „Wie fühlt sich denn das jetzt an, spüren Sie mal nach."
Pat.: „Besser."
Ther.: „Bitte beschreiben Sie mir das doch genauer."

Dann gibt es noch die Patienten, die zum Verquasseln der Stunde neigen, sich nachher eher unwillig aus dem Sessel erheben und offensichtlich mit sich und der Therapie unzufrieden sind. Der Therapeut verbleibt mit dem Gefühl, daß die Stunde zwar anstrengend, aber irgendwie zu kurz war. Bei solchen Patienten muß der Therapeut um so besser strukturieren und rechtzeitig zur Hypnose übergehen.

Meine persönliche Erfahrung ist, daß therapeutische Gespräche eher geistige Anstrengung bedeuten und mir als Therapeuten in einigen wenigen Fällen sogar Kopfschmerzen bereiten. Wenn ich Hypnose einsetze, fühle ich mich geistig weniger ermüdet, aber emotional mehr beansprucht.

Soll nach Ablauf der Gesprächseinheit Hypnose nicht nur indirekt, sondern direkt eingesetzt werden, kann sich die Frage nach der **elegantesten Überleitung** stellen. Es gibt unzählige Variationen, die allein auf den Patienten und die Situation – den Therapeuten nicht zu vergessen – abgestimmt werden sollten.

Einige Beispiele:

Die eher lockere Version: „Jetzt ist es an der Zeit zu schauen, was das Unbewußte dazu meint."

Die erklärende: „Da gibt es ja (mindestens) zwei Ebenen in uns, die wache, bewußte und eine andere, die sich ja auch in unseren Träumen ausdrückt ..., wenden wir uns dieser zu, das kann uns weiterhelfen."

Die motivierende: „Jetzt haben wir uns aber genug angestrengt. Setzen wir doch mit Hypnose fort, wo Sie sich erlaubterweise zurücklehnen dürfen."

Die humorvolle: „Ein typischer Fall für Hypnose!" Oder: „Da muß wohl das Unbewußte jetzt Detektiv spielen, damit wir an dieser Stelle weiterkommen."

Die entlastende: „Ich schlage jetzt etwas ganz anderes vor: Legen Sie (in der Phantasie) das gesamte Fragenpaket/den Konflikt in Ihre Hände. Schließen Sie diese dann fest zusammen, während Sie sich zurücklehnen und tief durchatmen. In dem Moment, in dem unbewußte Arbeit für die Lösung des Problems beginnt, werden die Hände anfangen, sich zu entspannen und zu lösen."

Die klare Aufforderung: „Sie können Hypnose, nutzen wir das!"

Wie sich im Austausch mit Kollegen bestätigt, hält sich der **zeitliche Rahmen für die Hypnoseintervention bei ca. 20 Minuten.** Ein Mehr an Zeit kann den Eindruck vermitteln, es sei immer noch nicht genug erzielt worden. Wie bei vielen anderen Gelegenheiten ist auch hier weniger einfach mehr und umgekehrt.

Es ist die Aufgabe des Therapeuten, den Patienten zu lehren, kleinen Veränderungen Achtung zu schenken.

Bewährt hat sich auch eine kurze **fünfminütige Hypnose gegen Ende der Therapiesitzung,** um z. B. das Besprochene zu filtern, der unbewußten Ebene anzuvertrauen, therapeutische Träume zu initiieren oder einfach nur ein Wohlgefühl zu hinterlassen und die Therapie einzurahmen. In den meisten Fällen wird die Therapiestunde mit Hypnose vom Patienten als reichhaltiger erlebt. Er verläßt die Praxis mit dem Gefühl, etwas bekommen zu haben.

1.3 Die zwanzig Schritte der ersten Hypnotherapiesitzung

Motto: Nicht über Hypnose philosophieren, sondern knapp erklären und anwenden!

1. Problemdarstellung, Beschwerdebild (medizinisch abgeklärt?)

2. Frage nach bisherigen Versuchen der Problembewältigung

3. Ist der Patient ‚visitor' oder ‚customer', d. h. will er mich nur ‚besuchen' oder wünscht er wirklich Veränderung?

4. Rapport (die therapeutische Beziehung) einleiten

5. Klärung der Erwartungshaltung: realistisch, pessimistisch, zu hoch, erwartet er/sie Wunder?

6. Frage: Wann treten Ausnahmen von der Regel auf (wann beschwerdefrei?)?

7. Formulierung des Therapiezieles oder eines Teilzieles

8. Was wird dann anders sein (möglichst konkret beschreiben lassen)? Wie wird sein (Familien-)System reagieren?

9. Frage: Wie hoch ist der Glaube, das Therapieziel zu erreichen?

10. Wieviel Zeit wird nach Ansicht des Patienten bis zum Erreichen des Therapiezieles vergehen?

11. Liegt die Bereitschaft vor, maßvoll und nicht maßlos zu sein?

12. Abklären: Auf welcher Stelle der Linie ist der Patient postiert?

Therapeut soll arbeiten — Patient will arbeiten

13. Frage: „Heute schon Hypnose?" (Pseudofrage)

14. Frage: „In welchem Sessel in Hypnose?" (Pseudofrage); „Jahaltung" provozieren

15. Momentane Beschwerden (z. B. Angst, Schmerz, Unruhe) auf einer Skala von 0–100 einschätzen

16. Hypnose (evtl. auf Tonband für den Patienten mitschneiden)

17. Nach der Hypnose Tranceverifikation durch die Frage nach Zeitwahrnehmung und Eintreten von erwünschten Phänomenen.

18. „Wie ist es jetzt anders?" Einschätzung auf der Skala nach der Hypnose. Ist der Glaube an Therapie bzw. die Fähigkeiten zur Veränderung höher?

19. Partner zu Partnersitzung bereit (systemische Einbettung)?

20. Therapiekontrakt, Absprachen, gegenseitige Verpflichtungen, Honorar.

Nicht erst Hypnose nach Vertrauensaufbau, sondern
Hypnose zum Vertrauensaufbau

1.4 Therapieplanung, Verlauf und Rückfallprophylaxe

Kommt ein Patient ausdrücklich wegen Hypnose in die Therapie, schwingt in seiner Motivation die Erwartung mit, er möge schnell Fortschritte machen und geheilt werden. Da mit Hypnose verstärkt unbewußte Prozesse aktiviert werden, können in vergleichsweise wenigen Sitzungen oft gute Fortschritte erzielt werden. Das beruht auf mehreren Faktoren:

– **schneller Aufbau von Vertrauen durch therapeutische Veränderungen schon in der ersten Sitzung**

– **Dichte und Prägnanz der hypnotherapeutischen Diagnostik mit Hilfe ideomotorischer Signale**

– **vereinfachtes und direktes Auffinden von Widerstand**

– **Involvierung des Patienten durch Spannung, Spiel, Freude**

– **stimulierende Zusammenarbeit zwischen Patient und Therapeut, beruhend auf dem Glauben an die eigenen Fähigkeiten und Ressourcen**

– **Beteiligung des Patienten an der Arbeit durch Ausüben von Selbsthypnose und damit Gewinn an Autonomie**

– **spielerische Breite des Verfahrens zwischen Traumaarbeit in der Zeitregression und lösungsorientiertem Vorgehen in der Zeitprogression**

– **Möglichkeit, parallel auf Ursachen- und Symptomebene zu arbeiten**

– **Depoteffekt der Hypnosearbeit, besonders dank der posthypnotischen Suggestionen**

– **assoziative Trancearbeit mit der Halluzination von Zuständen, in denen das Therapieziel schon erreicht worden ist** (siehe Übung: „Stell dir vor, heute nacht geschieht ein Wunder, und das Problem ist morgen früh gelöst. Was ist anders?", nach der Technik „Kristallkugel" von de Shazer 1985). Es ist zu vermuten, daß diese Arbeit permanente Aufträge an die unbewußte Ebene gibt, sich mit dem Weg zur Problemlösung zu beschäftigen.

– **möglicher Einbezug von Partner oder Familie in hypnotherapeutische Übungen (Arbeit mit dem System, systemische Einbettung)**

und: **Veränderungen und Entwicklungen dürfen und sollen Zeit brauchen.**

Natürlich kann es zu Spontanheilungen kommen, und wir sollten dem Patienten diese Option nicht versperren. Normalerweise aber braucht jede Therapie ihre Zeit. Unser Patient lebt nicht in luftleerem Raum, sondern ist in menschliche Systeme eingebunden, deren Rückkoppelungsprozessen er – auch wenn er diese mitgestaltet – unterworfen ist. Er hat während seiner Therapie eine Menge anderer Menschen in seinem Schlepptau, die sich (oft notgedrungen) mit ihm verändern werden. Das erklärt die gewisse Trägheit des Prozesses, aber auch die oft frappierenden Auswirkungen der Therapie auf Partnerschaft oder Familie. Wenn ein Mitglied sich weiterentwickelt, bleibt das nicht ohne Spuren im gesamten Systemmechanismus. Und manchmal wirkt es gerade so, als ob der Partner sich verändere, und nicht derjenige, der brav die Therapie aufsucht. Das sind alles ganz normale Erscheinungen, die die Vielfalt der Reaktionen menschlicher Systeme widerspiegelt. Ganz abgesehen davon, sollte der Patient seine Fortschritte wirklich Schritt für Schritt genießen dürfen. Gönnen wir ihm den Stolz auf seine Veränderungen, seien sie objektiv auch noch so klein.

Die Zeitdauer mag tatsächlich kürzer, die Therapiestundenzahl weniger sein, was aber als wesentlicher Vorzug der Intervention mit Hypnose erscheint, ist, daß **der Patient sich schneller wohl fühlt.**

Arbeit sollte möglichst nicht aufgeschoben und Probleme nicht verschleppt werden, sonst wird der Erfahrung nach alles schlimmer. Wenn mich also jemand bezüglich eines Wunsches nach Therapie anruft, verabrede ich – wenn mir die Anfrage plausibel, das Problem bearbeitbar erscheint, und ich überhaupt noch Kapazitäten habe – möglichst bald, meistens innerhalb der nächsten zehn Tage einen Termin. Wenn dann die erste Sitzung eine gewisse menschliche Stimmigkeit zwischen uns ergibt, die Methoden abgeklärt sind und das Therapieziel formuliert ist, muß die Therapie wie ein Medikament richtig dosiert werden. Nach meinen Erfahrungen ist hoch dosiert am Anfang das Bewährteste. So werden die Sitzungen nach dem Abschließen des Therapiekontraktes mit einer Stunde wöchentlich über vier bis sechs Wochen geplant, während denen sich die Arbeitsbasis zwischen Therapeut und Patient bildet. Dieser erlernt Selbsthypnose und diverse Techniken, wie z. B. das ideomotorische Signalisieren. Erste Erfolge werden verbucht, eventuell ein Rückfall abgefangen. Die erste Partnersitzung findet statt. Der Patient darf mich jederzeit bei „Fragen, die nicht warten können“, anrufen, was überaus selten in Anspruch genommen wird. Der Patient formuliert eher: „Beinahe hätte ich Sie angerufen, aber dann habe ich es auf einmal alleine geschafft.“ Wir vereinbaren in gemeinsamer Absprache immer drei bis vier Termine im voraus. Ein Termin darf aber (rechtzeitig) abgesagt werden, wenn äußere Ereignisse sich überstürzen, er sich erstmals „prima“ fühlt und die Woche ohne Therapie bestreiten will oder wenn ihm alles „zu eng“ wird. (Dabei muß wiederum im Auge behalten werden, daß „Verschleppung“ z. B. der

Konfliktsituation oder der Angstzustände, schlecht ist.) Genauso darf angefragt werden, ob schon früher als geplant ein Termin vereinbart werden kann.

Auch in der **Hypnotherapie** ist das Vorgehen **prozeßorientiert**. Das (sich evtl. modifizierende) Therapieziel immer im Auge behaltend, arbeitet man am aktuellen Geschehen, weil auf dieser Bühne die momentane Inszenierung spielt. Auf welchem inhaltlichen Gebiet ein Problem (der Abgrenzung, der Hierarchie, der Macht und Ohnmacht, des Ungleichgewichtes von Geben und Nehmen u.v.a.m.) gelöst wird, spielt keine Rolle. Es wird gelöst und ist übertragbar. Den gesamten Lebensrahmen immer überschauend, weiß der Therapeut Fortschritte zu verallgemeinern und zu unterstützen.

Arbeiten Sie permissiv! Drängen Sie nie! Der Patient kommt, weil er in Druck ist. Die Therapie selber darf nie zum Druck werden. So lassen sich die besten Erfolge verbuchen, **da unbewußte Tätigkeit Freiraum braucht.** Setzen Sie nicht auf Zwang und Kontrolle, sondern Vertrauen. Dann wird der Patient gerne kommen. Sie sind Modell für das, was Sie lehren. So adaptiert er automatisch, Vertrauen in sich selbst zu etablieren. **Nach der Hypnose soll er die Wirkung verspüren und genießen, nicht analysieren oder interpretieren.** Wenn er aber dazu neigen sollte, ist er nach der Beendigung einfach abzulenken (z. B.: „Was werden Sie mit dem Rest des Tages jetzt noch anfangen?"). Beispiele vom Gärtner, der sät und auch nicht täglich die Erde wieder aufwühlt, um zu prüfen, ob sich da wohl schon ein Keimling erspähen läßt oder von der neugierigen, dummen Schneidersfrau, die doch glatt die Heinzelmännchen derart verschreckte, daß sie für immer verschwanden, helfen, unbewußte Arbeit zu verstehen. **Es gilt, den Zauber zu wahren. Der Patient muß seine Therapie schützen lernen.** Er darf nicht darüber schwatzen.

Sobald der Patient Therapieerfolge aufweist, sind die Intervalle der Sitzungen nach der Devise ‚So viel wie nötig, aber so wenig wie möglich‘ in Abstände von zwei bis drei Wochen zu strecken, und es ist Zeit, an Rückfälle zu denken und Prophylaxe zu betreiben. Es bedarf der Information, daß Psychotherapien eine Eigendynamik aufweisen, die einer Art höher strebender Wellenbewegung entspricht: Fortschritte und Rückfälle, wobei die Vorwärtsbewegung dominieren sollte. Rückfälle sind also natürlich und gehören zur Therapie dazu. Hierbei sollen nicht Rückfälle suggeriert werden, sondern es geht um Voraussehen und Vorbeugen. Im Wortlaut: „Ich höre von Ihnen, daß es Ihnen besser geht, und das kann man Ihnen auch ansehen. Das ist schön, und ich könnte mir vorstellen, daß Sie auf sich selber stolz sind. Nicht, daß ich Sie ärgern oder vergraulen möchte, aber es ist jetzt das erste Plateau der Therapie erreicht, und wir müssen uns mit dem Thema Rückfall beschäftigen. (‚Nach dem Motto der Polizei: Vorbeugen heißt verhindern.) Ich frage Sie jetzt: **„‚Nehmen wir an, es kommt ein Rückfall, was werden Sie tun?‘“**

Der Patient sollte zuerst seine Ideen beschreiben. Diese werden daraufhin mit folgenden Anweisungen komplettiert:

1. **Deklarieren Sie die Situation für sich selber als Rückfall.**

2. **Erinnern Sie sich an die Information von mir als Fachfrau, daß Rückfälle zur Therapie gehören.**

3. **Reflektieren Sie gut, ob der Rückfall Ihnen einen Hinweis geben will und letztendlich einen guten Sinn erfüllt.**

4. **Erinnern Sie sich der Fähigkeiten, die Sie zuletzt in den gleichen Schwierigkeiten erfolgreich eingesetzt haben.**

5. **Wenden Sie Ihre Art der Selbsthypnose mit Ihrer eigenen Technik (Fingerschluß o. ä.) an.**

Alle diese Punkte helfen, einen psychischen Abstand zu der aktuellen Situation herzustellen. Die Betrachtung der Rückfälle als natürlich nimmt die Heftigkeit sowie die Tiefe. Mit diesem Programm in der Tasche fühlt sich der Patient sicherer, und in der Konsequenz wird die Wahrscheinlichkeit eines Rückfalles verringert.

Während des Therapieprozesses soll der Patient es als erlaubt empfinden, zu experimentieren und Entwicklungen auf anderem Weg zu gehen, als wir ihm vorgeschlagen hätten. Jede Art von Autarkie sollte recht sein. Manche Störung in der Therapeut-Patient-Beziehung kann vermieden werden, wenn wir als Therapeuten immer wieder unsere eigenen Bezugssysteme flexibel öffnen. Dann wird auch für uns das Therapiegeschehen spannender.

Rückt die Therapie der Stabilität des erreichten Therapiezieles nach 10, 20 oder 30 Sitzungen näher, sind Sitzungen in längeren Abständen (alle drei Monate) angebracht. Auf jeden Fall ist in einer Art **Langzeitkontrolle** nach einiger Zeit nochmals eine Sitzung zu planen, um den Therapieerfolg zu stabilisieren und sicherzugehen, daß der evtl. schnell erreichte Fortschritt auch anhält. Außerdem dient es uns als Selbstkontrolle zur Überprüfung und Korrektur unserer Interventionen.

Kapitel 2

Hypnoseinduktion

2.1 Induktion – Gesamtdarstellung der gebräuchlichen Verfahren

1. Verbale Induktion
(siehe „sprachliche Techniken", Abschnitt 2.4)

2. Augenfixation
Fingerfixation, Fixation eines Gegenstandes (Pendel einer Uhr, Bleistiftspitze),
Farbkontrastübungen, Arbeit mit Farbtafeln (siehe Farbtafel, 2.3). Diese faszinieren durch die natürlichen optischen Phänomene. Sie lassen sich leicht hervorrufen.
Faszinationsmethode: Der vor dem Patienten stehende Therapeut schaut aus zirka 30 Zentimetern Abstand beim Patienten auf den Bereich oberhalb der Nasenwurzel, während der Patient ein Auge des Therapeuten fixiert.

3. Konzentration
Zählmethode: Zählen von eins bis zehn mit der Vorstellung, eine breite Treppe hinunterzuschreiten,
Betrachten des Chevreulschen Pendels, welches durch das Öffnen der Hand bei Entspannung zu Boden fällt.

4. Induktion über Tonbandkassetten
(siehe „Tonbandtexte")

5. Visualisierungstechniken
Anleitung von Ruheszenen wie „Waldlichtung", „Terrasse am Meer", „Strand", „Bergwiese", Durchschreiten verschiedener „Räume"

6. Auditive Induktion
Meditative Musik, rhythmisches Trommeln, Geräusche aus der Natur (Vogelzwitschern, Meeresrauschen, das Plätschern eines Baches)

7. Haptische Reize
Energieausgleichendes ‚Ausstreichen' der Arme und Beine (erfordert wie bei allen körperlichen Berührungen sorgfältige Überprüfung des Kontextes)

8. Körperliche Bewegung
Rhythmisches Bewegen: Tanzen, Rudern, Radfahren

9. Vestibuläre Reize
Der Therapeut wiegt leicht, langsam und in ruhigen Bewegungen von hinten haltend den Kopf des Patienten.

10. Fraktionierte Induktion
Sobald der Patient eine gewisse Hypnosetiefe erreicht hat, fordert der Therapeut ihn auf, wieder wacher und bewußter zu reagieren, um die Hypnose anschließend vermehrt zu vertiefen.

11. Psychoneurophysiologische Phänomene
(wie kataleptische Handlevitation und ideomotorisches Signalisieren). Dies ist die eleganteste Hypnoseinduktion.

Von weiteren, früher gebräuchlichen Methoden wie dem Hypnoskop, dem Einsatz chemischer Reize u. a. ist verständlicherweise abzusehen.

Alle dargestellten Techniken können separat oder in Kombination, je nach Vorliebe des Patienten (oder Therapeuten) angewendet werden.

2.2 Induktion mit der Farbtafel – Textanleitung

Weiße Karte mit rotem Feld: Dieses hat die halbe Größe des weißen; ein dicker schwarzer Punkt im unteren Drittel des roten, ein weiterer im unteren Drittel des weißen Feldes (siehe S. 66).

Vorgehensweise

Der Patient wird aufgefordert, auf der Farbtafel den schwarzen Punkt im roten Feld zu fixieren (Augenfixation) und sich von den natürlicherweise erfolgenden Farberscheinungen faszinieren zu lassen. Wenn sich die Augen ermüdet schließen, wird die schon angebahnte Hypnose durch Suggestionen vertieft. Der unten angefügte Text soll verdeutlichen, wie der Therapeut durch Vorhersagen und Rückkoppeln der ganz natürlich auftretenden Phänomene das Erleben des Patienten intensivieren kann und wie ‚Doppelbindungen' das Absinken in Hypnose begünstigen.

Text

„Nehmen Sie nun die weiße Farbtafel mit dem roten Karree und den beiden schwarzen Punkten in eine Hand und halten sie im Abstand von zirka 30 Zentimetern vor Ihre Augen. Achten Sie darauf, daß genügend Licht auf die Karte fällt, damit die rote Farbe schön leuchten kann. Überprüfen Sie nochmals, ob Sie in behaglicher Position bequem sitzen und gut und frei atmen. So wird dies eine gute Zeit für Sie.

Nun schauen Sie auf den schwarzen Punkt innerhalb des roten Feldes.

Schauen Sie mit offenen Augen fest und unverwandt auf den schwarzen Punkt im roten Feld. Anfangs werden Sie feststellen, daß Sie, auch wenn Sie sich auf den Punkt konzentrieren, außerhalb der Farbtafel noch alles wahrnehmen können, rechts und links von sich und oben und unten, den ganzen Raum um sich herum.

Das wird sich mit der Zeit ändern. Während Sie weiter fest und unverwandt auf diesen Punkt schauen, wird der Raum um Sie herum unwichtig werden. Er wird schwinden und das Sehfeld wird sich auf natürliche Art und Weise einengen. So konzentrieren Sie sich auf diesen Bereich, wie durch einen Tunnel schauend **(‚Tunnelsehen')** – ein hypnotisches Phänomen, das von alleine auftritt.

Und während Sie sehr ruhig atmen, werden Sie überrascht anfangen zu beobachten, wie der kleine Punkt anfängt, ein Eigenleben zu treiben. Auf einmal wird er nicht mehr ganz schwarz sein, sondern sich innerlich warmrot ausleuchten und plastische Gestalt annehmen. Dann werden hellrote Flammen den Punkt umzüngeln. Wie Eruptionen der Sonne, die zu sehen sind, wenn wir sie mit einer schwarzen Scheibe abdecken. Diese hellroten Zacken, die von rechts oben nach links unten und von links oben nach rechts unten wandern oder umgekehrt, sind ganz normale optische Erscheinungen. Lassen Sie sich Zeit, sich mit kindlicher Freude diesen Farberscheinungen hinzugeben, ein Schauspiel besonderer Art.

Und Sie werden um so gelassener, je aufmerksamer Sie diesen Punkt fokussieren und je länger Sie tief und ruhig atmen. Und ich frage mich, ob Ihnen vielleicht die lustige Idee kommt, daß Sie sogar den Punkt hypnotisieren oder ob es sich eher so anfühlt, als ob der Punkt Sie zu hypnotisieren vermag. Egal, sobald der schwarze Punkt im *weißen* Feld – wie im Versteckspiel – anfängt, von alleine aufzutauchen und wieder zu verschwinden, gleiten Sie ganz selbstvergessen und selbstverständlich tiefer und tiefer in Hypnose. Und während der schwarze Punkt im roten Feld wie ein eigener Globus mit eigenem Kosmos weiter changiert und das Rot sogar zum Grün werden kann, bekommen Sie wahrscheinlich langsam Lust, die Augen zu schließen. Und vielleicht gleich, noch nicht jetzt, werden die Augenlider sich von alleine senken, ganz angenehm, ganz schwer und dicht, wie wenn dicke Samtvorhänge herniedersinken, und Sie legen die Karte weg …

Eine kurze Weile werden Sie noch wie in flüchtiger Erinnerung vor dem inneren Auge das ganze Ereignis in den Komplementärfarben nachvollziehen, um dann endgültig eine tiefe, erholsame Hypnose zu genießen.

Nun kann sein, es eröffnet sich eine innere Bühne … mit innerem Schauspiel …“

2.3 Farbtafel

2.4 Induktionsverfahren, sprachliche Techniken

1. Standardisierte Anleitung

Aufforderung zur Augenfixation, ruhiges und tiefes Atmen, Schließen der Augenlider, Zählen von eins bis zehn, Suggestionen der

Ruhe, Schwere, Wärme, Entspannung und Vertiefung des hypnotischen Zustandes

2. Verwendung von Gemeinplätzen (Tautologien, ‚Binsenwahrheiten')
„Wie angenehm ist es doch, sich einfach zurückzulehnen und nichts Besonderes tun zu müssen."
„Welch ein Behagen, am warmen Kachelofen zu sitzen, wenn es draußen stürmt und schneit!"
„Ein prächtiger Sonnenuntergang, welch schöne Erinnerung!"
„Oft nicken wir unbewußt mit dem Kopf, wenn wir etwas bejahen."
„Wenn das Bewußte sich schlafen legt, kann das Unbewußte anfangen zu träumen."
„Man kann diese Träume beim Aufwachen leicht vergessen."

Das Anbieten von (nützlichen) **Gemeinplätzen** fördert die ‚Ja-haltung' (im Sinne von ‚Folgen und Führen' = pacing, leading, seeding) und löst im Patienten positive, konditionierte Assoziationen aus. Diese werden als frühere, positive Erfahrungen in ihm lebendig und können im therapeutischen Kontext nun sinnvoll genutzt werden.

Merke: Der Patient verfügt über den Speicher, der Therapeut ruft ihn ab.

3. Hervorrufen von ‚Ja-Haltung' zur Öffnung für positive Suggestionen
„Sie sind heute zu mir gekommen,
und sitzen nun hier mit mir zusammen,
und haben mir von den letzten Ereignissen berichtet.
Und in aller Bereitschaft, in Ihrer Therapie fortzuschreiten,
können Sie jetzt *die Augen schließen, sich bequem zurücklehnen*
und, während draußen ein feiner Regen fällt (z. B.),
ein paar ganz genießerische Atemzüge machen und beobachten, wie nach und nach den gesamten Körper eine gelöste Ruhe erfüllt."

4. Die Formulierung ‚Nicht wissen, nicht tun …' nutzt das Phänomen, daß in Hypnose kognitive Leistungen vermindert sind und Negationen als abstrakte Formulierungen kaum verstanden werden können, da bildliches Denken vorherrscht.
„Sie brauchen jetzt gar nichts Besonderes zu tun,
Sie müssen nicht aufmerksam sein … Sie brauchen mir nicht einmal zuzuhören,

Sie brauchen nicht zu wissen, wie Sie am besten entspannen,
Sie können sich einfach wohl fühlen, ohne zu wissen, ob das schon Hypnose ist.
Sie brauchen nicht zu wissen, wie der Körper es fertigbringt, den Schmerz zu verringern,
Sie brauchen sich auch nicht darum zu kümmern, ob Sie unbewußt schon an der Lösung Ihres Problems arbeiten,
und Sie lernen, ohne wissen zu müssen, daß Sie lernen und wie Sie die neue Erfahrung anwenden werden etc."

Erickson: *Im normalen Leben sind wir gezwungen aufzupassen; in Trance spendet man uns Beifall, wenn wir dem Geist erlauben zu wandern.*

5. „Wenn ..., dann ...", „je mehr ..., um so besser ...", suggestive Verbindung von suggerierten Abhängigkeiten, die primär keine Abhängigkeiten sind.

„Je gleichmäßiger die Atmung wird, um so tiefer werden Sie sich entspannen."
„Je wohliger es sich im Körper anfühlen wird, um so leichter wird es auch um Ihr Herz!" etc.

6. Therapeutische Doppelbindungen
Zeitlicher Aspekt
„Möchten Sie eher schnell oder eher langsam in Trance gehen?"
„Möchten Sie Ihre Hypnose jetzt im Liegen oder später im Sitzen machen?"
„Und letztlich ist es gleichgültig, ob Sie sich entscheiden, dieses Verhalten früher oder später aufzugeben."

Bewußt/unbewußter Aspekt
„Wie oft unterläuft uns eine unbewußte Handlung, über die wir uns bewußt anschließend wundern ..."
„Während wir uns auf der bewußten Ebene ausgetauscht haben und Sie mir von den letzten Tagen berichteten, wird das Unbewußte ‚Mäuschen gespielt' und mitgehört haben und sich schon mit der Lösung des Problems beschäftigen, ohne es uns wissen zu lassen. Ist das nicht phantastisch?"

„Das Bewußte erkennt oft nicht gleich, wenn das Unbewußte für es arbeitet.“

7. Erzählerisches Ausmalen von Ruheszenen

auf einer Waldlichtung	an einem stillen See
am Fuße eines stattlichen Baumes	an einer erfrischenden Quelle
am (berühmten) Meeresstrand	an einem Wasserfall

8. Erzählen von Geschichten und Metaphern

(zu Milton H. Ericksons besonderer Begabung siehe *Meine Stimme begleitet Sie überall hin,* hrsg. v. Jeffrey Zeig 1992)

Beispiele von anderen Patienten, die besondere oder einfallsreiche Wege der Problemlösung gingen

9. Wahrnehmen und Nutzen der momentanen Situation

„Bleiben Sie einfach bei dem Gedanken/Gefühl ... schließen Sie die Augen ... jetzt ... Sie können Hypnose ... und genießen Sie, wie von alleine Ruhe (oder ähnliches) über Sie kommen kann ... und der Körper sich zurücklehnt und langsam anfängt zu entspannen.“ Oder: „Seien Sie nun einfach still und beobachten Sie aufmerksam, welche (gefühlsmäßigen oder körperlichen) Signale Sie erhalten. Halten Sie mich über das, was passiert, auf dem laufenden.“

10. Doppelinduktion

Zwei Therapeuten sprechen gleichzeitig auf verschiedenen Bewußtseinsebenen zum Patienten. Der eine beschreibt z. B. ein Naturschauspiel als Gleichnis für die Situation des Patienten, während der andere stärkende Botschaften vermittelt.

Alle zehn Techniken können *einzeln* angewendet, als ‚Einstreutechnik‘ in der Interaktion benutzt *oder individuell miteinander kombiniert* werden. Üben Sie die verschiedenen Möglichkeiten und erweitern Sie sie auf Ihre persönliche Art und Weise, damit die Hypnose Ihre ganz einmalige ‚Handschrift‘ trägt. Das wird die therapeutische Wirkung vertiefen.

Weiterführende Literatur: Gesammelte Schriften von Milton H. Erickson 1995–98.

2.5 Beispiel einer ausführlichen verbalen Hypnoseein- und -ausleitung

Indikation: Patienten mit Angststörungen, psychosomatisch Erkrankte, Patienten mit Erschöpfungssyndromen

Langsame, absichernde Einleitung und schrittweise Vertiefung (Zählmethode), vorzugsweise im Liegen, zur Tiefenentspannung

Ankündigung und Motivierung
„Und Sie haben sich jetzt für sich selber Zeit genommen,
eine Zeit für besondere Erfahrungen,
eine Zeit, die ein äußeres Maß hat und einen inneren Zeitraum.
Mit allem Respekt und aller bedingungslosen Anerkennung
(wenn an dieser Stelle der Patient äußert, das fiele ihm schwer, fordern Sie ihn auf, so zu tun, als ob er es könne)
wenden Sie sich Ihrer Person zu, um sich danach besser zu fühlen."

Absicherung durch Verankern im ‚Hier und Jetzt', in der äußeren Realität
„Und wenn Sie mögen, können Sie
– die Augen schon geschlossen –
nochmals nach außen lauschen und die Geräusche aufnehmen, die zu hören sind
und die, unwichtig werdend, nur noch *eine* Funktion haben:
Sie abzusichern und Ihnen zu bedeuten:
Es gibt ein äußeres ‚Hier und Jetzt', das Ihnen Sicherheit gibt,
mit dem Datum von heute,
in der Uhrzeit von jetzt,
an dem Ort von ‚hier'.
Der sichere Rahmen, um nachzulassen und woanders hinzugehen,
in eine andere Zeit, an einen anderen Ort."

Konzentration auf die Atmung
„Und Sie lauschen Ihrer Atmung,
diese feinen Geräusche der Luft, wenn sie durch die Nase einstreicht
und wenn sie wieder hinausfließt –

mit einem ewigen Rhythmus,
gleich dem Rhythmus des Meeres mit seinen Wellen,
die heranspülen und sich wieder zurückziehen.
Heranspülen und sich wieder zurückziehen … (im Rhythmus der Atmung gesprochen)

Die Atmung, tiefer und ruhiger werdend,
geleitet Sie ganz von alleine in Hypnose,
tiefer und tiefer.
Und der Körper weiß, wie er sich entspannen kann …
und beginnt, das Wohlgefühl zu genießen,
egal, ob Sie diesem Vorgang Aufmerksamkeit schenken oder nicht,
tiefer und tiefer gleitend,
weiter und weiter werdend mit jedem Atemzug,
freier und freier schwingend im inneren Raum …

Und Sie wissen, Sie brauchen nichts Besonderes zu tun und nichts zu verstehen.
Meine Stimme begleitet Sie,
aber Sie brauchen dem Wortlaut nicht zu folgen.
Gut …"

Zählmethode (langsam)
„Man kann schrittweise tiefer in Hypnose gleiten,
langsam, im Gleichmaß der Atmung, von eins bis zehn zählend.
So zähle ich für Sie langsam von eins bis zehn.
Und Sie gehen Ihren eigenen Schritt in eigenem Maß
tiefer und tiefer in Hypnose.
Wie eine breite Parktreppe hinunterschreitend
in Ihren inneren Park,
in eine besondere Umgebung.
Und Sie gehen – ‚eins' – tiefer –
und da mögen noch Gedanken kommen und gehen,
die dann aber vorüberziehen, wie die Wolken am Himmel –
‚zwei' – tiefer –
und unwichtig werden,
während Ihr Kopf weit und angenehm kühl und klar wird.

Und – ‚drei' –,
und Sie entscheiden sich,
das, was noch auf Ihren Schultern lastet, auf Ihrer Brust oder Ihrem Bauch, abzustreifen –
‚vier' – tiefer –
oder auszuziehen.
So, wie Sie einen Mantel ausziehen, der Gewichte trägt,
und ihn fallenlassen.
‚Fünf' – tiefer in Hypnose. –
Und Sie bemerken, wie somit Ihr Schritt beschwingter wird,
‚sechs' – tiefer –
und Sie die Stufen anders, ja leichtfüßiger, nehmen können,
‚sieben' – angenehm tiefer sinkend, schwebend zugleich –
und Ihr Körper anfängt,
in eine besondere Erholung zu tauchen,
ohne daß Sie das gleich bemerken müssen.
‚Acht' – und tiefer –
und in den gesamten Körper sonnige und heilsame Farbe fließt,
die Wärme und Wohlbefinden ergießt.
‚Neun' – tiefer –
Gut.
Und es kann lichter werden."

Konfusions- und Fraktionsmethode zur Trancevertiefung
„Und wenn Sie mögen,
machen Sie jetzt ein kleines Experiment.
Sie gehen noch einmal ein paar Stufen wieder hinauf.
Und gehen Sie zurück nach ‚acht' – zur achten Stufe, weiter zur siebten,
rückwärts oder vorwärts,
das entscheiden Sie.
Höher zu ‚sechs' hinauf,
um noch einmal nachzufühlen, wie das vorhin war.

Aber wieviel angenehmer ist es doch, wieder tiefer zu gleiten, die Hypnose genießend.
Und wieder hinunterzugehen. Und ‚sechs' und ‚sieben' und ‚acht', behende und elastisch, um in ‚neun' hineinzusinken.

Und Sie nehmen nicht die zehnte Stufe, bevor Sie sich nicht vollkommen angenehm
und wohlig warm und tief entspannt fühlen
und bereit, etwas Besonderes zu erleben.
Gut. –
Und je tiefer Sie in Hypnose gehen,
um so sicherer werden Sie sich fühlen.
Und je mehr Sie äußere Kontrolle nachlassen,
um so mehr kann innere Kontrolle wachsen.
So begegnen Sie sich auf neuer Ebene
und nähern sich Ihren inneren Fähigkeiten und Möglichkeiten.
Und die Zahl ‚zehn' (betont) ist längst erklungen …
Gut. –
Wie behaglich ist es da,
welche tragfähige Ruhe.
Ganz zufrieden in dieser heilenden Umgebung,
wo Sie auftanken,
die kristallklare Stille genießend. –

Gut. –

Der Körper erholt sich, die Seele kräftigt sich,
und Sie lernen, ohne wissen zu müssen, daß Sie lernen."

An dieser Stelle kann die Hypnose zur allgemeinen Erholung oder therapeutischen Intervention (**Utilisation**) genutzt werden, oder es kann eine Phantasiereise, wie z. B. ‚Basar' folgen. Die anschließende **posthypnotische Suggestion** dient der Verlängerung des positiven Effektes nach der Hypnose.

Nach einer solch ausführlichen Vertiefung braucht die **Hypnoseausleitung** gleichfalls exakte Anweisungen. Nur so kann der Trancezustand gut eingegrenzt werden. Suggestionen, die Hypnoseerfahrung auf gute Art abzurunden, sich für das Erlebte zu bedanken, es gut zu verwahren und diesen Ort jederzeit wieder auffinden zu können, schließen die Hypnose ab. Falls nicht ein Einschlafen begünstigt werden soll, wird von ‚zehn' wieder zurück nach ‚eins' gezählt. So ist die Treppe wieder hinaufzusteigen, abzuwägen, ob die abgelegten Lasten wieder aufgenommen werden sollen oder ob sie da belassen werden können. Das ‚Aufwachen' ist geprägt von Begriffen wie ‚Frische, Klarheit und Wachsein, von Selbstvertrauen und Zuversicht' und einer Überraschung (!).

Der **Text** kann folgendermaßen lauten:
„Und Sie treten den Rückweg an,
wissend, daß Sie jederzeit wieder an diesen Ort zurückkehren können,
zu dieser Ruhe, Stille und Erholung, voller neuer Quellen.
Es ist Ihr ganz eigener Ort, der Ihren Namen trägt.
Schritt für Schritt steigen Sie die Treppe wieder hinauf,
von der zehnten Stufe zurückkehrend zur neunten,
zur achten,
und beobachten Sie, was aus dem geworden ist, was Sie vorhin abgelegt haben,
und ob Sie das wieder aufnehmen oder ob Sie es liegenlassen möchten …
oder ob es sich überraschenderweise verändert hat.
Leichtfüßig nehmen Sie die achte Stufe, die siebte, die sechste … – die fünfte und die vierte …
und zählen Sie einfach die nächsten drei Zahlen für sich im stillen.
So sammeln Sie sich bei ‚drei',
strecken bei ‚zwei' schon die Glieder
und schlagen bei ‚eins' die Augen auf.
Mit einem Lächeln auf dem Gesicht sind Sie ganz wach und klar und erfrischt wieder hier.
Willkommen!"

2.6 Koppheister oder bedächtig? – Alternative zu den anderen Induktionsverfahren

Text:

„Jeder hat seine individuelle Art, in Hypnose zu gehen: Man kann es damit vergleichen, wie Menschen beim Baden unterschiedlich ins Wasser gehen:

Der eine nimmt Anlauf und springt koppheister (mit dem Kopf voran) hinein.

Der andere kühlt sich erst lange bedächtig und sorgsam ab, besprenkelt sich mit dem kühlen Naß und wägt dann ab, ob er sich Weiteres zumuten kann.

Der nächste watet unverdrossen Schritt für Schritt tiefer, um dann seine abgezirkelte Runde zu drehen.

Ein weiterer liebt es ‚südländisch', geht hinein bis zur Körpermitte, verbleibt dort wie angewurzelt und plaudert mit über dem Bauch verschränkten Armen mit seinem Badenachbarn, der in gleicher Positur sein Bad genießt, um sich für das spätere köstliche Mittagsmahl zu erfrischen.

Auch Sie haben Ihre ganz eigene Art, in Hypnose zu gehen, und das tun Sie jetzt ... Sie können Hypnose ... einfach sich zurücklehnen und erlaubterweise faul sein dürfen ...

Sehr gut, die Atmung wird tiefer, die Gesichtszüge werden ganz glatt. Wie sieht das schön aus ...!"

Kapitel 3

Sprache

3.1 Beispiele von Redewendungen, die Neugierde, Fokussierung, Öffnung der Bezugsrahmen, Sicherheit, Wohlgefühl und unbewußte Kooperation unterstützen und Assoziationen anregen

Sie können beobachten, daß …
Es kann Ihnen gefallen zu bemerken, wie …
Sie werden vielleicht erstaunt sein über … (z. B: ‚das auftretende Wohlgefühl') …
Haben Sie schon bemerkt, daß …
Ich frage mich, ob …
Sie werden sich wundern, wie … (z. B.: ‚schnell Sie sich entspannen können') …
Jetzt weiß ich nicht, was Sie gerade erleben, aber vielleicht erleben Sie …
Und es mag Ihren Bedürfnissen entsprechen (that meets your needs), zu spüren, wie so ganz von alleine …
Ich denke, Sie werden Spaß daran haben, zu beobachten, wie gerade dort sich Taubheit entwickelt, wo Sie es brauchen.
Warum sollten Sie sich nicht erlauben, diese Erfahrung zu genießen …?
Ich frage mich, ob Sie sich erinnern …
Geben Sie sich jetzt die Chance …
Beinahe so wie …
Und wenn Sie wünschen, können Sie nun …
Das erste, was Sie bemerken können, ist …
Vielleicht beginnen Sie jetzt zu bemerken, was …
Auch wenn Sie es noch nicht bemerken, aber …
Es ist so gut zu wissen, daß …
Und das ist sehr gut …
Und all das ist, was zählt …

Und Ihr Unbewußtes kann Sie befähigen, zu …
Ich frage mich, ob Sie sich entscheiden, zu … oder zu …
In aller Wahrscheinlichkeit …
Sobald Sie eine neue Erfahrung ausprobieren wollen, können Sie jetzt …
Und vielleicht eher, als Sie für möglich halten …
Und Sie selber wissen besser als jeder andere …
Allein Sie sind die Fachfrau/der Fachmann für Ihre Belange …
Sie werden fasziniert sein und das starke Bedürfnis entwickeln …
Veränderung ist nicht nur angezeigt, sondern unausweichlich …
Es ist wirklich nicht wichtig, ob Sie sich im Moment schon bewußt sind, daß …
Man kann gar nicht abschätzen, zu was diese neue Erfahrung nütze sein wird …
Ich möchte, daß Sie mehr und mehr verspüren …
Und Ihr unbewußtes Wissen kann Sie jetzt befähigen, diese Schritte zu vollziehen …
Möglicherweise …
Würden Sie sich erlauben, zu erfahren …?
Mag sein, daß Sie richtig genießen, wie …
Ob Sie wohl interessiert sind, zu lernen, wie …?
Und ich weiß nicht, ob Sie sich der Veränderungen jetzt gewahr sind, und das ist vielleicht auch egal …
Und Sie haben alle Zeit in der vorgegebenen Zeit …
Und während Sie sich auf der bewußten Ebene vielleicht gerade fragen, ob Ihnen die Hypnose jetzt helfen wird, kann sich Ihr Unbewußtes schon mit der Lösung des Problems beschäftigen.

Und wir wissen, daß alles leichter geht, wenn man sich entspannt …

3.2 Negative Suggestionen – nicht generell schlecht

Aus dem Nähkästchen der Patienten geplaudert

Sie brauchen keine **Angst** zu haben.
Sie werden nach der Operation nicht **erbrechen** müssen.
Der **Schmerz** wird nicht so stark sein.

Sie werden auch nicht gleich **kollabieren.**
Davon wird Ihnen nicht **übel.**
Das ist noch keine **Neurodermitis.**
Die Wunde hat ja bislang nicht **geeitert.**
An einem Darmverschluß **stirbt man** nicht so **schnell.**
Sie haben ja noch keine **Metastasen** …

Übliche Redewendungen mit schlechtem Ausgang. Weshalb? Weil sie eine schlechte Suggestion ausüben. Wenn wir das ganz neutral mit dem schönen Beispiel vom blauen Elefanten betrachten, wird alles deutlich: „Wetten, du kannst dir *keinen* himmelblauen Elefanten vorstellen!“ Was passiert? … Na, bitte!

Jeder Mensch ist suggestibel, wenn er krank oder traumatisiert ist oder sich im Schockzustand befindet. Kognitive, logische Leistungen funktionieren vermindert, das kindhafte bildliche Vorstellungsvermögen bekommt die Oberhand, und somit können Abstraktionen und Negationen nur begrenzt verstanden werden. Was bleibt, ist das Bild; die Imagination von Angst, Erbrechen, Schmerz, Kollaps, Übelkeit, zerkratzter Haut, eiternden Wunden, von Metastasen und Tod.

Das bedeutet: Achtsamkeit im Umgang mit unseren Worten, insbesondere, wenn wir mit Hypnose arbeiten. **Betonen wir *das*, was wir im Positiven erreichen wollen**: Ruhe und Sicherheit, Wohlbefinden („mehr als erwartet“), Selbstvertrauen, vegetative Balance, Fähigkeit zur Selbstheilung etc.

Negationen erweisen sich nur dann als nutzbringend, wenn wir sie gezielt und raffiniert zur Umsegelung von Skepsis und Widerstand einsetzen. Dabei wird die Negation geschickt mit dem zu begünstigenden Verhalten oder Erleben in Bezug gesetzt. Die bewußte Ebene wird mit der Negation besänftigt, während die unbewußte Ebene den positiven Auftrag erhält:

„Sie wollen, wollen Sie nicht? Sie können, können Sie nicht? Sie können nicht aufhören, können Sie? Warum sollten Sie sich nicht erlauben, das einfach passieren zu lassen? Sie werden nicht, bevor …

Sie brauchen sich wirklich nicht eher zu entspannen, bevor Sie nicht … Sie brauchen nichts Besonderes zu tun, nichts zu verstehen … mir nicht einmal zuzuhören. Lassen Sie keine Hypnose zu, bevor Sie sich nicht wirklich angenehm fühlen. Achten Sie darauf, daß Sie sich nicht zu schnell verändern" etc.

3.3 Redundanz, unwiderstehlich: „… und ich lasse los und entspanne mich!"

Anleitung zur hypnotischen Entspannung bei sehr nervösen und angestrengten Patienten

Bei der Vielfalt von unterschiedlichen Persönlichkeiten unserer Patienten sind solche nicht selten, die ein Bedürfnis nach Hypnose proklamieren, aber gleichzeitig immer neue Gründe finden, weshalb Hypnose bei ihnen eigentlich doch nicht funktionieren könne.

Andererseits rauben sie uns Therapeuten mit ihrer redundanten Berichterstattung über Mißerfolge, Depressionen usw. derart die Nerven, daß wir (im Falle, daß wir Hypnose für hilfreich erachten) zur Rettung der Situation nur in die Offensive treten können: Wir müssen noch redundanter sein, sozusagen unwiderstehlich redundant, dem Patienten und seinem Therapieziel zuliebe. Und wir wiederholen im Rhythmus der Atmung des Patienten in chronologischer Reihenfolge in kurzen Sätzen alle Klagen und Befürchtungen in der Ich-Form. Beim Ausatmen erfolgt dann unerbittlich der Nachsatz:

„ … und ich lasse los, und ich entspanne mich." Das Wort ‚und' erlaubt alle vorher ausgedrückten Zweifel und mißlichen Gefühle – gerade die Akzeptanz von Befindlichkeiten schmälert oft deren Auswirkung – und leitet gleichzeitig in das Ziel der Therapiestunde über.

Technik

Aller Skepsis zum Trotz treffen wir mit dem Patienten die Vereinbarung zur Weiterarbeit mit Hypnose. Wie üblich, ist unsere eigene Ruhe und gelassene Ausstrahlung die wesentliche Voraussetzung für ein Gelingen. Der Patient wird aufgefordert, es sich so bequem wie möglich zu machen und die Augen zu schließen. Der Therapeut beobachtet aufmerksam den Atemrhythmus.

Es versteht sich, daß der Patient weiterhin unruhig ist. Er öffnet die Augen, räuspert sich, lacht, weint, redet, gestikuliert. Wir greifen das in Worten auf und bilden einen kleinen Satz, der in etwa so lauten kann:

„Und ich denke, ‚das klappt bei mir heute nie', – und ich lasse los, und ich entspanne mich."
„Ich fühle mich total genervt, und ich lasse los, und ich entspanne mich …"
„Ich schnaufe und spreize die Zehen, und ich lasse los und entspanne mich" und so weiter.

Es ist darauf zu achten, daß der Satz ein klein wenig langsamer gesprochen wird, als der Atemzug des Patienten dauert, was die Atemweise verlangsamt. **Der berühmte, redundante Nebensatz betont die Ausatmung. Er ist so entsetzlich langweilend, daß dem Patienten normalerweise nichts anderes übrig bleibt, als in Hypnose zu flüchten.**

Sobald eine gewisse Ruhe beim Patienten eingetreten ist, wird er imaginativ fokussiert. Er setzt sich z. B. in der Phantasie auf eine Terrasse mit Ausblick aufs Meer und visiert den Horizont an, dort, ‚wo Himmel und Wasser scheinbar zusammentreffen'. Fest und unverwandt schaut er auf diese Linie. Derweil beginnt er, durch meine Anleitung den Körper von den Zehen bis zum Kopf stückweise zu entspannen, weiterhin den Horizont fixierend. Anschließend wird er aufgefordert, noch durch zehn Schichten ‚tiefer und tiefer' in Hypnose zu sinken, weiterhin visuell an den Horizont gebunden. Hat er die zehnte Schicht ‚durchsunken', öffnet sich wie von alleine der Horizont zu einem waagerechten Spalt, durch den eine Zukunftsvision seines Lebens zu erkennen ist. Er nimmt die Gestalt seines neuen Ichs wie auf einer Theaterbühne, deren Vorhang ein wenig gelüpft wurde, wahr und erfährt, was ihm helfen wird, in der Therapie Fortschritte zu machen.

Beispiel:

Zur Veranschaulichung notiere ich hier den Anfang dieser Intervention im Wortlaut bei einer zur Zeit laufenden Therapie. Die Patientin leidet an Tinnitusbeschwerden, Depressionen, Einsamkeitsgefühlen, Rückenschmerzen nach Wirbelfraktur:

„Ich habe viele Gedanken im Kopf, und ich lasse los und entspanne mich."
„Mir kommen die Tränen, und ich lasse los, und ich entspanne mich."
„Ich rutsche hin und her, und ich …"
„Mein Tinnitus wird lauter, und ich …"
„Ich denke, ich kann heute nicht in Hypnose gehen, und ich …"
„Ich zweifle stark, ob das klappen wird, und ich …"
„Ich öffne die Augen, und ich …"
„Und ich schließe die Augen wieder, und ich …"
„Ich melde meiner Therapeutin: ‚Meine Nase juckt gräßlich!', und ich lasse los …"
„Ich höre meine Therapeutin sagen: ‚Kratzen Sie doch!', und ich …"
„Nun kratze ich, oh, ist das ein Genuß, und ich …"
„Jetzt ist es besser, und ich …"
„Das Gebimmel der Kirchenglocken ist ja unerträglich, und ich …"
„Ah, endlich ist wieder Ruhe, das ist gut, und ich lasse …"
„Ich mache einen tiefen Seufzer, und ich …"
„Und ich merke, wie es angenehmer wird, und ich …"
„Und ich werde ruhiger, und ich …"
„Und ich rutsche noch einmal hin und her …"
„Und langsam kann ich loslassen, und ich …"
„Das wird doch nicht schon Hypnose sein, und ich …"
„Ach, das tut gut, und ich …"
„Wie fühlt sich das so friedlich an …"
„Von den Füßen an aufwärts kann Wärme in meinen Körper einfließen" etc.

Diese Patientin kam mehrere Jahre sporadisch zu mir in die Therapie und klagte mir in jeweils unterschiedlicher Fassung ihr Leid. Sie bekundete ein prinzipielles Interesse an Hypnose, aber gleichzeitig auch immer Gründe, Hypnose nicht direkt auszuprobieren. Mit dieser – zugegebenermaßen etwas frechen – Version der Induktion, die mir regelrecht aus Verzweiflung in den Sinn kam, gelang der Patientin zum ersten Mal eine therapeutische Trance, und sie zeigte sich sowohl beeindruckt als auch angenehm erfrischt. In den folgenden Sitzungen wünschte sie jeweils wieder Hypnose, die ich auf Tonband aufzeichnen sollte. Sie engagierte sich mit Selbsthypnose und tippte die Bänder für sich ab. In der Folgezeit waren erstmalig richtige Fortschritte an ihr zu beobachten. Sie startete ein Fitneßtraining, ging eine Brieffreundschaft ein und gestaltete lebendig ihre Zeit. Das früher raumfüllende Tinnitusproblem rückte völlig in den Hintergrund.

Dieser Therapieverlauf verdeutlicht, daß wir immer mal wieder auch mit ungewöhnlichen Interventionen zur Hypnose greifen sollten. Den Einfällen, wie der Patient letzten Endes zu motivieren ist, sind dabei keine Grenzen gesetzt. Lassen wir den Patienten in der Stunde ruhig etwas abwarten, konzentrieren wir uns auf uns selbst, da blitzen so manche Ideen auf, die uns selber überraschen.

Ausführlich ist die Sprache der Hypnose in *Hypnosetherapie* von Bärbel und Walter Bongartz (1998) dargestellt.

Kapitel 4

Selbsthypnose – wozu?

„Auch wenn ein Gott den Raum mit Dir teilt,
mußt Du das Nötigste doch selber verrichten.“
(Homer)

Die vom Patienten praktizierte **Selbsthypnose ist der Stütz- und Tragbalken unserer Arbeit.** Jeder Patient sollte deshalb am Anfang der Therapie in diese Technik eingewiesen und angehalten werden, sie zu Hause regelmäßig auszuüben. Das selbständige Üben von Hypnose vertieft den in der Therapiesitzung erreichten Erfolg, und der Patient wird zugleich ein aktiver ‚Mitarbeiter‘. Er wird sicherer in der Methode, erfährt zunehmend den positiv entspannenden Effekt und behält (oder erhält) dem Therapeuten gegenüber einen selbstbestimmten, unabhängigen Status, das implizite Ziel jeglicher Therapie. Bestenfalls experimentiert der Patient in Richtung Heilung/Lösungsorientierung/Konfliktbewältigung mit eigenen Bildern und Einfällen, was seine Autonomie und Leistungsfähigkeit steigert und ihn mit Stolz erfüllt. Manchmal bedarf es eines gewissen Ansporns oder auch einer Erlaubnis: **„Auch wenn Sie es *nicht brauchen, gönnen* Sie es sich!“**

Der (selbst)hypnotische Zustand ist ein normaler, natürlicher und gesunder Zustand, in dem wir besondere Fähigkeiten entfalten, um uns physiologisch, geistig und seelisch positiv zu beeinflussen. Dabei können sehr unterschiedliche Ziele verfolgt werden:

Allgemeine Ziele:

Erlernen von Tiefenentspannung und Ruhe in allen Situationen
Steigerung der Konzentrationsfähigkeit

Ausbau der Kreativität
Intensivierung von Erinnerungen
Erhöhung der Kontrolle über physiologische und mentale Vorgänge
Gewinn an Sicherheit und Selbstvertrauen
Zuwachs an Flexibilität im Denken und Handeln, Erweiterung innerer Grenzen/Bezugsrahmen
Nutzung mentaler Fähigkeiten zum physischen und seelischen Heilen
Initiieren von hypnotherapeutischen Träumen

Konkrete Ziele:

Streßmanagement
Optimieren sportlicher Leistung
Geburtsvorbereitung
Schmerzkontrolle

Die folgenden Bereiche bedürfen neben symptomorientierter eventuell auch ursachenbezogener therapeutischer Arbeit:

Angst- und Panikbewältigung
Lösung sexueller Probleme
Behandlung von Schlafstörungen
Beeinflussung von Suchtverhalten
Allergiebehandlung
Behandlung psychosomatischer Krankheitsbilder (u. a. Neurodermitis, Asthma)

Hypnose mit Visualisierungsübungen, Dissoziations- und Distraktionsübungen als Hilfe bei schweren akuten und chronischen Erkrankungen

„Selbsthypnose ist eine besondere, für sich selbst investierte Zeit, die wie eine Einzahlung auf einer Bank für positive Selbstveränderung zählt." (Brian Alman)

4.1 Technik: Anweisung für Selbsthypnose

Geistige Voraussetzungen

Motivation zur Erreichung eines Zieles, einer Veränderung (es empfiehlt sich, eine Liste von Gründen, die für die gewünschte Veränderung sprechen, aufzustellen)
Formulierung eines erreichbaren, spezifischen Zieles oder erst einmal eines Teilzieles

Äußere Bedingungen

Ort: vorerst ruhig und störungsfrei, später überall, z. B. auf einer Wiese, in der Tram, Warteschlange (Störungen können dann schon automatisch herausgefiltert werden)
Zeit: möglichst täglich, bei somatischer Erkrankung zwei bis drei Mal, anfangs 15–20 Minuten, später reduziert sich die Zeit durch das Üben von alleine auf drei bis fünf Minuten
Körperposition: bequem sitzend, Arme und Kopf unterstützt, auch liegend, zumal bei Erschöpfungszuständen und schwerer Erkrankung

Planung, Vorbereitung und Praxis

Hypnoseinduktion

Augen:

Auf einen Punkt schauen **(Augenfixation)**, bis die Augen sich von alleine schließen (hilfreich bei Nervosität und Unruhe) oder Augen gleich schließen.

Atmung:

Atemtechniken bilden die effektivsten Methoden, um in Entspannung zu gehen. Die Betonung sollte hier auf der Ausatmung liegen. Eine Möglichkeit ist dabei folgende Zählmethode: einatmen bis drei, Luft ‚be'-halten bis drei, ausatmen bis sechs, Pause bis vier zählen.

Möglich ist auch: fünf ruhige, tiefe Atemzüge, eventuell begleitet von einem Satz ähnlich wie: „Ich atme ein, ich werde weit und frei ... ich atme aus und sinke tiefer und tiefer in Hypnose ..."

„Gesunde Atem- und Entspannungstechniken sind Schlüssel, um die Türen zu öffnen und bei sich selbst einmal gründlich durchzulüften." (Brian Alman)

Entspannungsmodi:
visuell: Kerzenflamme, schönes Bild, weite Aussicht, Luftballons etc.
auditiv: meditative Musik, Meeresrauschen, Halluzinieren von Musik,
kinästhetisch: warm und schwer werden, progressive Entspannung, am elegantesten: Handlevitation und ideomotorische Signale.

Eventuell langsam, gekoppelt mit der Atmung von eins bis zehn zählen, z. B. mit der Vorstellung, gemächlich eine breite Parktreppe hinunterzuschreiten, in einen inneren großen, ‚wunderbaren' Garten o. ä.

Oder kurzes Ritual:
Keine langatmige, zeitraubende Einleitung, sondern z. B. eine Hand auf den Bauch legen und drei tiefe Atemzüge machen, den Körper in eine schöne, gute, gesunde Farbe tauchen. In Worte gefaßt, könnte es folgendermaßen lauten:

„Stellen Sie sich Ihr Wesen als eine Farbe vor, orange oder warmes Rosa, wie ein morgendlicher Sonnenaufgang oder ein Abendhimmel ... ein Bild der Natur." Es ist sinnvoll, ein bestimmtes Bild oder eine Erfahrung zu finden, durch die man den angenehm entspannten Zustand jederzeit wieder herstellen kann.

Utilisation, die Phase der therapeutischen Nutzung
Die inhaltliche Gestaltung und Planung der Utilisationsphase der Hypnose kann unterschiedlich sein:

Entweder:
Einfach Ruhe und Stille und Erholung, Gefühl der Sicherheit evtl. Schmerzfreiheit genießen; sich Zeit für unbewußte Leistungen, Heilung, Integration und Neubeginn erlauben. Weder Formeln

noch Affirmationen, auch kein Programmieren, sondern oberstes Ziel sollte sein, Raum für schöpferische Prozesse zu schaffen in Überzeugung von der Kraft unbewußter Arbeit.

Oder:
Formulierung von **Botschaften an sich selbst** (Eigensuggestionen) sowie posthypnotische Aufträge (Suggestionen). **Diese sollen logisch, von Relevanz und erfüllbar für die übende Person sein.** Eigene individuelle Vorstellungen, Symbole und Phantasien verbildlichen die Suggestionen und lassen durch die subjektive ‚Greifbarkeit' eine Wahrscheinlichkeit der unbewußten Annahme erwarten. Den **selbstformulierten Suggestionen** sollte also so detailliert wie möglich eine innere Vorstellung, ein Bild mit allen Sinnesmodalitäten gegeben werden.

Die Seele denkt nicht ohne Bild. (Aristoteles)

Die Wirksamkeit erhöht sich durch eine Rhythmik im Satz, durch Reime (‚Eile mit Weile') oder durch eine besondere Sinnhaftigkeit, die mit der Person stimmig ist.

Oder:
Therapeutische Arbeit im Sinne von ‚für sich da sein', ‚sich zuhören'.

Posthypnotische Suggestionen

Sie sollen nach der Beendigung der Selbsthypnose wirksam werden und den Effekt nachhaltig in einer Art Depotwirkung verstärken:

Zum Beispiel, daß die nächste Selbsthypnose noch tiefer, noch entspannender und therapeutisch wirksamer sein wird. „Immer wenn ich in Zukunft meine Selbsthypnose machen werde, verknüpfe ich das jeweils mit Ausruhen, dem Befreien von Sorgen und Ablenkungen und mit Genießen.

Oder z. B.: ‚Die heilende Trance kann in *den* Bereichen bleiben, wo es dem Körper guttut, während ich als Person wieder erwache …'

‚Der Effekt kann anhalten …'

‚Meine nächtlichen Träume können sich mit diesem Thema weiterbeschäftigen …'

Beendigung der Hypnose – Hypnoseausleitung

Genügend Zeit einplanen, je nach Dauer der Hypnose etwa ein Zehntel. Dabei sind alle Sinneskanäle zu berücksichtigen: ‚rund und stimmig machen, abschließen und verabschieden';

zurückzählen von zehn bis eins;

‚frisch und klar und wach ins Hier und Jetzt zurückkehren, ein Lächeln auf dem Gesicht, Erleichterung im Herzen';

‚sich recken und strecken', isometrisch durchspannen.

Woran erkennt man, daß man in der Selbsthypnose erfolgreich war?

Da der Übergang vom Wachbewußtsein zum hypnotischen Zustand sehr subtil ist, beurteile man folgende Kriterien:

1. Ist ein Gefühl von Entspannung erlebt worden?
2. Sind suggerierte körperliche Empfindungen eingetreten?
3. Ist eine subjektive Zeitverzerrung entstanden? „Schätzen Sie die während der Hypnose vergangene Zeit ein und vergleichen dann anhand der Uhr!"

Informieren Sie Ihren Patienten in diesem Sinne: „Seien Sie völlig unbesorgt, Selbsthypnose ist ein vollkommen sicherer, gesunder und natürlicher Bewußtseinszustand. Sie wissen, daß Sie in Trance jederzeit Kontrolle über sich haben. Es gilt der Grundsatz: *‚Ich lasse Kontrolle los, um an innerer Kontrolle zu gewinnen.'* Sie können Ihre Aufmerksamkeit aber jederzeit auf die Außenwelt richten, wenn es notwendig ist. Wenn etwas passiert, was schnelles Handeln erfordert, können Sie sofort die Trance beenden und vernünftig reagieren."

Selbsthypnose: nicht tief, nicht lang, Hauptsache überhaupt!

Auch für den Patienten empfohlene weiterführende Literatur: *Hypnose, wie sie wirkt und wem sie hilft,* von Bärbel und Walter Bongartz.

Selbsthypnose. Ein Handbuch zur Selbsttherapie, Brian M. Alman und Peter T. Lambrou, Carl-Auer-Systeme Verlag 1995.

4.2 Beispiel eines Tonbandtextes für das Üben von Selbsthypnose zu Hause

Bei der im folgenden wörtlich wiedergegebenen, auf Tonband aufgenommenen Hypnoseanleitung handelt es sich um eine Intervention während der zweiten Therapiesitzung.

Die Patientin wurde aus der Onkologie im Klinikum Rechts der Isar für Hypnose an mich überwiesen. Am 8. August 1995 fand die erste Sitzung statt, in der ich erfuhr, daß bei der 55jährigen Patientin erstmalig 1989 ein Lungentumor rechts diagnostiziert worden war. Der Lungenmittellappen wurde im gleichen Jahr reseziert, eine Nachbehandlung unterblieb. Im Dezember 1994 wurde im rechten Oberlappen ein positiver Befund im CT diagnostiziert, offenbar ein Rezidiv. Die Patientin befand sich in chemotherapeutischer Behandlung.

Anamnestisch ergibt sich das Bild einer entbehrungsreichen Kindheit als jüngstes von 12 Geschwistern im Bayerischen Wald („Es herrschte große Not", für den ganzen Schultag mit 12 Kilometern Schulweg gab es nur ein ‚Rama'-Brot). Peitschenschläge, harte Arbeit und später Gewalt in der ersten Ehe waren ihr Leben. In der jetzigen, zweiten Ehe litt sie unter der Trunksucht ihres Mannes, der seine Zeit in der Wirtschaft verbringt. Sie wurde zur starken Raucherin. Als aktuelle Probleme bezeichnete sie ihr (minimales) Übergewicht und die große Versuchung, das Rauchen wieder anzufangen. Diese zwei Punkte wurden von mir als vordergründiges Therapieziel respektiert, ohne vorerst wirklich therapeutisch signifikante Ziele wie Selbstwertaufbau, Selbstbestimmung, neue Lebensplanung zu formulieren.

Die Patientin wirkte insgesamt resignativ, unglücklich, hilflos und emotional ungemein bedürftig.

In der ersten Sitzung fand, eingebettet in das anamnestische Interview, eine Kurzanleitung in Hypnose mit kataleptischer Handlevitation statt. Die Patientin reagierte auf die erlebte Entspannung und den dissoziierten Bewußtseinszustand mit Überraschung und spontaner Freude. Innerhalb der zweiten Sitzung vier Tage später nahm ich meine Hypnoseanleitung nebenbei auf Tonband auf, womit die Patientin als Hausaufgabe täglich Selbsthypnose ausüben sollte. Ziel des Textes war vorerst nur das Vertrautwerden mit dem Trancezustand und das Erreichen körperlicher, geistiger und seelischer Ruhe. Dies diente als Voraussetzung für spätere hypnotherapeutische Arbeit. Der etwa 20minütige Text war auf die Patientin zugeschnitten, aber in dem Sinne allgemein, als er offene positive Suggestionen beinhaltet, ohne konkret an einem spezifischen Thema zu arbeiten. So bekam die Patientin am Anfang der Therapie Material an die Hand, mit dem sie jederzeit alleine therapeutische Arbeit leisten konnte. Die Patientin übte seitdem regelmäßig mit diesem Text, den sie als ihr ‚Heiligtum' bezeichnete. Es blieb ihr Lieblingstext, obwohl wir im Laufe der Therapie noch weitere Tonbänder besprachen. Das Abhören der Kassette begleitete sie durch viele Krisen. Sie berichtete sogar, daß manchmal die Trance mit dieser Kassette ihr einziger Trost war. Später erfuhr ich, daß die in dem Text ausgedrückte Anerkennung und Wertschätzung ihres ‚lastenreichen' Lebens, verbunden mit der Erlaubnis, sich jetzt etwas nehmen zu dürfen, ihr das Gefühl gab, endlich einmal verstanden worden zu sein. Das hätte sie ‚immer und immer wieder hören wollen'.

Im Laufe der Psychotherapie, bei der Hypnose in verschiedenen Techniken zum Einsatz kam, hatte die Patientin eindeutig an Selbstbewußtsein und Autonomie gewonnen und wußte besser, ihre Zeit sinnvoll zu gestalten. Nach einer psychischen und physischen Krise im Februar 1996, wo ihr die Ärzte aufgrund ihres schlechten Befundes – der Tumor war wieder gewachsen – prognostisch nur noch eine Zeitspanne von zwei Monaten Lebenszeit gaben, hatte sie sich (nach Absetzen einer neuen aggressiven Chemotherapie, die ihr nicht bekam) wieder unerwartet gut erholt. Im Sommer 1996 kam sie für die Live-Demonstration einer Behandlung in eines meiner Seminare. Sie präzisierte vor 35 Teilnehmern selbstbewußt und plastisch, wie die Selbsthypnose sie gestärkt hatte, und gab an, mit dem Tumor in ihrer Brust Frieden geschlossen zu haben und jede Sekunde ihres Lebens sehr auszukosten. Dafür erhielt sie von der Ausbildungsgruppe leidenschaftlichen Applaus, sicher einer der letzten Höhepunkte in ihrem Leben.

Insgesamt fanden über einen Zeitraum von eineinhalb Jahren 17 Therapiesitzungen in prozeßabhängigen Abständen statt, die vorletzte am 15. August 1996, bei dem die Patientin erschöpft, aber psychisch stabil und zufrieden erschien. Ende 1996 sah ich sie zum letzten Mal. Sie war unglücklich. Die Kinder bereiteten ihr großen Kummer, der Ehemann ersäufte sich in Bier. Sie war allein, ohne Lebensziel. Frau K. verstarb im Januar 1997.

Hypnoseanleitung Frau K., 10. August 1995, zweite Therapiesitzung, Lungentumor, Rezidiv

„Gut ... Sie haben sich gemütlich hingelegt ... und Sie haben auch die Augen schon geschlossen ... und man kann auch mit offenen Augen in Hypnose gehen; das machen wir ein anderes Mal ... Es ist gut, die Augen zu schließen ... so angenehm, wenn die Augen geschlossen bleiben dürfen ... Und spüren Sie einfach noch einmal nach, ob es wirklich bequem ist ... und ob alles sich vollkommen sicher ... und wohl ... und behaglich anfühlt, bevor Sie anfangen, sich zu entspannen ... gut.

Sie haben gute hypnotische Fähigkeiten ... das habe ich in der ersten Sitzung schon feststellen können ... und warum sollten Sie diese guten hypnotischen Fähigkeiten nicht nutzen ... für sich ... um sich etwas Gutes zu tun ... und den Körper auszuruhen, ... und die Seele auszuruhen ... und den Kopf auszuruhen ...

Und lassen Sie sich doch einfach mal spüren, wie der Atem kommt ... und geht ... kommt ...und geht ... gut ... sehr gut ... Und beim Einatmen kann Sie ein Satz begleiten ... der so klingt wie: ... Ich atme Sicherheit ein ... und werde weit ... und leicht ... und beim Ausatmen: ... Ich lasse los ... ich entspanne mich ... Und die auf dem Bauch ruhende Hand hebt sich leicht beim Einatmen ... und sinkt beim Ausatmen ... und der Bauch spürt die Berührung der Hand ... warm und angenehm fürsorglich ... Und mag sein, Sie wandern dahin, wo Sie am entspanntesten sind in Ihrem Körper ... und beobachten, wie es ganz angenehm ... und warm ... und weich ... und weit ... und frei weiterfließt, ohne daß Sie etwas Besonderes tun.

Und auch ohne daß Sie etwas Besonderes tun ... schaltet der Körper auf eine andere Gangart um ... auf den Teil des vegetativen Nervensystems, der für Erholung sorgt ... und Ernährung ... und selbst das Gehirn verändert die Funktion ... so daß es vor dem inneren Auge farbiger werden kann ... und ... **daß es irgendwie anders wird** (geheimnisvoll gesprochen) ... Und für manche ist es überraschend zu erleben, wie man sich gleichzeitig entspannen ... und sinken kann ... und sich dabei immer sicherer fühlt ... sicherer ... und sicherer in sich selbst ... Gut.

Und Gedanken können kommen und gehen ... und vorüberziehen wie die Wolken am Himmel ... und ... unwichtig werden ... **Und Sie brauchen nichts Besonderes zu tun und Sie brauchen nichts zu verstehen** ... Ein tieferer Teil in Ihnen, der weiß soviel besser ... Gutes zu tun ... **und der Körper kann sich erinnern** ... gut für sich zu sorgen ... so daß er sich wohl fühlen kann ... jetzt ... Und Sie brauchen mir nicht einmal zuzuhören ... meine Stimme begleitet Sie einfach ... und die Ohren nehmen das auf, was sinnvoll ist für Sie ... Und während Sie sich auf der bewußten Ebene vielleicht noch fragen, wieweit Sie sich heute angenehm entspannen werden ... und welche Erfahrung Sie heute machen werden ... werten Sie unbewußt schon aus, was Sie davon nutzen werden ... Gut.

Und so kann man zehn Stufen tiefer zählen: ... **Eins** ... und tiefer und tiefer zu gehen in diesen angenehmen Zustand ... **mit allem Respekt und aller bedingungslosen Anerkennung für sich selbst** ... Und man weiß, man könnte jederzeit wieder heraustreten, **zwei** ... aber einfach, weil es so angenehm ist ... und so wohl tut ... **drei** ... gehen Sie tiefer ... und der Körper erholt sich ... **vier** ... und während draußen von ferne die Geräusche der Stadt zu hören sind ... das gemütliche Rumpeln der Straßenbahn ... Linie 18 oder Linie 19 ... oder das Trappeln von Kinderfüßen im Haus ... oder das Vogelgezwitscher ... alles Geräusche, die nur dazu da sind, Ihnen Sicherheit zu geben ... Sie sicher zu verankern ... im Hier und Jetzt ... damit Sie in aller Ruhe woanders hinwandern können ... an einen anderen Ort ... in eine andere Zeit ... wo etwas ganz anderes wichtig wird ... Und unbewußt wissen Sie ... und ... **fünf** ... was die richtige Farbe ist ... die Ihren Körper mit gesunder Kraft ... und gesunder Energie … füllen kann … und **sechs** … und **sieben** … innerlich zählen sich die Zahlen weiter … Und gehen Sie nicht tief in Hypnose … und tiefe Entspannung … bevor Sie nicht bei … **zehn** … angekommen sind … und ganz sicher … und angenehm und wohlig … getragen in sich …

Und warum sollten Sie sich das nicht erlauben … wo Sie in Ihrem Leben so viele Lasten getragen haben …? Warum sollten Sie sich nicht erlauben … das richtig tief zu genießen … und sich zu gönnen, was Sie *eigentlich* brauchen … und sich wohl zu fühlen?

Und mag sein, es kommt Ihnen vor, wie auf einer Wattewolke zu liegen … dort schwebend zu sinken … oder sinkend zu schweben … ganz angenehm … und alles, was noch an Belastung vorhanden ist, fließt aus dem Leib heraus in die Wattewolke … herunter von Ihren Schultern … in die Wattewolke … aus dem Kopf hinaus in die Wattewolke … Und Wolken … die regnen das einfach ab … nach unten … Und vielleicht können Sie das fühlen … Sie machen das sehr … sehr gut …

Und eine Hand kann sich leicht anfühlen … und die leichte Hand kann noch leichter werden … leichter … und leichter … Und nicht ich hebe Ihre Hand … und nicht Sie heben Ihre Hand … Ihre Hand hebt sich von alleine … Und jetzt erscheint wieder das Band mit den Luftballons … die vor dem inneren Auge zu sehen sind … Vielleicht mögen Sie sie zählen und die Farben erkennen … und ein Luftballon löst sich … ein bißchen vorwitzig … und schwebt … und tänzelt in den Himmel hinauf … es könnte einen amüsieren … höher und höher … Sie können mit dem inneren Auge nachschauen … wie er höher und höher in den Himmel über Ihnen fliegt … und dabei kleiner und kleiner wird … während Sie innerlich weiter werden und tiefer in Hypnose sinken … weiter und freier … und entspannter … und die leichte Hand … schwebt … in der Luft. Eine ‚Zauberhand', wie ich zu den Kindern sage, **eine Zauberhand, die die heilende Hypnose fördert** … Und **Zeit vergeht innerlich ganz anders** … So kann der Bruchteil einer Minute zu einem ganzen Tag werden … einem Tag voller Ferien … Erholung …

Und dort … an dem anderen Ort … in einer anderen Zeit … gibt es eine **neue Möglichkeit, für sich zu sorgen** … Und **ein Teil in Ihnen weiß** … wie ungestillte Bedürfnisse gestillt werden können … und wie heilende Kraft ins Fließen kommen kann … Und Sie erlauben sich, ein wenig innezuhalten … um das geschehen zu lassen … Ganz in Stille … in dieser **kristallklaren Stille** … die den Körper nährt … der Seele und dem Geist hilft … und die Zahl **zehn** ist längst erklungen …

Und das ist sehr … sehr … gut … so … (Pause … Stille für zirka drei bis vier Minuten).

Immer wenn Sie zukünftig diese Übung machen werden, und wenn Sie an diesen Ort zurückkehren … werden Sie tiefer … und tiefer entspannen … und tiefer und tiefer in Hypnose gehen … und je tiefer Sie sich in Hypnose gleiten lassen, um so besser wird es dem Körper tun … so daß Sie sich kräftiger fühlen … und daß Sie besser für sich sorgen werden … und **auf sich acht geben lernen** … in diesem besonderen Bewußtseinszustand … in dem wir lernen … ohne wissen zu müssen, daß wir lernen …

Und jetzt lassen Sie sich einen eigenen **Zeitraum** … noch das zu erledigen … was zu erledigen ist … Und dann werden Sie ganz von alleine merken, wenn genug getan ist. Denn Sie werden das Bedürfnis bekommen, die Hypnose abzuschließen und rund und stimmig zu machen und wieder zurückzuzählen. Und **vielleicht mögen Sie sich selbst noch einen guten Auftrag geben** … daß **Sie** nachts träumen werden … wie Sie nach und nach … nicht zu schnell … von alten Schmerzen heilen … und sich im Heute besser schützen … und sich das zuführen, was wirklich gut … und gesund ist …, was geistig, … seelisch … körperlich gut und gesund ist … zur richtigen Zeit, … im richtigen Maß … Gut.

Und jetzt zählen Sie in aller Ruhe zurück … von zehn bis eins … zehn und neun und acht … und bei jeder Zahl wacher … und wacher werden … und frischer und klarer … um bei eins ganz ausgeruht und klar und erfrischt wieder hierherzukommen, vielleicht **mit einem**

Lächeln auf dem Gesicht ... vielleicht mit einer gewissen Neugierde ... sieben ... und sechs ... und fünf ... genau ... vier ... und drei ... und drei ... und die zwei letzten Zahlen zählen Sie alleine ... Gut.

Sie werden schon ganz lebendig im Gesicht. Da bewegt sich auch schon ein Fuß ... Sehr gut ... Und ein Bild kann bei Ihnen bleiben ... ein Bild, das Sie trägt ..."

4.3 ‚Carlottas Reisen' – Patientenbericht

Die im Exkurs ‚das Unbewußte' erwähnte junge Frau mit **primär-chronischer Polyarthritis** schildert uns hier ihre Selbsthypnose-Reisen, auf denen sie Schmerzen verliert („Ich kann wieder die Treppe hinuntergehen."), die Schwellung beeinflußt, vor allem aber an Energie gewinnt („ ... eine Schaffenskraft, das ist herrlich!"), wie anschließend gemalte Bilder lebendig erzählen.

Die Patientin hatte an einer von mir mitbetreuten Studie von Dr. Jillian Horton-Hausknecht zum Thema ‚Rheuma und Hypnose' an der Ludwig Maximilian Universität München teilgenommen. Dort wurde sie in grundlegende Hypnosetechniken eingewiesen. Sie erzielte in bezug auf ihre Krankheitssymptomatik gute Erfolge, weshalb sie sich für eine Intensivierung der Therapie an mich wandte. Unserem therapeutischen Kontrakt gemäß, arbeiteten wir rein symptomorientiert, obwohl außergewöhnliche Konstellationen aus der Ursprungsfamilie auf der Patientin lasteten. Ihre erfolgreichen und phantasievollen Selbsthypnosen entwickelte sie auf der Basis sparsamer Vorgaben meinerseits, was auch ihrem Wunsch nach Selbstbestimmung entsprach.

Aus Carlottas Feder

1. Reise

„Bequem auf einer Liege ruhend, entspanne ich mich stückweise, beginnend bei den Füßen. Dann folgen Unterschenkel, Knie, Oberschenkel, Becken und Bauch, Rücken, Schultern, Oberarme, Unterarme, Hände, Nacken, Kopf und Gesichtsmuskulatur.

Mit jedem Atemzug wird die Entspannung größer, ich komme mehr zu mir selbst.

Alles um mich herum wird unwichtig. Es gibt nur noch mich, hier und jetzt. Ich bin eine Luftblase im Wasser …

Da taucht ein Bild vor mir auf: Ein sonnenbeschienener Feldweg. Ich gehe ihn entlang. An einem kleinen Gehölz macht er einen Knick. Als ich um diese Kurve gehe, sehe ich in einiger Entfernung einen alten Steinbrunnen, so ein richtiger alter Ziehbrunnen mit einem Eimer und einer Kurbel. Neugierig nähere ich mich dem Brunnen, setze mich auf den Rand und lasse die Beine ins Dunkel baumeln. **Da verwandle ich mich in eine kleine weiße Feder und schwebe in den Brunnen … immer tiefer und tiefer. Das alles ist sehr angenehm.** Unten sanft angekommen, bin ich wieder ich selber und stehe in einem hellen, weitläufigen Gang mit großen Fenstern. Wenn ich hinausschaue, sehe ich eine große Wiese, deren Gras sehr hoch steht. Blumen blühen darin, auch gibt es Bäume und Sträucher. Am Ende des Ganges befindet sich eine Tür. Ich öffne sie und **stehe in einer lichtdurchfluteten Kathedrale mit vielen hohen Fenstern.** Die Kathedrale hat etwa 3000 Quadratmeter Grundfläche, der Boden ist mit frischem goldgelbem Stroh bedeckt. Zwei Pferde stehen in der Mitte und fressen in aller Ruhe.

An der langen Seite weht durch zwei offene Fenster frische Sommerluft herein. Davor wartet eine gemütlich aussehende Couch auf mich. Ich nehme darauf Platz und schließe die Augen.

Dies ist ein Ort der Ruhe und des Friedens. Niemand kann mich hier stören, niemand kann mir hierher folgen. Diesem Ort wohnt eine besondere Kraft inne, hier fließt Energie, mit der ich mich aufladen kann, bis ich randvoll damit bin. Dann stehe ich von der Couch wieder auf, trete durch die Tür in den Gang und erreiche über den Brunnen wieder die Oberfläche. Fröhlich gehe ich den Feldweg zurück und finde mich auf meiner Liege wieder."

2. Reise

„Eines Tages bemerke ich auf meinem Feldweg eine vorher unentdeckte Abzweigung. Neugierig folge ich ihr. Das Land ist flach und grün, soweit das Auge reicht. Ein paar Büsche bringen Abwechslung in die Weite. Der Weg ist lang, Lerchen zwitschern im Sonnenschein, ein leichter Wind setzt Wellen in die weiten Grasflächen. Auf einmal stehe ich am Rand eines Canyons, so groß **wie der Grand Canyon, jedoch viel schöner.** Freudig erstaunt lasse ich mich an seinem Rand nieder, **atme die frische Luft, spüre den Wind in meinem Haar.**

Meine Seele breitet die Flügel aus und setzt zu einem großartigen Flug über den Canyon an. Der Anblick ist sagenhaft schön und erfüllt mich mit Freude und Energie, ich kann mich gar nicht satt sehen und fliege und fliege. Der Canyon erscheint endlos. Ich kehre irgendwann um und komme in meinen Körper zurück. Erfrischt und leicht gehe ich den Weg zurück.“

3. Reise

„Bei einer der nächsten Selbsthypnosen bemerke ich auf meinem Feldweg eine weitere Abzweigung und will wissen, wohin mich dieser Weg führen wird. Das Land ist eben, der Untergrund felsig, der Bewuchs nicht mehr so üppig. Die Sonne verbreitet eine wohlige Wärme. Es herrscht andächtige Stille. Ich bin mit mir allein; keiner kann mich hier stören, das ist ein Ort, den nur ich kenne.

Die Stille ist großartig ... und da sehe ich ihn, den **alten Tempel.** Es stehen nur noch die äußeren Säulen, zehn Stück an der Zahl, auf jeder Seite fünf, etwa im Abstand von 2 Meter 50.

In der Mitte befindet sich ein Altar aus naturbelassenen Schieferplatten. **Die Altarplatte hat leichte Einbuchtungen, so als hätte dort ein liegender Mensch einen Abdruck hinterlassen. Ich lege mich auf den Altar, und es ist sehr bequem und warm.** Ich schließe die Augen und spüre die Wärme und Energie der Sonne. Hier kann ich auftanken und von Krankheiten ausheilen. Es geht mir gut; ich fühle mich wohl; das ist meine Zuflucht, wo ich mich regenerieren kann. **Tiefe Entspannung und Heilung breiten sich in mir aus.** Ich genieße es und lasse es einfach geschehen. Wenn ich mich genügend erholt habe, verlasse ich den Tempel und gehe den Weg langsam zurück.

Ich nehme mit, was ich im Tempel erfahren habe.“

Kapitel 5

Ideomotorische Zeichen und Signale

Unter ideomotorischen Bewegungen sind unwillkürliche Körperbewegungen zu verstehen, die von alleine, bewußt nicht gelenkt, spontan, sozusagen autonom erfolgen. Dazu zählen u. a. das unbewußte Zustimmen durch Kopfnicken, wie auch das Verneinen durch Kopfschütteln, das Kopfdrehen oder -abwenden und das Bewegen anderer Körperteile. Während diese aber immer noch bis zu einem gewissen Grad bewußt übersteuert werden können, sollten **die kataleptische Handlevitation (HL)** sowie die **Fingerzeichen (FZ) mit ihrem oft ‚elektrisierenden' Impuls** völlig unbeeinflußt auftreten.

5.1 Die Handlevitation (HL)

Als HL bezeichnet man in der Hypnose das unwillkürliche Leichterwerden und mit typischen, ruckartigen Bewegungen (‚Zahnradphänomen') verbundene Anheben und kataleptische Stehenbleiben einer Hand in der Luft. Es erfolgt auf Fremd- oder Eigensuggestion oder spontan nach Bahnung dieser Bewegung in einer vorherigen Hypnose. Je plastischer das Anheben der Hand bildlich oder kinästhetisch vorgestellt werden kann, um so direkter kann eine HL erfolgen. Von Personen mit Erfahrung in autogenem Training wird eine HL oft verzögert erlernt, da sie Entspannung mit dem Gefühl von Wärme und Schwere verbinden, was aber kein echtes Problem sein sollte. Sie werden einfach eine neue Variante dazulernen.

Fünf Wege zur Handlevitation
Zum erstmaligen Hervorrufen einer HL gibt es unterschiedliche Vorgehensweisen. Generell ist es günstig, in der Ausgangsposition den Ellenbogen schon in geringfügiger Beugehaltung gelagert zu haben.

1. Der Therapeut spricht in verschiedenen Bildern vom Leichterwerden einer Hand; von Aufhebung der Gravitationsgesetze, ‚frei schwebend wie im Weltall'. Als Suggestion von ‚Schwerelosigkeit' können auch Vorstellungen von am Handgelenk angebundenen Luftballons, Luftkissen u.ä. Vorstellungen dienen. Zur Beschleunigung der Angelegenheit kann der Therapeut selbst in Kurztrance eine Levitation vorführen. Ich selber demonstriere bei dieser Gelegenheit auch gleich immer FZ, was wie ansteckend wirkt.

2. Der Patient entspannt die Arme vom Schultergelenk an abwärts und spürt dann nach, welche Hand sich subjektiv leichter und welche sich schwerer anfühlt. Anschließend gibt man für die leichtere Hand Suggestionen des Hebens mit ‚seinen für Hypnose typischen kleinen, ruckartigen Bewegungen' etc. „Je tiefer Sie in Hypnose gehen, um so höher schwebt Ihre Hand ... und umgekehrt."

3. Der Therapeut fordert den Patienten auf, beide Arme für ca. 1–2 Minuten waagerecht nach vorne gestreckt zu halten und bei geschlossenen Augen in der Phantasie auf einen der beiden Handrükken etwas Schweres, wie z. B. ein Buch, zu legen und zu beobachten, was sich daraufhin ereignet. Normalerweise sinkt die ‚beschwerte Hand' samt Arm leicht ab, was bedeutet, daß der Patient über eine normal gute Vorstellungskraft verfügt.

Eine weitere Reaktionsmöglichkeit besteht im leichten Anheben des eigentlich beschwerten Armes, was dafür spricht, daß der Patient gerade kräftig gegen die ‚Schwere' arbeitet. Das kann ein Anzeichen für eine Tendenz signalisieren, sich auch im üblichen Leben zu überanstrengen.

Bei wenigen Menschen läßt sich ein schaukelndes und wechselndes Sinken und Heben beider Arme beobachten: ein Hinweis dafür, daß keine Entscheidung für die Beschwerung eines bestimmten Armes getroffen werden kann. Auch hier wäre nach einer entsprechenden Problematik zu fragen.

Nun darf der Patient die Augen öffnen und die Stellung seiner Arme betrachten. Meistens gibt es Verwunderung und Lachen. Daraufhin legt er die Arme locker hinunter und spürt nach, welcher Arm sich für ihn leichter (normalerweise der mit der vorher imaginierten Beschwerung) und welcher sich schwerer (normalerweise der andere) anfühlt. Für die leichtere Seite werden weiterhin Suggestionen der Leichtigkeit gegeben.

Als letzte Möglichkeit bleibt, daß überhaupt nichts passiert, weil der Patient, zumindest momentan, über wenig Phantasie verfügt (was auch einen Hinweis für das weitere Vorgehen gibt) oder weil er das alles vielleicht für Quatsch hält (ein Hinweis auf eine etwas geringe Experimentierfreudigkeit).

4. Nach Ankündigung hebt der Therapeut die Hand sachte am Handgelenk und hält sie – den Ellenbogen in einem Winkel von zirka 45 Grad – für eine Weile in der Luft schwebend. Dabei ist darauf zu achten, daß die Schulterpartie des Patienten entspannt bleibt. Während er mit den Fingern seiner anderen Hand leicht den Handrücken des Patienten betastet, auch die Handinnenfläche und die Finger sachte berührt oder drückt, erwähnt er beiläufig, daß die Hand dort verbleiben, das Gefühl des Liegens auf einer Wolke entwickeln könne o. ä. Sobald die Hand in der Luft stehenzubleiben scheint, ‚entschwebt' der Therapeut.

5. Der Patient bringt einen Arm willentlich in die HL-Position und konzentriert sich darauf, diesen nun ganz langsam, z. B. über einen Zeitraum von zehn Minuten, absichtlich und bewußt und willentlich zu senken. Die Suggestion lautet jetzt, daß die andere Hand sich in dem Maße unwillkürlich und unbewußt heben kann, wie die eine, bewußt gesteuert, gesenkt werde.

Abgesehen davon, daß der Patient Erfahrungen im Bereich Vorstellungskraft und (neutraler) Suggestion macht, erhalten wir Therapeuten auch schon diagnostische Hinweise.

Wenn nun das alles nicht funktionieren sollte, lautet – wie immer – die Devise, den Patienten, aber vor allem sich selbst nicht zu strapazieren. Die HL ist für die Hypnose nicht überlebensnotwendig.

Wozu ist sie denn aber nutze, die Handlevitation?
Sie ist hypnoseinduzierend.
Sie ist durch die dissoziierte Wahrnehmung der Hand und damit der Veränderung des Körperschemas hypnosevertiefend.

Sie ist ein Indiz für Hypnose (auch zur Sicherstellung, daß der Patient nicht schläft).
Das autonome Anheben und auch wieder Senken der Hand zeigen dem Therapeuten Vertiefung bzw. Abflachen des Hypnosezustandes an. Die HL beweist sich als nützliches Handwerkszeug im therapeutischen Prozeß (z. B. in der Schmerztherapie zur Signalübermittlung an den Arzt).
Vom Patienten wird – vor allem die spontane – Handlevitation als verblüffend und lehrreich empfunden. Die Erfahrung, daß sich etwas von alleine, ohne unser willentliches Zutun und durch unsere bloße Vorstellungskraft ereignet, ist für die Therapie von großer Bedeutung.

5.2 Es sollte nur fürs Foto sein – wie die Handlevitation spontan Hypnose einleiten kann

Für einen Artikel in einer Fachzeitschrift posierte die Mitarbeiterin des Fotografenteams als Patientin …

… wobei sie wunderschön in Trance ging.

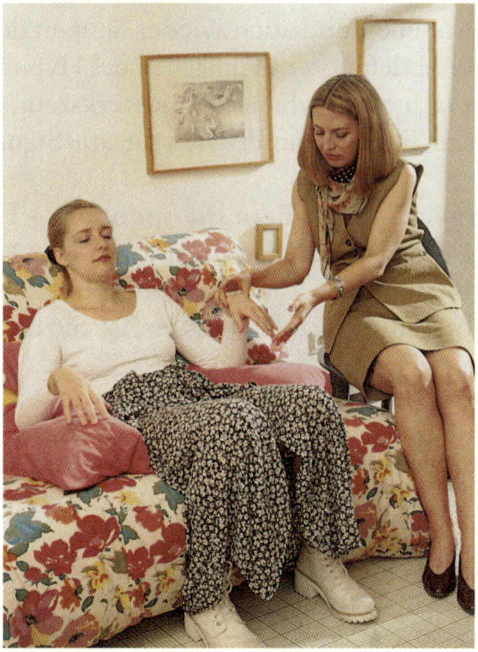

Und schuld war nur die Handlevitation …

5.3. Fingersignale/Fingerzeichen

‚Ja', ‚Nein', ‚Ich will nicht antworten' und: ‚Es ist etwas *Neues* geschehen'

Die ursprüngliche Technik der ideomotorischen Signale (IS) durch Fingerzeichen/Fingersignale (FZ) wurde von Milton H. Erickson, Lesley Le Cron und David Cheek entwickelt. Cheek handhabte diese Methode besonders meisterlich und vielseitig und hinterließ uns einen ganzen Katalog an Interventionsvorschlägen. Sein 1988 mit Ernest Rossi veröffentlichtes Buch *Mind-Body Therapy, Ideodynamic Healing in Hypnosis* ist eine Art Fundgrube mit zahlreichen Anregungen für den Gebrauch der ideomotorischen Arbeit.

Die ideomotorischen Signale der sogenannten Fingerzeichen sind kleine Bewegungen der Finger, wobei jeweils ein Finger eine bestimmte, vorher codierte Antwort repräsentiert. Wir erhalten hiermit ein **typisiertes Antwortsystem** von ‚ja' und ‚nein' etc. **auf nonverbaler, nicht bewußter Ebene.** Voraussetzung für diese Arbeit sind **nur leichte Trancezustände,** die sich sogar durch die FZ selber einleiten lassen. Oftmals genügt die einfache Frage, welches nun der Finger für ‚ja', ‚nein' usw. sei, um eine Fokussierung und Absorbierung zu erzielen. Setzt man mit der ideomotorischen Arbeit fort, entwickeln sich spontan von alleine tiefere hypnotische Zustände.

Logischerweise ist jetzt die Frage angebracht, zu welchem Zwecke diese geheimnisvollen Botschaften aus der Tiefe des Seelenlebens wohl dienen können:
Können sie mir Lottozahlen voraussagen?
Oder mir ‚reinen Wein' einschenken und mich endlich die absolute Wahrheit wissen lassen?
Kann ich sie befragen, wenn mich Entscheidungen quälen?
Erhalte ich Auskunft, ob mein Chef mich feuern will, mein Angebeteter mich liebt oder ob ich schwanger bin?
Kann ich überhaupt bei jeglichem Zweifel und in allen Lebenslagen einfach mal kurz meine Finger befragen?

Nein, wohl nicht. Und das ist sicher gut so. Die Fingerzeichen erteilen Auskünfte anderer Art.

Mit der Technik der ideomotorischen Fingerzeichen verfügen wir über ein höchst **komplexes Instrumentarium der Hypnose** und können auf elegante Weise folgendes erwirken:

- Induktion und Vertiefung von Hypnose
- **direkte Kommunikation** unter Umgehung kognitiver Leistungen und ohne Aktivierung des Sprachzentrums
- **Förderung von Dissoziation** für therapeutische Zwecke, wie z. B. Altersprogression, -regression
- **Hervorrufung verschiedenster nützlicher Hypnosephänomene** (z. B. Kühle und Taubheit in der Schmerztherapie)
- **Hinweise auf unbewußt gespeicherte Informationen** (z. B. intraoperativ gehörte schlechte Suggestionen)
- **Abrufung dieser Informationen**

- **Anzeige von tiefen seelischen Vorgängen** und Befindlichkeiten, die vom Patienten bewußt nicht wahrzunehmen sind (z. B. unbewußte Schuldkomplexe, familiäre Verstrickungen, destruktive Familienbotschaften)
- **Mobilisierung von Erinnerungsinhalten** (Hypermnesie) aus der Kindheit (z. B. für Traumabearbeitung)
- **Auskunft über schöpferische Fähigkeiten und Ressourcen** für Problemlösung, Weiterentwicklung und Heilung
- **Auskunft über die Bereitschaft,** diese Fähigkeiten zu nutzen
- **Auskunft über die innere Erlaubnis,** diese Fähigkeiten zu nutzen
- **Befähigung des Patienten und Förderung seines Selbstvertrauens** durch die Offenbarung der ihm innewohnenden Informationen und Talente
- Erstellen einer **hypnotherapeutischen Diagnostik** (Acht-Fragen-Komplex)
- Abrufen von **Alpträumen und Bearbeiten** dieser Träume
- direkte **Arbeit am Symptom,** z. B. bei Ängsten, Schmerz, Schlaflosigkeit
- Umgehen mit oder Aufdecken von unbewußten Strategien des ‚Schützens' und ‚Nicht-verändern-Wollens/Könnens', was zu einem ‚ungewollten' Boykott und Widerstand gegen die Therapie führen könnte. So kann ein innerer Zwiespalt zutage gefördert werden, wie z. B.: ‚Natürlich will ich gesund werden. Aber wenn ich gesund werde, kann mich mein Symptom nicht mehr schützen, wenn ich psychisch in der Klemme bin. Ich kann dann nicht mehr abtauchen, bin aber auch unfähig, die Situation irgendwie anders zu lösen. Bevor ich aber daran zerbreche, bleibe ich lieber krank.'
- Ingangsetzen von therapeutischen Zukunftsvisionen auf der ‚inneren Bühne' zur Aktivierung unbewußter Prozesse in Richtung Persönlichkeitsentwicklung (vgl. II.8.10 „Der Tag nach dem Wunder")

(Alle diese Möglichkeiten werden in ihrer praktischen Anwendung in den nächsten Kapiteln ausführlich beschrieben.)

Sprechen sie nun die Wahrheit, diese Fingerzeichen? Sehr wohl, sie sprechen die Wahrheit. Aber nicht die Wahrheit der äußeren Welt und somit nicht eine objektive Wahrheit. Das heißt, die Aussagen der Fingerzeichen korrespondieren nicht unbedingt mit den realen Tatsachen. Sie signalisieren innere Erfahrungen, Stimmungen, Bilder. Diese können mit den äußeren Tatsachen übereinstimmen, müssen aber nicht. Erhalten wir widersprüchliche Aussagen zwischen bewußt Artikuliertem und den Fingersignalen, können wir als Therapeuten davon ausgehen, daß es sinnvoll ist, an dieser Stelle aufmerksam zu sein.

Das ideomotorische Signalisieren verwirklicht das ‚Prinzip der Kooperation' auf höchster Ebene, da der Fundus des Patienten im Zentrum der Aufmerksamkeit steht. Der Therapeut ist ‚nur' Befrager, Filter, Medium. Seine Aufgabe besteht darin, geschickt gute Prozesse mit guten Fragen in Gang zu setzen und sich z. B. auf keinen Fall durch eine unangenehme Fingerantwort irritieren zu lassen:
Ther.: „Sind Sie bereit, zu diesem Thema auf einer tieferen Etage Arbeit zu leisten, bis wir uns wiedersehen werden?"
FZ: ‚Nein'
Ther.: „Sind Sie bereit, an der Bereitschaft für diese Bereitschaft zu arbeiten?"
FZ: ‚Ja'
Ther.: „Schon heute nacht im Traum?"
FZ: ‚Ja'
Ther.: „Das ist ja wunderbar. Die richtige Reihenfolge. Eines nach dem anderen."

Oder:
Ther.: „Werden Sie diese neue Erfahrung nun in Zukunft für sich einsetzen?"
FZ: ‚Nein'
Ther.: „Gut, *noch* nicht. Sie sorgen dafür, daß Sie sich nicht zu schnell verändern."

Die Fingerzeichen erteilen uns Auskünfte auf Fragen, die auf der bewußten Ebene normalerweise nicht beantwortet werden

können, wie z. B.: „Gibt es eine Instanz in Ihnen, die für dieses Problem schon eine Lösung weiß?“ Dabei können wir unter Umständen auch Erkenntnisse gewinnen, die der Patient besser akzeptiert, wenn sie aus ihm selbst erfolgen, als wenn sie vom Therapeuten (wenn auch nur hypothetisch) ausgesprochen werden. (Eine derartige Information wäre z. B. auf folgende Frage zu erwarten: „Birgt das Symptom, das Sie quält, auf tieferer Ebene einen positiven Sinn für Sie?“) Die therapeutische Beziehung wird somit entlastet, die Möglichkeit von Widerstand minimiert.

Ein überraschendes Phänomen der ideomotorischen Arbeit ist, daß, während wir gerade noch eine Frage an den Patienten formulieren, er diese unbewußt schon vor dem Aussprechen medial aufnimmt und via FZ beantwortet. Auch das darf uns nicht verwundern, sondern nur immer wieder im Hinblick auf die Ungewöhnlichkeit dieser Arbeitsweise in Erstaunen setzen. Würde ein Fremder ungeplant dazustoßen, hätte er dann hier nicht den Eindruck einer konspirativen Sitzung? Kollegial, in beiderseitigem Verständnis um des Rätsels Lösung und um Heilung bemüht, tun sich tatsächlich zwei Geister auf geheimnisvolle Weise zusammen …

Wie bahnen wir die Fingerzeichen?

Wir bitten den Patienten, innezuhalten, zu schweigen, auf einen Punkt zu schauen oder die Augen zu schließen. Dann können wir ihn entweder ablenkend an einen schönen, geschützten Ort transferieren und sein Unbewußtes bitten, einen Finger als ‚Ja‘-Finger auszuwählen und dies mit der Bewegung des entsprechenden Fingers anzuzeigen. Oder wir fordern den Patienten auf, sich etwas vorzustellen, was er von ganzem Herzen bejahen kann. Wenn er diese Bejahung richtig spürt, wird der ‚Ja‘-Finger das mit einer Bewegung anzeigen. In gleicher Weise wird der ‚Nein‘-Finger hervorgelockt. Man kann suggestiv behaupten, daß, wenn der ‚Ja‘-Finger sich schon geregt habe, auch die anderen Fingerzeichen leicht erfolgen werden usw. Der ‚Ich will nicht antworten‘-Finger (fälschlicherweise auch ‚Ich weiß nicht‘-Finger tituliert) zeigt an, daß noch keine Bereitschaft zu einer bewußten Konfrontation mit der Frage/dem Thema vorhanden ist. Diesem Zeichen ist auf jeden Fall Respekt zu zollen, indem man die Fingerzeichen-Antwort verbalisiert und Akzeptanz gegenüber dieser Äußerung kundtut. Man kann höchstens nachfragen, ob der Patient noch etwas Besonderes braucht (Zeit, Ruhe, mehr Sicherheit), um an dieser Stelle weiterzugehen. Oft ist es ratsam, nicht zu drängen, sondern das Thema ruhen zu lassen und ein anderes Mal wieder aufzugreifen.

Natürlich empfiehlt es sich, die FZ an ein und derselben Hand zu provozieren, weil man als Therapeut nicht bei zwei Händen gleichzeitig nach FZ ausspähen kann, besonders wenn die Bewegungen klein sind. Normalerweise ist es aber ein leichtes, die FZ von einer Hand auf die andere umzuleiten. Beim Zahnarzt sollte z. B. die linke Hand FZ geben.

Die Stärke der Fingerbewegungen kann von Person zu Person sehr variieren. Man bekommt schnell einen Blick dafür, ob sie bewußt erzeugt oder wirklich spontan, d. h. schnell, sehr gedehnt oder fast mit einem Zittern erfolgen. Oftmals wird eine starke Verneinung auch durch eine heftigere Bewegung gezeigt, während eine Vagheit gleichermaßen durch vage, zurückhaltende Bewegungen geäußert wird.

Sind die FZ einmal codiert, bleibt es meistens bei den gleichen Fingern für die gleiche Antwort. Stellt sich aber ein wiederholter Wechsel ein, antworten auf eine Frage mehrfach zwei (oder drei) Finger, ist von dieser Methode abzulassen und zu überprüfen, ob eine tiefere Persönlichkeitsstörung vorliegt.

Meiner Erfahrung nach bleibt ein Rest von ca. 8 Prozent Patienten, der aus verschiedenen Gründen keine FZ bekommt. Wenn man möchte, kann man das Chevreulsche Pendel benutzen, mit Symbolen arbeiten oder auch in Trance vermehrt zusammen reden. Es kann aber auch sein, daß nach längerer Therapiezeit auf einmal doch Fingerzeichen abgerufen werden können. Man sollte es also ruhig ab und an mal ausprobieren, wenn man diese Technik in dem jeweiligen Fall für sinnvoll erachtet.

5.4 ‚Der Neue' – exklusiv und delikat

Die Einführung eines neuen Fingersignals

Warum ein neues Fingerzeichen, wo es doch schon drei an der Zahl waren?

Als ich David Cheek Mitte der 80er Jahre mit seiner ideomotorischen Methode arbeiten sah, beeindruckte mich das gewaltig und prägte mein therapeutisches Repertoire nachhaltig. Bei den präsentierten Fingerzeichen fehlte mir aber **eine prägnante Anzeige von wesentlichen Weiterentwicklungen,** von der Erschließung eines neuen Weges, von der Überraschung durch eben Gelungenes, was das Leben grundlegend beeinflussen wird.

Ich wollte ein grundsätzlich neues Signal für eine grundsätzlich neue Entwicklung haben, ein Signal, das vorher beim Patienten noch nicht etabliert war oder was nur selten abgefragt wird, so daß es eine Sonderstellung behält: ein Signal – exklusiv und delikat zu verwenden.

Beispiel: „Und wenn sich jetzt nach Erledigung dieser therapeutischen Arbeit eine neue Tür in einen neuen Raum mit neuen Möglichkeiten öffnet, kann ein ganz neuer Finger, einer, den wir noch nicht benutzt haben, ein Zeichen geben. Und bei der Hand, bei der wir schon drei Fingerzeichen erhielten, sind noch zwei Finger dafür frei."

Der neue Finger, der Finger für neue Fähigkeiten, läßt normalerweise nicht lange auf sich warten. **„Hurra"** für den Patienten. Die von Erickson, David Cheek und Le Cron vorgegebenen Fingerzeichen sind wichtig, gut und grundlegend für die ideomotorische Arbeit, sowohl für die Induktion der Hypnose, als auch für die Diagnostik und die Therapie. Und der ‚Neue' klatscht dem errungenen Erfolg zu. Das Unbewußte reagiert wie ein Kind, es braucht die Resonanz und Beachtung: „Ja, es ist passiert. Das ist wundervoll! Was du alles kannst!" „Und das ist nur der erste Schritt." „Prachtvoll, bravo, Glückwunsch!" Sicher muß es nicht bei jedem Patienten derart euphorisch zugehen. Oft ist Nüchternheit angebracht: „Der neue Finger, das sieht gut aus! Warum nicht?"

Der Patient erhält doppelte Bestätigung, was dem Therapeuten ja auch guttut, sieht er doch seine Intervention als richtig anerkannt.

5.5 ‚Fingerschluß'

Technik zum ‚Verankern' (Anchoring) gewünschter Reaktionen

Ist innerhalb der Hypnose ein gewünschter Zustand, wie Entspannung, Wohlbefinden, Wärme, Kühle, Anästhesie, Analgesie oder psychische Harmonie, erreicht worden, hat sich folgende Technik zum ‚Verankern' dieses Befindens erfolgreich bewährt:

Dem Patienten wird empfohlen, **die Fingerspitzen von Daumen und Zeigefinger der linken Hand für zirka 20 Sekunden zusammenzudrücken.** Durch das Wiederholen des ‚Fingerschlusses' kann nach mehrmaligem Üben auf Wunsch der Effekt jederzeit in anderen Situationen, verbunden mit einer nur Sekunden währenden Kurztrance, durch ‚psychoneurophysiologisches Erinnern' wieder hergestellt werden.

Zum Beispiel berichtete mir eine Patientin: „Wenn ich spüre, daß die ‚alte Angst' sich wieder einmal anschleicht, setze ich mich hin und schließe kurz die Augen. Sofort befinde ich mich dann unter dem Apfelbaum meines Großvaters, höre seine liebe Stimme, drücke Daumen und Zeigefinger zusammen und fühle mich sicher und wohl. Bei diesem schönen Gefühl verbleibe ich für ein paar Sekunden. Danach schlage ich die Augen auf, stehe auf und erledige, was zu erledigen ist."

(siehe auch „Auf der Seite des Lebens entlangspazieren", II 6.6.3)

Kapitel 6

Therapeutische Arbeit mit ideomotorischen Zeichen bzw. Signalen

6.1 Diagnostischer Fragenkatalog

(nach David Cheek, erweitert)

Folgende Fragen, sieben davon von David Cheek 1986 in einem Seminar vorgestellt und die achte von mir formuliert, sind zur Beantwortung über Fingersignale auf ideomotorischer Ebene zu stellen. Sie sind **zur schnellen Abklärung des Hintergrundes einer Krankheit oder eines destruktiven Verhaltensschemas geeignet und bringen auf indirekte und assoziative Weise Heilungs- und Lösungsprozesse in Gang.** Sie können am Anfang einer Therapie sowie auch zwischendurch angewendet werden. Man muß sich dabei nicht an die unten aufgelistete Reihenfolge halten, sondern kann nach eigenem Gespür bestimmte Fragen bevorzugen. Am Anfang der Therapie empfiehlt sich zur Abschätzung der Gesamtlage allerdings eher, den gesamten Fragenkomplex zu benutzen und die durch Fingersignale erhaltenen Antworten zu notieren. Sind bei einer bestimmten Frage auffällige Reaktionen (wie Aufregung, erhöhte Konzentration oder auch gefühlsmäßige Reaktionen) des Patienten zu beobachten, kann aber auch gleich in die therapeutische Arbeit eingestiegen werden.

Acht psychische Hintergrundthemen für Krankheit und ihre ideomotorischen Fragen:

1. **Krankheits-/Sekundärgewinn:** „Hat die Krankheit einen Sinn, eine positive Funktion in Ihrem Leben?“

2. **Aktueller Konflikt:** „Steht die Krankheit mit einer besonderen derzeitigen Situation in Zusammenhang?“

3. **Kindheitstrauma:** „Ist ein Kindheitserlebnis für Ihre Symptomatik verantwortlich?"

4. **‚Organsprache'**: „Will der Körper mit den Beschwerden etwas kundtun?"

5. **Prägung/Gewohnheitshaltung:** „Ist die Krankheit ein früher erlerntes Reaktionsmuster?"

6. **Identifikation:** „Ist das wirklich Ihr Kopfschmerz? Gehört der Schmerz nicht eigentlich zu einer anderen Person?"

7. **Selbstbestrafung/unbewußte Schuldübernahme:** „Handelt es sich bei dem Symptom um eine unbewußte Selbstbestrafung?"

8. **Entscheidung:** „Haben Sie als Kind einmal eine wichtige, damals vielleicht lebensrettende Entscheidung getroffen, die in die Symptomatik führte?"

Abgesehen von der direkten Aussage, die wir durch die Antwort der Fingerzeichen erhalten, sind wir als Therapeuten von der (undankbaren) Aufgabe entlastet, dem Patienten etwas für ihn eventuell Unangenehmes unterbreiten zu müssen. Die Botschaft oder der Hinweis, z. B. die Krankheit, habe einen Sinn, der Körper wolle ihm etwas sagen, die Pein sei durch irgendeine Art Schuldübernahme selbst auferlegt, kommt aus ihm selber. Der Patient ist durch die Aussage seiner Fingersignale erst einmal erstaunt. So kann die für ihn neue Botschaft ungehindert mit ‚durchschlüpfen' und wird der Beobachtung nach in der Regel akzeptiert. Erscheint es sinnvoll, kann die therapeutische Arbeit gleich an dieser Stelle beginnen.

Für die mit der ideomotorischen Antwort bejahten Fragen sind im folgenden Vorschläge für die weitere, auch wieder das ideomotorische System nutzende Intervention gemacht. Sie setzen die Therapie in Gang, und spontan vertiefte Arbeit kann sich anschließen. Ich empfehle aber, diese Fragen und ihre Beantwortung bis zur nächsten Sitzung wirken zu lassen und dann zu überprüfen, ob sich nicht schon von alleine Arbeit getan hat. Warum nicht zuerst einmal den leichtesten Weg ausprobieren? Vielleicht erweist er sich schon als erfolgreich.

Folgefragen:

zu 1) „Sind Sie bereit, daran etwas zu verändern?"
„Wissen Sie schon auf tieferer Ebene, wie Sie daran etwas ändern können?"
„Ist dieser Sinn noch sinnvoll?"
„Möchten Sie nach einem anderen, positiven Sinn in Ihrem Leben suchen?"

zu 2) „Sind Sie bereit, diesen Konflikt auszuräumen, um zu heilen?"
„Wissen Sie schon, was zu tun ist?"
„Sind Sie willens, sich auf neue Art und Weise zu verhalten?"
Bei ideomotorischem ‚Nein':
„Ach, noch nicht. Gut."

zu 3) „Werden die Chancen für Ihre Gesundung größer, wenn wir uns in der Therapie mit dieser Situation beschäftigen?"
„Wollen Sie dieses Trauma auf neue Weise bearbeiten, damit es seine schlechte Auswirkung verliert?"
Bei ideomotorischem ‚Ja':
„Gut, sollen wir das heute schon machen?"
Bei ‚Ja' ist eine Traumaarbeit (Kapitel 5.2.4) angezeigt.

zu 4) „Mögen Sie jetzt mal ganz aufmerksam nach innen horchen, um einen genaueren Hinweis zu erhalten?"
Bei ideomotorischem ‚Ja':

„Sobald Ihnen Ihr Körper etwas Wichtiges mitteilt, wird Ihr ‚Jafinger' ein Zeichen geben. Warten wir einfach ab." Bemerkt der Patient irgendeine Sensation, frage man auf der bewußten Ebene: „Was kann das für Sie heißen?"

zu 5) „Das ist ein altes Muster. Sind Sie bereit, ein neues/weiteres auszuprobieren?"

zu 6) „Sind Sie bereit, diese Gewohnheit (symbolisch) wieder dahin zurückzugeben, wohin sie eigentlich gehört?“

zu 7) „Sind Sie bereit, damit aufzuhören?“
Bei ideomotorischem ‚Nein‘:
„Sind Sie bereit, damit aufzuhören und zwar einem anderen zuliebe, vielleicht auch jemandem zuliebe, der nicht mehr oder der noch nicht auf der Erde ist?“ Mit dieser Frage treffe ich das ‚psychologische‘ System von ‚Schuld und Sühne‘ beim Patienten.

zu 8) „Ist diese Entscheidung (z.B. sich nie wieder ... /für immer und ewig ... dies zu tun/zu lassen) heute noch sinnvoll?“

„Damit es Ihnen besser geht, könnten Sie an der alten Entscheidung etwas ändern oder sie sogar aufheben, weil Sie heute erwachsen sind. Sind Sie bereit dazu?“

Erhalten wir auf diese Fragen (eventuell auch über Umwege) die ideomotorische Antwort ‚Ja‘, ist die Chance gegeben, sich ab sofort der Lösung, der Aufhebung, der Veränderung zu nähern. Dazu kann man erwidern: „Das sieht gut aus. Da kann ich Sie nur beglückwünschen. Verbleiben Sie jetzt bitte ganz bei sich, in gesammelter Konzentration, und beobachten, was von alleine passiert. **Der ‚neue Finger‘ wird Ihnen dann deutlich anzeigen, wenn das ‚Unbewußte‘ sich entschieden hat, den ersten Schritt zu tun, den entscheidenden Schritt auf dem Weg aus der Krankheit.** Schön. Sie atmen tief und ruhig.
Auch ich bin jetzt still und aufmerksam.“

6.2 Therapeutische Arbeit mit ideomotorischer Bewegung

Zwei Übungsanleitungen im Wortlaut

Diese Hypnoseanleitungen mit ideomotorischer Bewegung können entweder in die therapeutischen Sitzungen eingebaut oder zu Hause in Selbsthypnose praktiziert werden.

Bei der Beschreibung der *ersten Übung* handelt es sich um das aktive, willkürliche und motorische In-die-Hände-Nehmen und

Festhalten des aktuellen Problems. Nach Aufforderung, sich zurückzulehnen, gut durchzuatmen und zu entspannen, gibt der Therapeut Anregungen zur unbewußten Beschäftigung mit der Frage/dem Problem. Naturgemäß entspannen sich in der Phase der Ruhe und des Abstandnehmens von der bewußten, gedanklichen Beschäftigung mit dem Problem auch die Hände, was der Therapeut wiederum als den Beginn der unbewußten Arbeit deklariert. Das mag ein wenig wie ‚da ist der Wunsch als Vater des Gedankens' erscheinen, aber tatsächlich entkrampft sich der Patient – vielleicht zum ersten Mal – bei seinem Konfliktthema. Mit Hilfe der Entspannung kann ihm dabei eine völlig neue Perspektive eröffnet werden. Dies zeigt ihm, daß er sich gleichzeitig wohl fühlen *und* an dem Thema arbeiten kann. So läßt er bewußt nach, um sich unbewußt verstärkt zu konzentrieren und eventuell auf ganz neuen Wegen zu ganz neuen Lösungen zu finden.

Die *zweite Übung* beinhaltet das symbolische Sammeln aller Problembestandteile (Bilder, Worte, Gefühle) oder der Anteile von Schmerz o. ä. in die geöffneten Hände. Nach der Verabschiedung und dem innerlichen Zurücklehnen und Abstandnehmen fangen die Hände auf unwillkürliche Weise an, sich mit ruckartigen, kleinen Bewegungen nach innen zu wenden und sich des Inhalts zu entledigen. Danach erfährt der Patient normalerweise ein Gefühl der Entlastung, Erleichterung und tiefen Befriedigung.

Beide Übungen werden vom Patienten generell positiv aufgenommen. Sie vermögen der Therapie neue Impulse zu geben und auf unbewußter Ebene Lebensabschnitte neu zu ordnen. Falls sich in der zweiten Übung die Hände nicht gänzlich zu drehen vermögen, ist dem Patienten meistens auch deutlich, daß er im Moment zum völligen Loslassen noch nicht bereit ist. Man kann davon ausgehen, daß die sichtbare äußere Bewegung der Hände – außer bei hysterischen Persönlichkeiten – der inneren Bewegung entspricht.

6.2.1 „Beantwortung einer nicht bewußt beantwortbaren Frage“ – eine Anleitung zur Lösung eines nicht bewußt lösbaren Problems mit Hilfe einer ideomotorischen Technik

Einleitung und Überleitung vom therapeutischen Gespräch zur Hypnose

„Nehmen Sie jetzt Abstand von der auf der bewußten Ebene besprochenen und noch offenstehenden Frage/von dem nicht bewußt lösbaren Problem und lassen Sie nun Ihr Unbewußtes für Sie arbeiten.

Ihr Unbewußtes mag uns insgeheim die ganze Zeit belauscht haben und weiß wahrscheinlich viel besser Rat. Es hat ein anderes Vermögen und eine andere Weisheit, die wir nutzen können.

Sobald Sie bereit sind, sich auf diese ganz andere Art helfen zu lassen –

jetzt, werden sich Ihre Augen wie von alleine schließen und ein tiefer Atemzug kann erfolgen.

Gut.“

Anleitung zur therapeutischen Arbeit

„Halten Sie nun die Hände offen (mit den Handflächen nach oben) nebeneinander vor sich und legen Sie die Frage/das Problem in Ihre Hände. Das mag sich vielleicht ungewöhnlich anhören, aber warum sollten Sie nicht etwas Ungewöhnliches tun, um die Lösung Ihres Problems in Gang zu setzen?

Entlassen Sie also das Problem aus Ihrem Kopf – so kann er freier werden,
aus Ihrer Brust – so kann sie leichter atmen,
aus Ihrem Herzen – so erhält es mehr Raum,
aus Ihrem Bauch – so daß Ihre Energie wärmer fließen kann,
und legen es in Ihre Hände.
Gut so …

Sobald Sie die Frage/das Problem in Ihren Händen fühlen,
schließen Sie die Hände fest zusammen,
umschließen das Problem und alles, was damit zusammenhängt, sehr fest.

So entsteht ein Konzentrat, das sich auf neue Weise bearbeiten läßt.
Ein Konzentrat des Alten,
vorerst ganz fest umfaßt, festgehalten, *noch* festgehalten.
Gut so, sehr gut.

Und nun warten Sie mit Ruhe ab und beobachten einfach nur,
wie der Körper sich vermehrt entspannt
und es Ihnen mehr und mehr gelingt, innerlich Abstand zu nehmen.
Sie nehmen deutlich wahr, was von alleine geschieht und lassen es geschehen.
Einfach, weil es so schön ist, wenn etwas von alleine geht."

Während die Handlung bis zu diesem Zeitpunkt noch mit bewußter Beteiligung geschah, fördert die nun folgende Formulierung auf suggestive Weise eine ideomotorische Bewegung:

„Binnen kurzem wird nun etwas geschehen, was Sie überraschen wird:
Sobald das Unbewußte bereit ist, Arbeit zu übernehmen,
werden Sie sich spontan mit einem tiefen Atemzug erholsam zurücklehnen.
Sie werden verspüren, wie Sie Ihrem Unbewußten die Aufgabe überantworten.
Und in dem Maße, wie Sie vermehrt in Ihre Fähigkeiten vertrauen, werden Sie innerlich ruhiger und entspannter und fangen an, sich wohler zu fühlen.

In Kürze werden auch Ihre Hände von alleine anfangen, sich zu entspannen.
Und langsam und fast unmerklich
– im Tempo der unbewußten Arbeit –
werden diese sich lösen und auseinandergleiten,
während Sie tiefer und tiefer in Hypnose sinken,
sehr angenehm, sehr wohlig, sehr sicher,
und vielleicht schon mit dem Hauch einer Ahnung,
daß es anders wird, auch wenn Sie noch nicht zu wissen brauchen, wie."

Rückkoppelung

Sobald eine beginnende Bewegung der Hände zu beobachten ist, sollte dieses dem Patienten rückgekoppelt werden: „Da gibt es ja schon einen Ansatz zur Bewegung./Schön, wie die typischen, ruckartigen Bewegungen von außen zu beobachten sind./Ein Zeichen für unbewußte Tätigkeit, fabelhaft!“ (o. ä.) Das unterstützt den sich vollziehenden Prozeß.

„Und die Frage/das Problem schwindet in dem Maße, in dem sich Antwort und Lösung finden.
Vielleicht können Sie ein leichtes Schwingen im Körper bemerken, ein Zeichen dafür, daß eine neue Balance ihren Weg bahnt.
Es ist gut, aufmerksam und offen für die erste kleine Veränderung zu sein, die weitere nach sich ziehen wird.“

Posthypnotische Suggestion

„Und ganz von alleine werden Ihnen nach und nach neue Einfälle kommen
und sich neue Wege zeigen, oder Sie werden spontan einen unerwarteten Schritt tun.
Sie werden sich selber überraschen und sich dabei stimmiger fühlen, mehr mit sich im Einklang.
Einfach, weil es besser zu Ihnen paßt, kann es sich heilsam auswirken.
Gut so …
Und wenn Sie fühlen, daß Sie mehr Reichweite und Sicherheit gewonnen haben,
ist es an der Zeit, sich von getaner Arbeit auszuruhen.
So sinken Sie nochmals vertieft in Hypnose,
mag sein, für eine ganze Minute äußerer Zeit,
um das Geschehene wirken zu lassen.
Gut.“

Abschluß

„Sobald Sie für heute genug erreicht haben werden, wird das Bedürfnis erwachen,
die Übung abzuschließen und mit einer gewissen Neugier frisch und klar hierherzukommen.“

Nach Abschluß der Hypnose sollte man sich weder der eigenen Erwartungshaltung noch der des Patienten in dem Sinne aussetzen, daß jetzt des Rätsels Lösung oder eine Antwort parat sein müßte. Statt dessen äußert der Therapeut Zufriedenheit schon über kleine Anzeichen der Erleichterung oder der Ahnung, daß sich demnächst etwas ereignen könne. Er bestärkt den Patienten, in seine Kräfte zu vertrauen, seine positive Stimmung zu genießen und Geduld mit sich zu haben.

6.2.2 „Sammeln und Loslassen" – Hypnoseanleitungen

Hypnoseanleitung mit Verwendung ideomotorischer Bewegungen
Diese Technik eignet sich zur Befreiung von einem alten Thema (Problem, Trauma, Konflikt, Schmerz) oder zum endgültigen Abschließen einer geleisteten therapeutischen Arbeit oder eines Lebenskapitels.

Text
„Sie haben sich für sich selber Zeit genommen –
eine ganz besondere Zeit –,
und schließen die Augen, weil sich das gut anfühlt.
Sie können ganz ruhig atmen
und mit jedem Atemzug mehr und mehr zu sich selbst hingehen,
wie wenn Sie eine Treppe hinuntersteigen,
Schritt um Schritt, Atemzug um Atemzug näher zu sich.

Tun Sie das mit allem Respekt und aller Wertschätzung
und bedingungslosen Anerkennung für sich selbst.
Je tiefer und befriedigender die Atemzüge werden,
um so angenehmer und behaglicher wird es sich anfühlen,
und alles Unwichtige blendet sich von alleine aus.

Von außerhalb lassen sich noch diese und jene Geräusche vernehmen.
Die aber können verstummen oder Ihnen sogar helfen,
noch leichter in diesen besonderen Bewußtseinszustand zu gleiten.

Nur Ihre Ohren hören aufmerksam auf meine Stimme,
die Sie begleiten wird.

Sie haben sich ein Ziel für diese Übung gesetzt:
von einem Schmerz, von einem Gedanken abzulassen,
sich einer Last zu entledigen oder ein Kapitel zu schließen.
Sie brauchen sich nicht darum zu kümmern,
wie wohl Ihr Unbewußtes diese Arbeit leisten wird,
und Sie brauchen das auch wirklich nicht zu wissen.
Erlauben Sie sich einfach sich zurückzulehnen.

Um Ihr Unbewußtes nun eine besondere Arbeit leisten zu lassen,
drehen Sie einfach Ihre Hände mit den Handflächen nach oben,
die Ellenbogen leicht angewinkelt, die Hände – wie Schalen – geöffnet.

Schön!

Sobald dann Ihr Unbewußtes zur Arbeit bereit ist,
kann alles, was Sie beschwert und bedrückt
und Sie hindert, innerlich frei zu sein – zu lange schon –
auf geistige Art und Weise in Ihre Hände fließen:
das körperliche Gefühl,
das seelische Gefühl,
das untermalende Bild,
die Stimmung, die darüber schwebt,
Worte und Gedanken, die den Schmerz vertonen;
kurz:
das Erleben von Unglück, Pein und Beschwernis, das Ihre Tage und Nächte bislang trübte.

Und es beginnt zu fließen,
aus dem Herzen hinaus, aus der Seele hinaus, aus dem Körper, aus dem Geist …
jede einzelne Zelle befreit sich von ihren Lasten.
Alles fließt in Ihre geöffneten Hände,
und ob Sie diesen Strom bemerken oder nicht, ist völlig egal …

Wie ein Frühjahrsputz in Ihrem inneren Haus:
Sie entrümpeln, Sie entledigen sich alter Sachen, die niemandem mehr dienen.
Schauen Sie dazu in alle Ecken, kehren Sie aus,
entmüllen Sie Ihre Seele, schütteln Sie die Bürde von Ihren Schultern.

Und all die Beschwernis fließt in Ihre Hände
und vielleicht verspüren Sie jetzt erst, wie diese sich voller und schwerer anfühlen,
vielleicht die eine Hand mehr als die andere ...

Lassen Sie sich Zeit. Es gibt unendlich viel Zeit in der vorhandenen Zeit ...

Das Unbewußte wägt genau ab,
was Sie schon loszulassen bereit sind und was noch zu behalten ist.
Und ab irgendeinem Zeitpunkt, noch nicht jetzt –
und vielleicht braucht es noch einige ruhige, tiefe Atemzüge,
vielleicht noch eine ganze Minute äußere Zeit, ganz andere innere –
werden Sie tiefere Arbeit leisten.
Sie werden mit dem inneren Auge Ihre inzwischen gefüllten Hände
betrachten und sich von dem darin Gesammelten verabschieden.
Erst dann werden die Hände sich von alleine bewegen,
sich wenden und entleeren.

So fangen die Hände überraschenderweise
und vielleicht unbemerkt an – und die Hände machen das, nicht Sie –,
sich mit diesen ruckartigen kleinen Bewegungen, die typisch für Hypnose sind, zu bewegen.
Die Unterarme drehen sich nach innen, die Hände – entspannt – leeren sich aus.

Sie drehen und drehen sich,
wie ferngesteuert, aber von unbewußter Begabung gelenkt.

Und Sie beobachten das mit aufmerksamer Neugierde,
während sich die Hypnose von alleine vertieft.

Und wie ist es erbaulich, am Strand zu wandern,
den Blick auf das unendlich weite Meer gerichtet,
in die Ferne, da, wo Himmel und Wasser zusammenfinden …
dabei Sand in den Händen zu halten und ihn ganz langsam, sachte herausrieseln zu lassen … Sandkorn für Sandkorn …
Und der Wind trägt ihn davon … spielerisch … luftig … leicht …

Gut, sehr gut!

Die Hände entleeren sich,
entleeren sich vollkommen, soweit unbewußtes Einverständnis besteht.
Und ein tiefer Atemzug wird die Entlastung anzeigen.

Wie ist das angenehm!!

Und Sie beobachten, was von alleine passiert …
und lernen, nicht wissend, daß Sie lernen
und spüren nach, wie sich jetzt das Herz anders anfühlt, auch die Seele, der Körper,
und wie es im Kopf leichter und klarer wird
und jede kleine Zelle sich energievoll strecken kann.

Und warum sollten Sie das nicht genießen?

Gut!

So eröffnen sich ein neuer Weg, ein neues Bild und neue Möglichkeiten,
und die Sonne kann jetzt auch dahin scheinen, wo früher Schatten war.
Überall sonnendurchflutet warm …

Und während Sie das lustvoll empfinden, prägt diese neue Erfahrung sich Ihnen ein und mag sein, daß neue Träume nächtens den erholsamen Schlaf beflügeln …

Erlauben Sie sich jetzt alle Zeit, das Erlebte ausklingen zu lassen.
Vielleicht mögen Sie auch eine innere Botschaft vernehmen
oder sich noch einen Auftrag geben, ganz für sich im stillen,
etwas, was nur Sie allein verstehen.

Und dann werden Sie bemerken, daß Sie genug für heute erreicht haben,
indem Sie das Bedürfnis bekommen,
die Übung rund und stimmig zu machen und abzuschließen.

Das angenehme Gefühl bewahrend kommen Sie wieder hierher,
klar und frisch, mit dem wunderbaren Gefühl, an innerer Freiheit dazugewonnen zu haben.

Und Ihr Gesicht, das spiegelt die schöne Erfahrung wider."

6.2.3 „Die Geschichte vom Bäumchen" – Eine metaphorische Variation zu „Sammeln und Loslassen"

Die metaphorische Abwandlung der vorangegangenen Übung fiel mir auf die Bitte eines Patienten ein, von mir eine Selbsthypnose-Übung auf Band für die Kontaktaufnahme mit seiner Spontaneität, seiner Kreativität und Vitalität zu erhalten. Der Patient ist promovierter Naturwissenschaftler, wuchs in absolut geregelten Verhältnissen auf und war der einzige in der Familie, der studiert hatte. Liebenswürdigerweise tippte er mir den Text wortgetreu ab, so daß ich ihn hier als Beispiel dafür zeigen kann, **wie eine Standardübung auf eine bestimmte Person ‚zugeschnitten' wird**. Sie ist durchgängig in indirekten Formulierungen gehalten (siehe dazu auch Bongartz u. Bongartz 1998, Kap. 4).

Text:

„Erlauben Sie sich nun, vom Tagesgeschehen abzuschalten,
und machen Sie dafür einfach ganz lange, ruhige Atemzüge mit

der Betonung auf der Ausatmung und einer kleinen Pause, bevor das nächste Einatmen erfolgt.

Und je länger Sie ruhig und tief atmen,
um so mehr kann alles um Sie herum unwichtig werden.
Und wichtig bleibt nur noch, was Ihnen jetzt in diesem Zeitraum guttut
und was für Sie förderlich ist und woran Sie wachsen
und innerlich vorwärtskommen,
so daß Sie jedesmal, wenn Sie diese Hypnoseübung machen werden,
davon profitieren und sich danach sicherer fühlen
und vermehrt in Besitz Ihrer Fähigkeiten
und vermehrt in Kontakt mit Ihren Einfällen
und Ihrer Kreativität
und Spontaneität sind.

Und wir haben vorhin von einem kleinen Baum gesprochen.
Ein Bäumchen, das irgendwann erst einmal ein Same war, der auf die Erde fiel,
Wurzeln schlug, nach einiger Zeit einen Keimling trieb,
das erste Blättchen ausstreckte und dann zu einem richtigen kleinen Baum heranwuchs;
die Äste wild durcheinander und in alle Himmelsrichtungen.
Das war die Zeit, in der es den Wind genoß, auch die Sonne,
und sich das Leben einfach so nahm und sich keine Gedanken darüber machte,
weshalb das alles so ist und wie es sich abspielt
und warum es so und nicht anders ist.

Als das Bäumchen ein bißchen größer wurde,
bemerkte es, daß es in einem Park aufwuchs,
der nach ganz bestimmten Regeln geordnet und gepflegt wurde,
und wo es nicht einfach so draufloswachsen konnte,
sondern wo es lebensnotwendig war,
sich in bestimmte Formen und Figuren einzufügen.
Und daß es nicht einfach erlaubt war,

daß die Vögel in ihm Nester bauen konnten
oder daß es im Herbst die bunten Drachen der Kinder mit seinen Ästen einfing,
und daß die Kinder dann unter Lachen hinaufkletterten, um auf einem starken Ast zu schaukeln.
Oder daß man sich besonders in die Richtung,
wo die Sonne am wärmsten und schönsten und wohligsten schien, ausbreiten konnte,
sondern, daß man für die Belange von anderen gefällig zu sein hatte.

Die aber hatten ganz andere Wertmaßstäbe,
die den Bedürfnissen des kleinen Baums wenig entsprachen.
Und so rückten eines Tages dann die Gärtner des Parkes an.
Und sie wollten eigentlich nichts Böses tun, sondern erledigten nur ihre Aufgabe,
die sie gelernt hatten und die für sie ganz selbstverständlich war.
So wurde das Bäumchen vermessen und für zu wild befunden,
und sie lehrten das Bäumchen die Richtung, in die es zu wachsen hatte.
Dafür beschnitten sie die Äste, so daß es eine ‚ansehnliche' Form bekam,
und sorgten dafür, daß das Bäumchen genau in das Bild paßte.
So tat es der künstlichen Anordnung des Parks keinen Abbruch
und folgte einer bestimmten Ästhetik, die es gar nicht verstand.
Aber notgedrungen und später sogar selbstverständlich machte es mit und verrenkte sich manierlich.
Und erst einmal waren diese neuen Eingürtungen und Fixierungen und Beschneidungen
natürlich unangenehm, und das Bäumchen versuchte sich zu wehren,
aber das war aussichtslos.
Es weinte manch harzige Träne im stillen, bevor es sich fügte.

Und so wurde das Bäumchen größer und größer und wuchs
und wurde ein schöner großer Baum,

aber immer geprägt von den Ansichten und Wünschen anderer,
und immer, wenn die Jahreszeit kam, die Bäume herzurichten,
zu trimmen – wie man sagte – und zu beschneiden,
dann kriegte der Baum wieder seine richtige Fasson.

Aber irgendwann geschah etwas Verwunderliches:
Die Herrschaften des Parkes verließen die Anlage, zogen aus,
räumten das Feld und trollten sich.
Und damit auch die lästigen Gärtner, und der Park war sich selbst überlassen.

Das Unkraut schoß ganz unverschämt,
die Hecken schlugen aus,
die Skulpturen kleideten sich keß mit Moos in frechem Grün,
die Bäume balgten sich albern auf einer Wiese, die war chaotisch
von Maulwürfen mit Haufen verziert.
Eine überaus wilde Gesellschaft …!

Nur unser Baum, der besonders schön und groß und prächtig war
und der auch auf sich achtete, konnte nicht so mittun, wollte auch nicht,
hatte höhere Ziele – und das war auch gut so.
Und es blieb einige Zeit lang gut so.
So entwickelte er einen mächtigen Stamm, dicke, tragfähige Äste
und erlebte so einige Sommer und Winter, bis er irgendwann verspürte,
daß er doch noch andere Regungen in sich hatte, die er eigentlich gerne mochte,
die von ganz früher …

Und da stellte sich die große Frage:
Wie kann er diese Stärken wieder nutzen,
die so lange geschlafen hatten,
wie sie wieder zum Leben erwecken?
Und wo in der Größe des Baumes waren sie gelagert,
in den Blättern, in den Ästen, im Stamm, in den Wurzeln?

Und wenn man an die vielen Jahresringe denkt, die der Baum inzwischen hatte,
waren sie wohl in einem der inneren gewesen.

Und der Baum machte nun folgendes:
In der Tiefe einer blauschwarzen Nacht,
ganz unverständlich, wenn man das von außen betrachtete und nicht wußte, worum es ging –
drehte er seine Blätter um, so daß das Untere nach oben schaute –
und das können Sie einfach mal nachvollziehen, indem Sie die Hände umdrehen, das können Sie aktiv machen … genau … daß Sie die Hände einfach umdrehen, mit den Handflächen nach oben, gut –
und daß der Baum in diese Hände, die er mit seinen Blättern bildete
und die aussahen wie Hunderte von kleinen Schalen,
diese ganzen bitteren Erfahrungen hineinfließen ließ.
Die Begrenzungen,
die ungemäßen Bindungen,
die achtlosen Worte der Gärtner, all die geweinten Tränen.
All das ließ der Baum in seine Blätter hineinfließen, in die Blätterschalen.
Auch die Zwänge
und die Fesseln
und all die dummen Beschneidungen seiner Kraft und seiner Fähigkeiten und seines ursprünglichen Wachstums.
Und seine wehmütigen Gefühle …
All das ließ der Baum in seine Blätter hineinfließen, eines Nachts …
Und dann, was machte er dann?
Er ging in tiefen Schlaf, tiefer als tief … und vielleicht, ohne daß er es direkt bemerkte, floß noch diese oder jene Träne aus ihm heraus.
Die Nacht wurde geheimnisvoll still und der Baum ging zur Ruhe.
Da passierte etwas Eigenartiges,
ganz von alleine, ohne daß der Baum das machte,

das machten die Blätter. Es wendeten sich die Blätter ganz von alleine in einer lautlosen Bewegung.
Langsame, kleine langsame, ruckartige Bewegungen, die für solche Vorgänge typisch sind:
Die Blätter drehten sich wieder in ihre natürliche Position und entleerten sich.
Genauso wie Ihre Hände ganz von allein … anfangen, sich zu drehen,
nach innen zu drehen, sich zu wenden,
so daß ganz – gut – ganz automatisch von alleine der Inhalt herausfließt.
Und lassen Sie sich Zeit dafür –
gut – und drehen sich und drehen sich
in der dunkelheit der Nacht, und keiner merkt es.
Nur der Baum fühlt ein leichtes Wehen in seiner Krone …
So, als ob der Baum tief atmet,
so, als wenn er die Wurzeln noch tiefer in die Erde streckt
und besser Nahrung tanken kann.
Und bei jedem Ausatmen erfolgt ein neues kleines Drehen,
eine ruckartige Bewegung, bei der die Blätter leicht erzittern.
Die Hände drehen sich, die eine, die andere,
gut,
genau.
Gut, und es rutscht heraus.
Wenn langsam die Dämmerung kommt und der Morgen graut,
die ersten Sonnenstrahlen den Baum wieder vorfinden, hat sich etwas getan:
Der Baum wirkt üppiger,
der Stamm kräftiger, stärker, voluminöser.

Und der erste Vogel kommt, läßt sich nieder und trällert sein frühes Lied …
Er singt dem Baum vom Leben,
und der Baum versteht …“

6.3 Traumarbeit

Mit dieser hypnotherapeutischen Technik kann ein immer wiederkehrender Alptraum aufgelöst oder ein sich in unterschiedlichen Variationen in den Träumen widerspiegelndes Konflikt-, Angst- oder Depressionsthema wesentlich beeinflußt werden. Das Verfahren ist bei Patienten, die ideomotorische Fingersignale aufweisen, einfach anzuwenden.

Im Zeitraffertempo werden durch ideomotorische Arbeit insgesamt **drei Durchgänge** (jeweils 3–4 Minuten pro Traumdurchgang) des entsprechenden Traumes ausgelöst. **Ziel ist es, den Trauminhalt durch Zugabe von lösungsorientierten Reaktions-, Verhaltens- und Erlebensweisen schrittweise positiv zu verändern.** In jedem der drei Durchgänge erfährt der ursprüngliche Traum mit Hilfe therapeutischer Anregungen auf unbewußter Ebene neue, positive Elemente sowie eine neue Bereicherung und Gestaltung, wodurch die alte destruktive Essenz gelöscht und überwunden wird. Der dritte Durchgang dient vorwiegend der Verankerung und Integration der neu erworbenen Fertigkeiten.

Indikationen

- **Der Patient leidet unter Alpträumen.**
- **Der Patient wacht nachts terrorisiert auf, quält sich mit Panikattacken, weiß aber eventuell nichts von einem Traum.**
- **Der Patient schläft zwar nachts durch, wacht aber morgens nicht erfrischt, sondern zerschlagen und wie gerädert auf.**
- **Der Therapeut vermutet, daß der Patient in der Therapie nicht weiter fortschreiten kann, weil ein dysfunktionales Traumerleben ihn unbewußt gefangenhält und zur Reproduktion alter dissonanter Muster beiträgt.**

Therapeutische Effekte

- **Unmittelbar nach der therapeutischen Arbeit stellt sich das Gefühl der Erleichterung und Befreiung ein.**

- **Der entsprechende Alptraum tritt nicht mehr auf.**
- **Die Träume werden insgesamt heller und freudiger.**
- **Es folgen Träume mit klaren Lösungsprozessen, oder es wird ein lebhafter, den Patienten selber sehr beeindruckender Traum erzählt, der in seinem Symbolgehalt verdeutlicht, daß ‚wie von alleine' eine überraschend neue Perspektive oder Möglichkeit eröffnet wurde** (siehe die vier anschließenden Traumaufzeichnungen).

Technik

Die Basisfrage auf unbewußter (ideomotorischer) Ebene heißt:

„Werden Sie im nächtlichen Schlaf (ohne daß Sie sich dessen bewußt sein mögen) durch einen bestimmten Traum/durch schlechte Träume belastet?"

Bei einer ideomotorischen ‚Ja'-Antwort ist nach folgendem *Schema* vorzugehen:

- Verabredung zur therapeutischen Arbeit auf der bewußten, kognitiven Ebene
- Induktion einer leichten Trance
- Verabredung zur therapeutischen Arbeit auf der unbewußten, ideomotorischen Ebene, z. B.: „Ist es in Ordnung, daß wir uns mit diesem Traum beschäftigen, damit Sie besser schlafen können/damit Sie in der Therapie weiterkommen?"
  Nach einer ‚Ja'-Antwort via Fingerzeichen (FZ) sollte der entsprechende Traum mit folgender Aufforderung ausfindig gemacht werden: „Gehen Sie nun in Ihr ‚Traumarchiv' und lassen Sie sich unbewußt *den* Traum herausfinden, mit dem wir uns jetzt beschäftigen sollen, damit es Ihnen besser gehen kann."
  „Hat das Unbewußte den Traum aufgegriffen, der Sie nächtens quält, wird der ‚Ja'-Finger das anzeigen." Hier ist das ‚Ja'-Zeichen abzuwarten.

Danach wird vom Therapeuten der erste Durchgang des Traumes angekündigt. Dabei werden den Fingerzeichen folgende Aufgaben unterstellt:

Der ‚Ja'-Finger schaltet den Traum ein. („Dieser Finger drückt die ‚Playtaste'".)

Der ‚Ich will nicht antworten'-Finger zeigt jeweils die unangenehmen, belastenden Vorkommnisse des Traumes an.

Der Finger ‚für das Neue' zeigt an, wenn sich auf unbewußte Art und Weise neue, gute Qualitäten in den Traum einfügen.

Der ‚Nein'-Finger schaltet den Traum am Ende wieder aus (die ‚Stoptaste').

Eventuell sind während des ersten Durchganges die Aufforderungen für die Fingerzeichen wiederholt zu stellen: „Und die Belastung in diesem Traum zeigt sich wiederum ... und wiederum an." Bei den weiteren Durchgängen sollte die Betonung auf den neuen Qualitäten im Sinne der Therapie liegen: „Und der ‚neue Finger' bewegt sich ständig von neuem, weil der Traum ständige Neuerungen erfährt."

Ein Durchlauf sollte nicht mehr als zirka drei Minuten dauern, und der Patient sollte vor starken gefühlsmäßigen Belastungen geschützt werden, indem der Therapeut betont, daß sich alles ‚wie auf ferner Leinwand', ‚ohne Gefühle, ja vielleicht sogar ohne Bilder' abspielen könne. Der Patient muß nicht auf bewußter Ebene nacherleben, um zu heilen.

Noch ein paar Redewendungen im Wortlaut:

„Schließen Sie nun Ihre Augen und lassen Sie Ihr Unbewußtes in Ihrem ganz eigenen ‚Traumarchiv' den Traum auffinden, der Sie nächtens quält und Ihre therapeutischen Fortschritte behindert. Der ‚Ja'-Finger wird anzeigen, wenn der entsprechende Traum in Ihnen – vielleicht ohne daß Sie sich bewußt zu erinnern haben – präsent ist."

(Pause)

FZ: ‚Ja'

Für den ersten Durchlauf:

„Sehr gut. Nun atmen Sie ruhig durch und lehnen sich zurück. Alle Arbeit geht nun von alleine, was die Fingerzeichen anzeigen werden. Binnen kurzem wird der ‚Ja'-Finger den Traum ‚einschalten', und dieser wird beginnen zu ‚spielen'. Vielleicht werden Sie erstaunt sein, sich trotzdem wohl zu fühlen und nur wie ein ‚ferner Beobachter' dem Traum beizuwohnen. Vielleicht sehen Sie Bilder des Traumes, vielleicht auch nicht. Das liegt in der Entscheidung Ihres Unbewußten, und alles ist in Ordnung."

(Pause)

FZ: ‚Ja'

„Gut, und jetzt beobachten Sie nur, wie Ihr Unbewußtes arbeitet ..." etc.

„Und das Beängstigende wird deutlich, der ‚Ich-will-nicht antworten'-Finger zeigt es an, ja genau, das ist gut von außen zu sehen ..." etc.

„Aber schon jetzt beim ersten Mal setzen sich Veränderungen in Gang ..."

etc.

„Jetzt ist es an der Zeit ... der Traum geht dem Ende zu. Der ‚Nein'-Finger wird ihn gleich ausschalten."

FZ: ‚nein'

Nach dem ersten Durchlauf:

„Das war der erste Teil der Arbeit. Sehr gut. Schon hat sich etwas verändert, schon haben Sie Einfluß gewonnen. Der Traum kann nicht mehr der alte sein. Spulen Sie ihn jetzt für die zweite Version zurück, wo verstärkt das Neue zur Wirkung kommt ... und ein neuer Finger, ein Finger, der noch nicht aktiv war, ein Finger für ‚das Neue' wird das jetzt mit seinen automatischen, kleinen Bewegungen kundtun. Und in dem Maße, wie das Neue sich mehrt, nehmen alte schlechte Teile des Traumes ab, und es erfolgen Lösungen."

(Kurze Pause)

Zweiter Durchlauf:

„So, und jetzt schaltet wiederum der ‚Ja'-Finger den Traum ein. Und lassen wir uns mal überraschen, was jetzt gespielt wird ... was sich in dem Traum Grundlegendes zu Ihrem Nutzen ändern wird und was der Finger ‚für das Neue' anzeigen wird. Kann schon sein, daß auch von der alten Traumausgabe noch etwas da ist. Das wird auch weiter angezeigt. *Und* Neues fügt sich hinzu. Seien Sie ganz aufmerksam, und achten Sie auf die Ausschläge des ‚neuen' Fingers. Sehr schön! Das sieht richtig gut aus ..." etc.

Nach dem zweiten Durchlauf:

„Sicher können Sie sich daran erinnern, wie Sie Fahrrad fahren oder Schwimmen gelernt haben. Sobald man es ein wenig kann, gleich nochmals drauf aufs Fahrrad und die Balance halten, und gleich wieder rein ins Wasser und mit jedem Zug sicherer und sicherer werden! Gut! So ist das mit dem ‚Gutträumen lernen' auch."

Therapeutische Aufforderung: „Gleich wieder zurückgespult und den Traum von neuem für den dritten Durchgang eingeschaltet!"

FZ: ‚Ja'

„Gut, und jetzt die neuen Fähigkeiten trainieren, damit sie ‚sitzen', sehr gut, wie der ‚neue' Finger das mitteilt. Schön so. Das tut Ihnen jetzt gut! Ob Sie das schon richtig merken?"

Das hört sich jetzt von therapeutischer Seite etwas wie das ‚Anfeuern' auf dem Sportplatz an. Das soll es auch sein. Geben wir dem Patienten Mut, etwas zu tun, was er sich sonst nicht zutraut, und wenn es darum geht, seine Träume auszutauschen.

„So wird der Traum Ihnen nun helfen, innerlich zu wachsen und reicher zu werden und therapeutische Schritte zu machen. Denn der Traum ist ein anderer geworden, andere Farben, andere Töne, andere Stimmung, Gefühle und Bilder; ein Traum, der Sie fördert und trägt, aus dem Sie morgens erholt und erfrischt aufwachen und guter Dinge in den Tag gehen. Und kann sein, Sie haben tagsüber einen neuen Einfall oder verhalten sich spontan anders, so daß Sie ganz verblüfft sind über sich selbst ... **So läuft der Traum durch seine dritte Verwandlung. Sehr schön. Die alten Belastungen haben sich aufgelöst, und neue Fähigkeiten sind erobert. Der Traum geht nun dem Ende zu, der ‚Nein'-Finger schaltet ihn aus und zeigt den Abschluß an."**

„Und nun gleiten Sie in die verdiente *tiefe* Hypnose, um sich von getaner Arbeit auszuruhen, die Hände sinken angenehm in Ihren Schoß, und nur der Finger für ‚das Neue' zeigt jetzt nochmals stark und deutlich die neue Entwicklung an … gut so, das ist gute Arbeit gewesen …"

Das Zeichen des Fingers für „das Neue" verdeutlicht dem Therapeuten nochmals den Erfolg der Arbeit und gibt dem Patienten gleichfalls eine positive Rückmeldung.

Beispiel:

Eine von vielen Versionen, wie die Änderung eines Trauminhaltes während einer Traumarbeit erfahren werden kann, ist an dieser Stelle von einer Teilnehmerin eines Ausbildungsseminares aufgezeichnet. Sie beschreibt deutlich die zweimalige Wandlung des Traumes in seinem Inhalt und ebenso die schrittweise Aufhellung ihrer seelischen Stimmung. Meine Interventionen sind ihr nicht deutlich in Erinnerung geblieben, was aber deren Effekt keinen Abbruch tut. Von außen betrachtet war die Frau während des ersten Durchlaufes von Zuckungen geschüttelt, während sie beim dritten Durchlauf entweder schmunzelte oder prustend herauslachte.

Bericht der ‚Träumerin':

Wir entscheiden uns für die Traumarbeit, da ich morgens oft wie zerstört aufwache. Auch die vergangene Nacht soll ich der Beobachtung meiner Zimmernachbarin nach im Schlafe laut und anhaltend gewimmert haben. Ich fühle mich schlecht, kann mich aber an keinen Traum erinnern. Bei der Einleitung der Arbeit befinde ich mich in meiner Phantasie in einem alten Bauernhaus mit einem Regal voller Filmrollen. Instinktiv wähle ich eine aus. Dann setze ich mich in einen Sessel und schaue auf eine Art Leinwand.

1. Traumdurchlauf:

Ich bin ein winziges Kind und liege hilflos mit dem Rücken auf dem Dielenboden. Rechts von mir befindet sich eine geschlossene Tür. Über mir steht ein wirklich riesiger, dicker, schwarzer, aufgeblasener Mann. Dieses dunkle Monster tritt mit seinem Fuß auf mir herum, um mich wie ein lästiges Insekt zu zermalmen. Mit einer gewaltigen, tiefen, wie von einem Tonband verzerrten Stimme ruft er: „Du hast hier keinen Platz! Dieser Platz gehört mir, mir alleine!" Ich bin so winzig und wehrlos, und die Angst schüttelt mich in gewaltigen Stößen. Immer wieder wiederholt sich die gleiche Szene, ohne daß ich sie zu stoppen vermag.

2. Traumdurchlauf:
Wieder liege ich auf dem Boden, aber diesmal auf der Seite. Außerdem bin ich zehn Jahre alt. Der Mann über mir hat einen riesengroßen, schwarzen Fuß, mindestens so groß, wie ich selbst bin. Ich schreie, aber kein Laut kommt aus meinem aufgerissenen Mund. Dann besinne ich mich auf einmal meiner Kräfte und schaffe es, mit meinen Händen den Fuß Stück für Stück von mir wegzustemmen und mich zu befreien. Ich merke, daß ich stärker bin als ich dachte. Das gibt mir Mut und macht mich zuversichtlich. Das Ungeheuer fängt an, Wirkung über mich zu verlieren.

3. Traumdurchlauf
Ich stehe als junge Frau mit kurzen Haaren in einem hellen, leichten Sommerkleid in dem gleichen Raum. Mir gegenüber befindet sich wieder der Mann, der aber nun den Eindruck macht, als sei er nur eine aufgeblasene Plastikpuppe mit einem kleinen Stöpsel unten. Als ich den Stöpsel herausziehe, schrumpft er zusammen, wird immer kleiner und kleiner und bleibt schließlich als schlaffer, leerer Ballon auf dem Dielenboden liegen. Das erheitert mich derart, daß tief in mir ein Lachen aufsteigt, das auch nach außen dringt. Immer wieder, leicht und heiter. Alle Angst fällt von mir ab. Immer noch erheitert und unter Lachern falte ich die schlaffe Puppe sorgfältig zusammen und lege sie behutsam in eine mit gelben Sternen und farbigen Kringeln bemalte rechteckige Schachtel. Zuerst klemme ich sie unter den rechten Arm und schicke mich an, das Zimmer zu verlassen. Doch dann überlege ich es mir anders, stelle die Schachtel auf den Boden, öffne schwungvoll die Türe, gehe hindurch und lasse sie so richtig kraftvoll und mit Lust hinter mir zukrachen.

Danach fühle ich mich in meinem Therapiesessel viel kraftvoller und auch größer. Die bleierne Müdigkeit in den Gliedern und die Traurigkeit sind von mir abgefallen. Ich erlebe mich als frisch und klar.

6.3.1 Aufzeichnungen von nächtlichen Träumen, die einen deutlichen Zusammenhang mit der erfolgten Traumarbeit aufweisen

Der Traum ‚Die linke Hand schickt sich nicht' stammt von einer jungen Frau, die sich wegen Depressionen, Zwangsvorstellungen und Panikattacken bei mir in Therapie befindet. Sie litt unter ausgeprägten Angstträumen mit regelrechten Horrorszenarien, wie folgender Traum, der *vor* der hypnotherapeutischen Traumarbeit geträumt wurde, eindrücklich schildert:

Die linke Hand schickt sich nicht

Ich träumte, daß mein ganzes Wesen, meine ganze Existenz in meiner linken Hand beinhaltet war. Diese linke Hand war noch klein, sehr jung, fürchterlich neugierig und mußte alles anfassen, berühren, alles ausprobieren. Das Problem war nur, daß andere Leute nicht mit meiner linken Hand einverstanden waren. Sie dachten wohl, diese Hand schicke sich nicht für so ein „liebes kleines Mädchen". Also fingen sie an, der Hand das Leben unmöglich zu machen: Kleine Zwerge gingen zu Werk, zogen an den feinen Härchen, hackten auf der Hand herum, rammten Nägel hinein, sägten die Finger an, bohrten Löcher durch die Fingernägel, wandten Daumenschrauben an …

Die linke Hand wand sich und versuchte, damit zurechtzukommen. Es kam jedoch der Moment, bei dem es mir reichte, und mit meiner rechten Hand nahm ich eine Axt und hackte mir selber alle Finger der linken Hand ab, in der Hoffnung, endlich Ruhe zu haben.

Aber ich täuschte mich: Die Giftzwerge nahmen nun die abgehackten Finger und nähten sie mir an anderen Stellen des Körpers wieder an.

Schließlich saß ich da, nackt, leichenblaß, aber ordentlich gekämmt, den Daumen an der Schulter, den kleinen Finger am Knie, den Zeigefinger wie ein Hörnchen an meiner Stirn.

Der Traum „Erdbeeren mit Vanillesoße", der in einer der Nächte *nach* der hypnotherapeutischen Traumarbeit auftrat, verdeutlicht die neuen Entwicklungsansätze.

Die Patientin ist deutscher Herkunft, aber in Peru aufgewachsen, weshalb sie den Traum zuerst in ihrer Muttersprache festhielt, da er ihr so nah erschien und so viel bedeutete. Sie empfindet den spanischen Text als authentischer, als den eigentlich ‚richtigen', weshalb ich ihn an die deutsche Version anfüge. Auch ihre kurze Stellungnahme zu dem Traum soll hier nicht vorenthalten werden, so daß sie nachfolgend die deutsche Version einleitet.

Erdbeeren mit Vanillesoße

Hallo Agnes!
Ein Wort noch: Ich hatte den Traum ursprünglich auf Spanisch aufgeschrieben. Als ich dir den Traum erzählt hatte, habe ich nicht alle Einzelheiten erwähnt, so wie sie hier stehen. Der Unterschied ist nicht groß. Ich will nur klarstellen, daß nichts „hinzugedichtet" wurde. Hannah

Ich stand mitten im Urwald, völlig durchnäßt von am Amazonas täglichen Wolkenbrüchen, und weinte. So tief war meine Trauer, daß ich heulte wie ein Schloßhund.

Plötzlich befand sich ein älterer, drahtiger Mann neben mir. Er sah genauso zerlumpt aus wie ich, war ebenso durchnäßt. Seine Haut war dunkel gebräunt und von der Arbeit im Freien sonnengegerbt. Außerdem hatte er eine Zahnlücke.

Der Mann faßte mich bei den Schultern und schüttelte mich kräftig. Er befahl mir, mit dem Heulen aufzuhören. Ich antwortete nur, ich hätte alles verloren. Er antwortete, ich sei nicht die einzige, viele andere hätten auch alles verloren. Daraufhin lud er mich zu seiner Gemeinde ein. Die Gemeinde bestand aus drei Autos; darunter, in der Mitte, ein blauer Astra. Diesem Auto wurde ich zugewiesen.

Das Auto wurde von zwei jungen Frauen bewohnt, einer Afrikanerin und einer Südamerikanerin, die mich herzlich aufnahmen, mich vom Regen ins Auto zogen, mir trockene Kleidung gaben und sagten: „Iß erst mal was." Wir saßen also im Schneidersitz in der zu einem Schlafplatz umgebauten Ladefläche des Wagens und aßen Erdbeeren mit Vanillesoße.

Alltag machte sich breit. Draußen regnete es manchmal, manchmal auch nicht. Wir waren draußen unterwegs oder saßen im Auto, in dem es zwar eng war;

aber dadurch, daß alles sorgfältig organisiert war und alles seinen Platz hatte, nie zu eng, und es sah immer aufgeräumt aus.

Wir schliefen im Auto. Ich in der Mitte, die Afrikanerin zu meiner Linken, die Südamerikanerin zu meiner Rechten. Es war sehr angenehm, ich fühlte mich sehr geborgen. Ich schlief und träumte vom Fliegen. Dabei breitete ich wie im Fluge die Arme aus und schlug dabei jedesmal versehentlich meine Gefährtinnen, worüber ich fürchterlich lachen mußte.

Plötzlich wachte ich auf und stellte erschrocken fest, daß die Südamerikanerin zu meiner Rechten nicht mehr da war. Ich lief verzweifelt im Urwald umher und suchte sie. Dabei verschwand auch die Afrikanerin.

Dann stand ich wieder da, im Regen, und heulte wieder vor Trauer. Und wieder erschien der ältere Mann, diesmal sichtlich genervt, und sagte, mich wieder schüttelnd:

„Ich hatte dir doch gesagt, du solltest damit aufhören!"

Als ich ihm sagte, ich hätte wieder alles verloren, sagte er, nein, das Auto sei ja noch da, und jetzt sei ich dafür verantwortlich, und ich solle mich darum kümmern, und nicht weiter nerven.

Also ging ich zurück ans Auto und öffnete die Heckklappe. Ich setzte mich an den Rand der Ladefläche, wo ich vom Regen geschützt war, und sah mich erst mal um. Ich blickte in die nun sehr groß wirkende Ladefläche und fand in einer Ecke eine Schüssel – Erdbeeren mit Vanillesoße.

Fresas con crema de vainilla

Me encontraba en medio de la selva, completamente empapada de la lluvia torrencial amazónica, y lloraba como una magdalena. Tal era mi tristeza, que no dejaba de llorar.

De repente, un hombre nervudo de avanzada edad se paró a mi costado. Andaba igual de desharrapado como yo, y estaba también mojado de la lluvia. Estaba bronceado y su piel parecía curtida de tanto trabajar al aire libre. Además, le faltaba un diente.

Este hombre me tomó de los hombros y me sacudió con toda fuerza, ordenándome que dejara de llorar. Yo solamente contesté que lo habia perdido todo. Él replicó, que yo no era la única, que muchos lo habían perdido todo. Luego me invitó a su comunidad. Ésta estaba compuesta por tres carros, y uno de éstos, el que se encontraba en el medio, era un Astra azul. Ése era el carro en el que iba a vivir yo.

En el carro vivían una africana y una mestiza. Las muchachas me acogieron cálidamente. Me tomaron de las manos y me sacaron de la lluvia y me dieron ropa seca para vestirme, diciendo:

- ¿Qué tal si comes algo primero?

Entonces nos acomodamos las 3 en el carro, – la parte posterior fue transformada en una superficie de carga que las muchachas usaban como lecho – las tres de piernas cruzadas y comimos fresas con crema de vainilla.

La situación se volvió cotidiana. Afuera llovía a veces, y a veces no. Andabamos afuera o nos quedabamos en el carro que, a pesar de tener poco espacio, nunca era muy angosto, puesto que todo estaba muy bien organizado y todo tenía su lugar, y siempre estaba todo en orden.

Dormíamos en el carro. Yo en el medio, la africana a mi izquierda y la mestiza a la derecha. Era muy acogedor, yo me sentía muy al abrigo. Dormía y soñaba que volaba. Al volar abría los brazos y, haciendo eso, siempre pegaba sin querer a mis compañeras, lo cual me daba mucha risa.

De súbito, me desperté para notar que la mestiza había desaparecido de mi lado. Yo corrí por la selva, desesperada, buscándola. En medio de la búsqueda también desapareció la africana.

Y nuevamente me encontré en medio de la lluvia, empapada, llorando como una magdalena. Y nuevamente apareció el viejo, esta vez obviamente impaciente, y, sacudiéndome, me dijo:

– ¡Te dije que dejes de llorar!

Cuando le expliqué que otra vez lo había perdido todo, él replicó que no, que ahí estaba el carro, que ahora estaba bajo mi responsabilidad, y que me preocupe por el carro y que deje de joder.

Entonces, pués, volví al carro. Abrí la puerta trasera y me senté al borde de la entrada, la puerta protegiéndome de la lluvia, y me quedé mirando. La superficie de carga parecía bastante espaciosa ahora, y en un rincón encontré un plato de fresas con crema de vainilla.

Der **‚verzauberte Hase'** ist der Traum eines jungen Schauspielstudenten, der primär wegen einer – obwohl gut versorgt – seit zwei Jahren nicht heilenden Unterschenkelfraktur zu mir kam. Eigentlich handelte es sich in der Therapie aber um Abgrenzung und Identitätsfindung, besonders in bezug auf sein Verhältnis zur Mutter, die u. a. auch seinen beruflichen Werdegang nicht akzeptieren will. Großmutter und Großvater, beide schon verstorben, sind dagegen positiv besetzt, da sie ihm Verständnis entgegenbrachten und Freiraum für Entwicklungen gewährten. Das kommt auch in den beiden anschließenden, im Abstand von drei Tagen aufgetretenen Träumen **‚Kindheitstraum'** und der **‚Der Traum vom Laufen'** zum Ausdruck. Der Patient war von der Wirkung der ersten Traumarbeit, die den Hasentraum zur Folge hatte, so begeistert, daß er sich eine zweite Traumarbeit wünschte, um seinen, ihn seit zwei Jahren verfolgenden Traum, ‚den Boden beim Gehen nicht zu berühren', zu verändern. Während er im ersten Traum auf dem Schulweg (obwohl als Erwachsener) nach Hause kehrt, dabei aber den Boden nicht spürt und nicht richtig gehen kann, läuft (im Sinne von rennen) er im zweiten, vom vertrauten Standort des ‚Opas' aus, sicher mit festem Schritt, den Boden unter den Füßen spürend und mit geheiltem Bein auf einen freien Platz zu.

Der verzauberte Hase

Ich bin in der Wohnung meiner Oma. Sie sitzt auf dem Boden, und ich habe meinen Kopf auf ihren Oberschenkel gelegt und fühle mich ungemein wohl. Es ist schön, da ich meine Oma sehr mag. Sie erzählt mir etwas von meiner Tante Fanny.

Später versucht sie, einen kleinen weiß-braun-dunkelgrauen Hasen zu fangen, der ihr ausgekommen ist. Sie schafft es nicht, weil er natürlich schneller ist. Der Hase bleibt aber genau vor mir stehen, so daß ich ihn fangen kann. Er fühlt sich weich und kuschelig an und wirkt sehr aufgeregt. Ich übergebe ihn meiner Oma. Er entkommt wieder, und sie versucht ihn wieder zu fangen, aber er saust hakenschlagend an ihr vorbei. Als er bei mir stehenbleibt, kann ich ihn nochmals fangen und meiner Oma geben. Doch er entkommt erneut.

Meine Mutter taucht auf.

Meine Oma und meine Mutter versuchen ihn nun gemeinsam zu fangen. Aber er bleibt vor mir stehen und läßt sich auch von mir fangen. Dann kriegt er allerdings Panik und strampelt in meinem Arm.

Nun gebe ich ihn meiner Mutter, verlange ihn aber gleich wieder von ihr zurück. Vor meinen Augen verwandelt sich der Hase zu meiner Überraschung in ein fünfjähriges Kind.

Als sich meine Mutter nähert, wehrt sich das Kind sehr und sagt, sie solle weggehen. Sie geht weg.

Ich halte ihn noch immer in meinen Armen, und er sieht mich ruhig und offen an. Ich könnte ihn jetzt nach seinem Namen fragen.

Kindheitstraum

Ich gehe meinen täglichen Schulnachhauseweg, eine lange gerade Allee, bin allerdings in meinem jetzigen Alter.

Ich treffe eine Frau mit zwei Kindern, die ich alle nicht kenne. Die Kinder und ich gehen voraus, weiter in Richtung meines Elternhauses. Ich gehe ohne Krücken, aber ich gehe wie in Schwerelosigkeit. Ich mache einen Schritt, und es wird ein riesiger langsamer Sprung. Dabei spüre ich allerdings nie den Kontakt mit dem Boden. Meine Füße müßten zwar irgendwann den Boden berühren, aber ich spüre nichts. Ich merke nur, wie ich wieder in die Luft springe. Es geht sehr schnell voran, und die Kinder laufen am Boden mit. An der letzten Kreuzung vor meinem Elternhaus, an der sich auch die ansonsten dichten Bäume der Allee lichten, bleiben die Kinder stehen, um auf ihre Mutter zu warten, die wir schon weit hinter uns gelassen haben. Ich gehe weiter und wache nach ein paar Schritten auf.“

Der Traum vom Laufen

Ich bin in der Straße vor dem Haus, in dem mein Opa früher gewohnt hat (früher auch die ganze Lambertini-Familie: mein Vater, meine zwei Onkel, meine Oma und mein Opa). Von dort aus bewege ich mich auf einen großen, freien Platz zu. Ich kann total gut laufen (rennen), genauso wie früher, und laufe auf die Lorettowiese. Ein Platz mit Kies, auf dem das Volksfest stattfindet. Ich laufe und laufe über den Platz und treffe Leute, denen ich fröhlich zuwinke. Ich spüre den Boden unter den Füßen und wie der Kies beim Auftritt unter dem Druck meines Fußes leicht verrutscht.

Der Traum ist so realistisch, daß ich, als ich aufwache, erst Stück für Stück begreifen muß, daß ich ja vorerst nur vorsichtig gehen, aber noch nicht laufen kann. Trotzdem geht es mir sehr gut, weil dieses Glücksgefühl des Laufens noch in mir ist.

Der Patient war kurz nach dem Traum fähig, seine erste Bergwanderung zu machen. Es steht außer Frage, daß er bald wieder richtig schnell laufen und tanzen kann.

Alle neuen Träume faszinierten die Träumer jeweils auf ganz besondere Weise. Beide waren sowohl von der Reichhaltigkeit des Symbolgehaltes als auch der ‚Neuartigkeit' des Traumes stark beeindruckt.

Abgesehen von dieser direkten Arbeit zur therapeutischen Veränderung eines Traumgeschehens können während der Hypnose sehr erfolgreich Anregungen für unterstützende Träume gegeben werden. Diese Anregungen haben einfachen posthypnotischen Charakter, entfalten ihre Wirkung also nach der eigentlichen Hypnose.

Mögliche Formulierungen:

„Zu diesem Thema können Sie in den folgenden Nächten weiterträumen."

„Das Unbewußte kann sich in den Nächten mit diesem Thema weiterbeschäftigen. So werden Sie mir vielleicht nächstes Mal sogar einen Traum berichten, der Ihnen auf besondere Art und Weise in Erinnerung geblieben ist."

„In der Selbsthypnose tagträumen, im Schlafe nachtträumen ... seien wir neugierig, welches Ihnen mehr helfen kann ... "

Eine Patientin mit Darm-CA berichtete nach der dritten Therapiestunde von einer positiven Tendenz ihrer Träume in dem Sinne, daß sie in ihrem (realen) Wohnhaus weitere schöne, lichte Zimmer zum Garten hin entdeckt habe, was vor dem Hintergrund ihrer selbstgenügsamen, sich nichts gönnen wollenden Persönlichkeitsstruktur als positiv zu werten ist. Sie erhielt die Anregung: „Und nur Ihr Unbewußtes weiß, wann es an diesem Projekt weiterträumen wird, damit sich die neuen Räume Stück für Stück beleben können."

6.4 Die Arbeit am Kindheitstrauma

Ideomotorisches Auffinden und Bearbeiten eines zuvor nicht bewußt erinnerten Kindheitstraumas (oder eines Traumas, welches stellvertretend für eine Serie von Traumata steht)

Indikation

Sobald sich innerhalb des Therapieprozesses oder anhand ideomotorischer Signale die Bearbeitung eines Dramas aus der Kindheit als der nächste Schritt in der Therapie abzeichnet, kann mit dieser Technik dem Trauma begegnet werden. Es kann sich hiermit auflösen, und heilende Energie seelisch/körperlicher Art wird freigesetzt. Der Patient konfrontiert sich in Hypnose mit der eigenen Person im Kindesalter, die das Trauma erfährt. Dabei bleibt er aber immer in der Position des Erwachsenen. Bei dieser Intervention handelt es sich um eine ausgeprägte hypnotische Dissoziationsleistung.

Vorgehensweise

Nach der Kontaktaufnahme mit der Situation und der Befindlichkeit des Kindes mit Hilfe der hypnotischen Imagination wird der Patient zur Auflösung des Traumas aufgefordert. Dafür wendet er sich als Erwachsener dem Kind in besonderem Maße zu. Er erhält vom Therapeuten den Vorschlag, seinem inneren Kind das zu gewähren und zu geben, was es damals gebraucht hätte, um körperlich gesund zu bleiben und seelisch keinen Schaden zu nehmen. Meistens handelt es sich um Bestätigung, um Fürsorge und Schutz, um emotionale Zuwendung oder hilfreiche Verhaltensweisen zur Ausschaltung einer akuten Notlage. Der Patient muß eventuell darauf hingewiesen werden, daß er dazu ohne weiteres fähig sei, daß er z. B. nur zu geben brauche, was er seinen eigenen Kindern (oder anderen Personen) tagtäglich zu geben imstande sei. Die Arbeit – so einfach im Prinzip die Vorgehensweise – ist ungemein intensiv und effektvoll und bringt das gesamttherapeutische Geschehen einen großen Schritt voran. Für eine Anfangssitzung ist sie allerdings nicht zu empfehlen, da sie eine tragfähige Patient-Therapeut-Beziehung voraussetzt. Sie erfordert vom Therapeuten Erfahrung und eine zu dem Zeitpunkt ausgeglichene Seelenlage und Courage, um den Patienten zu begleiten. Ein Zeitmaß von 30 bis 35 Minuten ist wegen des hohen Energieniveaus nicht zu überschreiten.

Verabredung zur Arbeit am Trauma

Am Anfang steht die gemeinsame Verabredung auf bewußter wie auch unbewußter Ebene zu dieser Arbeit. Möglicher Wortlaut für diese Vereinbarung, die sowohl bewußt als auch über FZ zu beantworten ist:

„Ist es in Ordnung, wenn wir uns jetzt mit der Situation beschäftigen, in der das Problem/Symptom/die Krankheit seinen/ihren Anfang genommen hat?“

Erhält man auf beiden Ebenen kongruent ein Ja, ist das zu begrüßen. Erfolgt eine ideomotorische ‚Nein‘-Antwort, ist nachzufragen, ob das ‚Unbewußte‘ noch etwas brauche, wie z. B. Zeit und zusätzliche Sicherheit.

Absicherung des Prozesses

Anschließend ist die Verankerung im „Hier und Jetzt“ oberstes Gebot. Sie vollzieht sich mit der Feststellung, daß der Patient hier (z. B. in meiner Praxis in München am Wiener Platz) sitzt und heute der Soundsovielte (Datum von heute mit Jahr!) mit der jetzigen Zeit ist, daß er erwachsen ist und soundsoviele Jahre alt. Meine banal klingenden, aber objektiv richtigen Feststellungen lasse ich mir per FZ bestätigen. Ich fahre fort: „Alles, was Sie jetzt erleben werden, stammt aus der Vergangenheit, als Sie klein waren. Heute aber sind Sie groß, erwachsen. So werden Sie alles mit ‚Erwachsenen-Augen‘ und aus der ‚Erwachsenen-Perspektive‘ sehen. Sie besitzen ‚Erwachse-

nen-Fähigkeiten', und wenn Sie Erlebnissen aus der Kindheit begegnen werden, kann das niemals mehr derart schlimm sein wie damals, wo Sie doch noch so klein waren und den Ort des Dramas nicht verlassen konnten. Ich bin bei Ihnen und werde Sie durchgehend begleiten. Und wo es mir richtig erscheint, werde ich meinen Stuhl etwas näher zu Ihnen hinrücken und Sie am Arm berühren. Außerdem werde ich Sie alleine schon durch meine Anwesenheit an Ihre Fähigkeiten, die Sie nun jederzeit einsetzen können, erinnern."
Während dieser ganzen Einleitung kann der Patient die Augen schon geschlossen haben und beginnen, sich auf sich selber zu konzentrieren. Man kann auch betonen, daß alle noch zu vernehmenden Geräusche von außen, von der Straße, vom Haus, nur der Sicherheit dienen. Damit wird deutlich, daß es ein *reales Hier und Jetzt* gibt, das man wie einen Rahmen nützen kann, um mit um so mehr Sicherheit in das *innere Hier und Jetzt* abzutauchen. Je besser der Prozeß durch diese Vorsichtsmaßnahmen abgesichert ist, um so erfolgreicher kann der Patient dissoziieren, um so tiefere Arbeit kann er leisten. Es lohnt sich, in diese Phase der Intervention ausreichend Zeit zu investieren.

(David Cheek erklärte 1990 auf einer Fortbildung, weshalb Sigmund Freud seiner Meinung nach die Hypnose aufgegeben habe; seine Patienten seien ohne die therapeutische Verankerung im realen „Hier und Jetzt" in den Hypnosen so tief in ihre Kindheitsdramen mit gefährlichen regressiven Krisen abgerutscht, daß er die Verantwortung für diese Prozesse nicht mehr tragen konnte und wollte.)

Auffinden des Traumas
Nach dieser einleitenden Absicherung überzeuge ich mich durch Nachfragen, daß der Patient weiterhin seine ‚Erwachsenen-Kleider' trägt. Daraufhin werden mit Hilfe ideomotorischer Signale genau das Kindesalter, Ort und Zeitpunkt des Erlebnisses eruiert. Möglicher Wortlaut:

„Auch wenn wir nicht wissen, wie sich das vollzieht, können wir doch davon ausgehen, daß auf der unbewußten Ebene alle Stationen unseres Lebens gespeichert sind. **Lassen Sie uns nun also über Ihre Fingerzeichen *die* Situation herausfinden, die das ‚Unbewußte' als Ursache Ihres heutigen Problems benennt.** Dazu kann sich Ihre innere Uhr über Wochen, Monate, Jahre und Jahrzehnte zurückdrehen, bis Sie bei dieser bestimmten Situation angelangt sind. Wenn Ihr Unbewußtes fündig geworden ist, wird der ‚Ja-Finger' ein Zeichen geben. Bleiben Sie ganz in Ruhe bei sich, atmen Sie langsam und tief, so wird das Unbewußte seine Aufgabe gut machen."

Nach der ‚Ja'-Anzeige wird erneut über FZ das genaue damalige Alter abgefragt.

Ther.: „Waren Sie zu dieser Begebenheit jünger als zehn Jahre?"

Folgt auf diese Antwort ein Nein, handelt es sich voraussichtlich um ein unbewußtes Ausweichen des Patienten auf eine Erfahrung im höheren Alter, die weniger schlimm war und somit leichter, aber weitaus weniger sinnvoll zu bearbeiten ist. In so einem Falle ist unbedingt rückzufragen, ob dieses Ereignis, das älter als zehnjährig erlebt wurde, nicht schon eine Vorbedingung im jüngeren Alter gehabt habe. Normalerweise erreicht man so den richtigen Tatort im Kindheitsalter.

Beispiel:
Ther.: „Gut, jünger als zehn. Waren Sie damals jünger als fünf Jahre?"
FZ: ‚Ja.'
Ther.: „Jünger als vier?"
FZ: ‚Ja.'
Ther.: „Jünger als drei Jahre?"
FZ: ‚Nein.'
Ther.: „Waren Sie bei diesem Ereignis drei Jahre alt?"
FZ: ‚Ja'
Ther.: „Sehr schön, jetzt sind wir schon weit gekommen."

Konfrontation mit dem Trauma

Zu diesem Zeitpunkt vermittelt der Patient meistens schon Anzeichen von Streß wie unregelmäßige Atemzüge, beschleunigten Puls (beobachtbar an der Arteria Carotis), Tränen, Agitiertheit. Jetzt gilt es, den Patienten im Prozeß zu halten, ihm beizustehen, ihn zu ermutigen. Möglicher Wortlaut:

Ther.: „Sie machen das gut. Bleiben Sie dabei. Sie sind auf dem richtigen Weg. Atmen Sie gut und ruhig weiter. **Sie begegnen Ihrem inneren Kind und erleben, was ihm widerfährt. Sie aber sind**

erwachsen und betrachten die Szene als Erwachsener. Ich bin bei Ihnen und berühre leicht Ihren Arm. Das gibt Ihnen Sicherheit. Beobachten Sie nun genau, was passiert. Seien Sie aufmerksam. Sie können mir, wenn Sie möchten, jederzeit mitteilen, was gerade vor sich geht. Vorerst bin ich aber still und überlasse Sie Ihren Beobachtungen. Sie fühlen ja, daß ich Sie begleite."

In dieser Phase ist es ausgesprochen wichtig, daß der Therapeut selber sein Vertrauen in die Fähigkeiten des Patienten behält. Dieses ‚Ich weiß, er schafft es' erreicht den Patienten als nonverbale Botschaft. Außerdem leistet der Therapeut ihm durch seine Kompetenz und Besonnenheit sowie durch sein eigenes ruhiges Atmen und das Ausstrahlen von Sicherheit einen nicht zu unterschätzenden Beistand.

Folgende Fragen konkretisieren die Situation samt ihrer Schwingung, wobei die Bedürftigkeit und die Krise des Kindes deutlich werden. Die Fragen können entweder verbal oder via FZ beantwortet werden:

„Ist es Tag/Nacht?
Ist das Kind alleine?
Ist jemand aus der Familie da? Ist es jemand Fremdes?
Erinnert sich Ihr Unbewußtes an die Gefühle des Kindes?"

Natürlich kann man nach eigenem Erwägen oder bei dem Eindruck der Stagnation des Prozesses nach weiteren Details fragen:

Ther.: „Was erleben Sie denn gerade? Bitte lassen Sie mich davon wissen, damit ich in Kontakt zu Ihnen bleiben kann."

(Auch hier bitte immer positive Formulierungen verwenden. Nicht: „Ich habe keinen Kontakt mehr … ", weil dies den anderen ängstigen könnte.)

Man sollte andererseits das Erleben des Patienten nicht allzu häufig mit (vielleicht durch eigene Unsicherheit entstehende) Fragen unterbrechen, sondern ihn einfach durch anteilnehmendes ‚Dabeisein' begleiten. Dies ist eine der wenigen Situationen, wo es uns erlaubt ist, parteiisch zu sein.

Diese Phase der Wiedererinnerung und der Konfrontation sollte nicht länger als zirka zehn Minuten dauern, da der Prozeß entweder kompensatorisch einfach abflacht, weil die Dynamik nicht mehr ertragen wird oder weil die Anstrengung für Patient wie Therapeut – ohne an Qualität zu gewinnen – zu gewaltig werden könnte.

Heilung und Integration

Die entscheidenden Fragen an die ideomotorische Ebene lauten nun:

Ther.: „Wissen Sie, was das Kind damals gebraucht hätte, um … (z. B. sich sicher zu fühlen, sich geliebt zu fühlen, um sich angenommen zu fühlen, um die Gefahr abzuwenden, um sich frei äußern und mitteilen zu können, um sich nicht schuldig zu fühlen, um aus der Not zu entkommen etc.)?"

FZ: ‚Ja'

Ther.: „Ist ein Teil in Ihnen bereit, dem Kinde das zu geben, was es damals gebraucht hätte, aber nicht bekam?"

FZ: ‚Ja'

Ther.: „Ist es Ihnen möglich, das *jetzt* **zu geben**?"

FZ: ‚Ja'

Ther.: „Sehr, sehr gut. **Dann tun Sie es … jetzt.** Ich rücke wieder an meinen Platz. Das können Sie nämlich am besten mit sich selbst zusammen. Lehnen Sie sich angenehm zurück und beobachten, wie schön sich das jetzt anfühlen kann. Nehmen Sie das Kind richtig in den Arm, wenn Ihnen danach zumute ist. Alles ist erlaubt."

Eventuell kommt es zu einer Armhaltung, als ob der Patient ein Kind an sich drücken würde.

Dieser Integrationsphase sollte eine Zeit von zirka fünf Minuten eingeräumt werden.

Abschließend bitte ich den **Finger für das ‚Neue' um ein Zeichen als Bestätigung der neu erworbenen Kapazität.** Danach begünstige ich beim Patienten eine Phase der tiefen Rekreation in Hypnose von etwa fünf Minuten.

Bei der hier skizzierten Anleitung handelt es sich um ein Schema, das selbstverständlich dem Kontext angemessen variiert werden kann. Die grundlegende Strategie empfehle ich aber beizubehalten (siehe Seite 243).

Bei ideomotorischen Antworten (oftmals nein), die den weiteren Prozeß zu blockieren scheinen, suche man nach den in Kapitel II.6.1 aufgezeichneten Möglichkeiten, das therapeutische Ziel mit weiteren ideomotorischen Fragen auf anderem Wege zu erreichen. „Machen Sie ein paar ruhige, tiefe Atemzüge und erinnern sich all Ihrer Kraft. Dann kann eine Zusage erfolgen." Oder: „Ach, noch nicht. Werden Sie irgendwann einmal bereit sein?" „Ja, vielleicht schon morgen?" etc.

6.5 Körperfarben: Gesunde Farbe in den kranken Bereich! Intervention bei psychosomatischen Erkrankungen

(nach David Cheek, modifiziert)

Indikation und Ziele

Diese von David Cheek bei einem Seminar in den 80er Jahren vorgestellte ideomotorische Intervention eignet sich zum Auffinden frühkindlicher traumatischer Ursachen von psychosomatischen Krankheitsbildern. In ihrer anschließenden hypnotherapeutischen Arbeit löst sie die Dynamik des Traumas auf und kann somit die Therapie einen entscheidenden Schritt in Richtung Selbstheilung vorwärts bringen.

Technik

Der Patient wird im Trancezustand gebeten, sich durch eine beliebige Art der Imagination (im Spiegel betrachten, durch den Körper reisen o. ä.) lebendig vorzustellen, sein gesamter Körper wäre durch verschiedene Farben repräsentiert. Das entstehende Bild wird dem Therapeuten in allen Einzelheiten beschrieben (z. B.: „Meine Hände und Arme sind warmrot, mein Kopf königsblau, meine Brust eher hellorange, die Beine ... das Gesäß ... der Rücken ... der Bauchraum ist dunkel, ja, man kann sagen graubraunschwarz."). Mit großer Wahrscheinlichkeit ist davon auszugehen, daß der Patient die gesunden Körperbereiche mit hellen, starken, leuchtenden Farben visioniert, während die erkrankten Bereiche in dunklen, bräunlichgrauen ‚Un-Farben' im Schatten liegen. An dieser Stelle geht man zur ideomotorischen Arbeit über und befragt via Fingerzeichen, ob auch diese Bereiche ehemals eine gesunde Farbe besaßen, was normalerweise bejaht wird. Nun wird die Bereitschaft gebahnt, sich dieser ehemaligen Zeit zu erinnern. Mit Hilfe ideomotorischer Signale wird hierfür eine Zeitregression initiiert. Halluziniert der Patient eine entsprechende Situation, oder wird sie zumindest per FZ angezeigt, bittet man ihn, jetzt schrittweise die Zeit wieder nach vorne ablaufen zu lassen, bis *das* passiert, was die gesunden Farben ausgelöscht hat. Das unbewußte Auffinden dieser Situation (des Traumas) soll der ‚Ja-Finger' durch eine Bewegung signalisieren. Erfolgt das Zeichen, erleben wir den Patienten tief berührt, und es ist nach der Methode ‚Arbeit am Kindheitstrauma' vorzugehen. Nach der dabei erfolgenden Integrationsarbeit ist über ideomotorische Signale abzufragen, ob jetzt etwas geschehen ist, was ermöglicht, daß Zug um Zug und mit weiterer therapeutischer Unterstützung wieder gesunde, vitale Farben in diesen Körperbereich Einzug halten können. Eine ‚Ja'-Antwort bzw. ein Signal des ‚Neuen' läßt nicht lange auf sich warten.

6.6 Drei Beispiele therapeutischer Arbeit mit ideomotorischer Bewegung

6.6.1 „Zwei linke Hände?" – Schema des ideomotorischen Vorgehens, aufgezeigt am Beispiel einer hypnotherapeutischen Kurzintervention

Hans ist Handwerker (mit abgeschlossenem naturwissenschaftlichem Studium), stammt aus einer Handwerkerfamilie, Anfang der Vierziger, das jüngste von fünf Geschwistern. Angstzustände, Phasen von Selbstwertverlust und Hoffnungslosigkeit und massive depressive Verstimmungen bringen ihn in die Psychotherapie. Auch verzweifelt er an seinem Manko, nicht ‚perfekt' zu sein. Er gibt an, daß ihm bei der Arbeit ‚viele Fehler unterlaufen', was er in einer Art persönlicher ‚Mängelliste' festhält. Natürlich schmettert ihn das noch zusätzlich nieder. Seine Ehe ist gefährdet.

4. Therapiestunde:
Ich erfahre: Als Hans klein war, wurde er von den Geschwistern gehänselt. Womit? Mit der sich über Jahre stets wiederholenden Feststellung: *„Du hast zwei linke Hände."* Diese, oberflächlich betrachtet, wenig bedeutungsvoll wirkende Aussage spiegelt exakt die unauffällig abwertende Familieninteraktion, an der der Patient noch heute krankt, wider.

Therapeutisches Vorgehen:
Wir installieren Fingerzeichen (ideomotorische Signale, IS). Da wir in den vorherigen Terminen schon mit Hypnose gearbeitet haben, bahnen sie sich komplikationslos.

Ther.: (Frage an Hans auf der ideomotorischen Ebene): **„Haben Sie zwei linke Hände?"**

IS: ‚Nein'- und ‚Ja'-Finger' heben sich fast gleichzeitig. Diese ‚doppelsinnige' Antwort veranschaulicht deutlich das Dilemma. Natürlich hat er *nicht* zwei linke Hände, und er hat sie doch.

Fragenfolge

1.) Frage nach der Erkenntnis auf der unbewußten Ebene:
Ther.: (Suggestion und Frage): „Das ist ja interessant. ‚Ja' *und* ‚nein'." Wie leise zu mir selbst gesprochen: „Da muß was falsch sein." Laut zum Patienten gesprochen: „Ist da was falsch?"
IS: ‚Ja'-Finger.

Eine weitere Verdeutlichung der Problemlage erübrigt sich. Der Patient hat längst ‚verstanden'.

2.) Frage nach der unbewußten Bereitschaft zur Veränderung:
Ther.: „Aha, jetzt kommen wir weiter. Wir können da etwas tun, etwas verändern. Sind Sie bereit, etwas zu verändern, damit es richtig wird?"
IS: ‚Ja'-Finger

3.) Frage nach der Fähigkeit:
Ther.: „Wissen Sie schon, *wie* Sie das tun werden?"
IS: ‚Ja'-Finger

4.) Frage nach der Erlaubnis:
Ther.: „Gibt es die innere Erlaubnis, das zu tun ... jetzt ... denn jeder, wirklich jeder Mensch hat nur *eine* linke Hand ...?"
IS: ‚Ja'-Finger

5.) Aufforderung zur Vertiefung des psychischen Veränderungsprozesses:
Ther.: „Ja, so einfach ist das. Und die linke Hand kann zusammen mit der rechten Hand, und die rechte kann zusammen mit der linken sinnvolle und gute Arbeit tun, kann sie doch, oder? ... Und alles geht so selbstverständlich ... wie von alleine ..."

Der Patient geht merklich tiefer und tiefer in Hypnose, ein langer, weiter Atemzug zeigt Erleichterung an.

6.) Verifizierung der geleisteten therapeutischen Arbeit, Rückkoppelung für den Patienten:
Ther.: „Das sieht sehr gut aus ... und alsbald kann etwas Besonderes geschehen. Es kann nämlich ein neuer Finger ein Zeichen geben. Ein Finger für das Neue, ein Finger, den wir noch nicht benutzt haben, ganz frisch sozusagen. Zwei Finger sind an der Hand noch übrig, und der ‚Neue' rührt sich nur bei wirklich Neuem, wenn etwas Altes sich auflöst, um Neuem Platz zu machen. Warten wir mal aufmerksam ab. Es ist gut, sich Zeit zu geben, vielleicht noch ein paar tiefe Atemzüge ..."
IS: Ein weiterer, vorher nicht bestimmter Finger hebt sich, erst sachte, dann deutlich.

7.) Posthypnotische suggestive Anregung, durch nächtliche ‚therapeutische Träume' die Entwicklung zu unterstützen:
Ther.: „Wunderbar, da könnte man richtig **‚neu-gierig'** werden. Vielleicht helfen Ihnen in den nächsten Nächten noch Ihre Träume weiter. Die sind zu vielem fähig ..."
(Pause)

8.) Anerkennung der geleisteten Arbeit, Erlaubnis der Erholung:
Ther.: „Gut, so ... Sie haben Arbeit geleistet ... ruhen Sie nun aus ... gehen Sie für eine angenehme Minute tief in Hypnose und ... lassen alles wirken und ... sich ganz von alleine Ihre Arbeit vervollständigen ... Sie atmen tief, schön ..."

Nach vier Wochen und weiteren zwei Therapiesitzungen bestätigt mir der Patient, daß er sich bei der Arbeit wohler, ruhiger und konzentrierter fühle. Probleme habe es keine gegeben. Mit gewissem Stolz berichtet er, wie ihn vor kurzem sein Chef angerufen habe, um die Klage eines Kunden zu übermitteln, weil eine Arbeit nicht ganz exakt ausgeführt worden sei. Nur im ersten Moment habe ihn das getroffen, dann habe er aber gleich überlegt, „ob er sich diesen ‚Schuh' anziehen solle". Die Arbeit war tatsächlich nicht 100%ig geworden, was aber an den Gegebenheiten lag. Er hatte sein Bestes getan und ließ sich die Laune durch den Anruf nicht verderben.

6.6.2 „Richtig sein"

Der gleiche Patient äußert innerhalb einer weiteren Sitzung, daß ihm seine berufliche Arbeit weiterhin leichter von der Hand gehe, aber immer noch ein vages Gefühl von ‚Nicht-richtig-Sein' in ihm rumore. Da im Rahmen der Sitzung keine Zeit mehr für die Berücksichtigung dieses Themas besteht, fordere ich ihn (erst einmal den einfachsten Weg ausprobierend) auf, in seiner Selbsthypnose und vor dem Schlafengehen einen Suchprozeß nach Ausnahmesituationen – nach Situationen, in denen es das Gefühl von ‚Richtig-Sein' gibt – in Gang zu setzen.

Beim nächsten Mal berichtet er mir, er sei fündig geworden. Aber nicht im Sinne von Auffinden positiver Situationen und Gefühle von ‚Richtig-Sein', sondern in der Bestätigung, daß er „in ein Gefühl von ‚Nicht-richtig-Sein' hineingeboren" wurde. Diese Erkenntnis sei aber ‚nicht direkt schlimm' für ihn, sondern erleichtere ihn eher, weil er jetzt Klarheit habe.

Wir kommen kurz darauf zu sprechen, daß er ein ‚nicht (bewußt) gewünschtes Kind' war. Die Mutter war bei der Geburt bereits Mitte Vierzig, das Geld bei schon vier Kindern – eines davon behindert – verhältnismäßig knapp. Kurz nach der Geburt erkrankte seine Mutter schwer und schwebte in Lebensgefahr. Der Patient wurde als Säugling aus diesem Grund eine Zeitlang von Verwandten aufgenommen.

An diesem Punkt bitte ich den Patienten um ideomotorische Signale: „Fragen wir das Unbewußte, damit wir andere Informationen erhalten, die uns weiterhelfen."

Ther.: (Frage an die FZ): „Belastet Sie eine Schuld?"

(Eine genauere Formulierung der Frage ist unnötig, da auf der unbewußten Ebene schon eine Kenntnis über das vorliegende Problem vorhanden sein muß.)

FZ: ‚Ja.'

Ther.: „Wenn Sie die Schuld loslassen werden, kann dann das Gefühl von ‚Richtig-Sein' anfangen zu wachsen?"

FZ: ‚Ja.'

Ther.: „Sind Sie bereit, die Schuld loszulassen?"

FZ (zaghaft): ‚Ja.'

Ther.: „Sind Sie bereit, jemand anderem zuliebe die Schuld loszulassen?"

FZ (stärker): ‚Ja.'

Ther.: „Ist es möglich, jetzt eine Vorahnung davon zu bekommen, wie sich das anfühlen kann, wenn Sie ‚richtig' sind?"

FZ: ‚Ja.'

Ther.: **„Gehen Sie jetzt tiefer in Hypnose und erlauben sich für eine kurze Weile, in dieses für Sie neue Gefühl hineinzuspüren. Wenn es sich als ‚richtig' anfühlt, wird der ‚neue Finger' das anzeigen."**

FZ: ‚Der Neue'

Der Patient erscheint bewegt, Tränen laufen ihm über die Wangen.

Ther.: „Sie machen es sehr gut so, bleiben Sie dabei. Fühlen Sie es, es tut Ihnen gut."

FZ: ‚Der Neue' bewegt sich ständig.

Ther.: „Das reicht, Sie kennen es jetzt. Es kann jetzt wachsen. Gehen Sie ab und zu während der Selbsthypnose in diesen Bereich."

Der Patient schlägt die Augen auf: „Es ist so süß schmerzlich."
Ther.: „Wie eine neue Geburt."
Pat.: „Ja, genau so fühlt es sich an."
Ther.: **„Schön, und in Übereinstimmung mit Ihrem Unbewußten werden Sie zur rechten Zeit die Schuld vollkommen loslassen ..."**

6.6.3 „Auf der Seite des Lebens entlangspazieren"

Die Patientin ist Anfang vierzig, als Säugling von der Mutter verlassen, im Kinderheim aufgewachsen, vom Bruder mißbraucht, hat wenige Jahre als Prostituierte gearbeitet, ist jetzt verheiratet und Pflegemutter von zwei türkischen Kindern, da trotz künstlicher Insemination der Kinderwunsch unerfüllt blieb. 1984 wurde ein Morbus Bowen (intraepidermales Karzinom) der Vulva diagnostiziert, worauf sich ein langjähriger Leidensweg mit einigen Operationen und weiteren Behandlungen anschloß. Als sich die Patientin im August 1996 mit dem Wunsch nach einer Hypnotherapie an mich wandte, ist der Befund noch positiv, inzwischen gilt sie als geheilt. Sie kommt in langen Abständen mit eineinhalb Stunden Anfahrt, praktiziert engagiert Selbsthypnose und konnte inzwischen vieles in ihrem Leben regeln und zum Positiven wenden.

13. Therapiestunde im Oktober 1997:
Sie ist begeistert von der ‚Fingerschluß-Methode' und benutzt diese häufig für Wohlgefühl und Entspannung – auch in der Sexualität („das mache ich dann heimlich"). Für ihr bislang unberücksichtigtes Raucherproblem wünschte sie sich nun auch so eine ‚einfache Lösung'. Sie raucht 30 bis 40 Zigaretten pro Tag, obwohl sie weiß, daß sie es lassen sollte, vor allem bei ihrer Anamnese.

Die Patientin bevorzugt Hypnose im Liegen:
Sie geht leicht in Trance, zeigt jeweils eine spontane Handlevitation und Fingerzeichen (FZ). Nach der Hypnoseinduktion wird sie auf

der unbewußten Ebene (die Antworten werden über FZ erwartet) folgendes gefragt:

Ther.: „Weiß ein Teil in Ihnen, daß Sie sich schädigen?"

FZ.: ‚Ja.'

Ther.: „Gibt es einen Teil, der das Rauchen trotzdem befürwortet?"

FZ.: ‚Ja.'

Ther.: „Liegt dafür ein tieferer Grund vor?"

FZ.: ‚Ja.'

Ther.: „Ist es in Ordnung, diesem Grund auf den Grund zu gehen, damit wir hier auch eine einfache Lösung finden?" (Der Nebensatz, damit ..., gibt dem Anliegen eine Bedeutung, was nach Erkenntnissen der Suggestionsforschung (Gheorghiu 1990) positiv motivierend wirkt.)

FZ.: ‚Ja.'

Ther.: „Dann lassen Sie sich jetzt Zeit zum Nachforschen, vielleicht sogar in Ihrer Vergangenheit ..."

Unwillkürlich bewegen sich alle Finger, was intensiver unbewußter Arbeit entspricht.

Ther.: „ ... um *dort* anzuhalten, auf einer Station Ihres Lebens, wo es etwas Wichtiges gibt, was mit dem Rauchen zu tun hat. Und der ‚Ja'-Finger zeigt an, wenn Sie es gefunden haben."

Die Patientin wirkt plötzlich geängstigt, was sich in Atmung und Gesichtsausdruck kundtut. Also verankere ich sie im Hier und Jetzt, als erwachsene Frau.

Ther.: „Und wie gut ist es zu wissen, daß heute der 20. Oktober 1997 ist und Sie sich bei mir in meiner Praxis in München am Wiener Platz befinden, hier auf dem schön gemütlichen Bett, als erwachsene Frau, die schon so viele Dinge in ihrem Leben bewältigt und zum Guten verändert hat. Und der ‚Ja'-Finger kann deutlich ..."

Keine Bewegung, kein FZ.

Ther.: „Es geschieht gerade etwas in Ihnen. Sagen Sie es mir doch, Sie können sprechen!"

Pat.: „Ich habe Angst."

Ther.: „Sie haben Angst. Angst wovor?"

Pat.: „Weiß nicht."

Ther.: „Gut, mag sein, die Angst führt uns auf die richtige Spur. So finden wir das in Ihnen, was da eine Art Eigenleben treibt und Sie beunruhigt. Es ist sinnvoll, es zu entdecken und auf die bewußte Ebene zu hieven. So verliert es an Macht, und die frei werdende Energie gibt dann viel Kraft."

(Die Angst wird akzeptiert und als Motor für den weiteren Prozeß benutzt.)

FZ: ‚Ja.' (Das Zeichen bestärkt mich weiterzugehen.)

Ther.: „Wohin führt uns jetzt die Spur zurück? In eine Zeit, in der Sie jünger als zehn Jahre waren?"

FZ: ‚Ja.'

Ther.: „Jünger als fünf Jahre?"

FZ: ‚Nein.'

Ther.: „Fünf Jahre?"

FZ: ‚Nein.'

Ther.: „Sechs Jahre?"

FZ : „Nein."

Ther.: „Sieben?"

FZ.: ‚Nein.'

Ther.: „Acht?"

FZ: ‚Nein.'

Ther.: „Neun Jahre?

FZ: ‚Ja.'

(So pirscht man sich an die Stelle des Traumas heran.)

Ich habe da so eine Idee und sage: „Hat das Mädchen von damals eine Entscheidung getroffen, zu der es heute noch steht, obwohl sie nicht mehr sinnvoll ist?"

Die Patientin wirkt bewegt, sie spricht: „Es geht um Selbstmord." Sie weint.

Ich berühre sie am Arm, bin bei ihr.

Mir fällt gerade keine passende weitere Intervention ein, so gebe ich diese Aufgabe an die Patientin weiter anhand der Frage: „Wissen Sie schon, welche Frage Sie jetzt weiterbringen würde?"

Pat.: „Ja! Welcher Teil ist stärker, der, der überleben will, oder der andere?"

Diese Antwort macht die innere Pattsituation der Patientin deutlich. Weder der lebenswillige Teil ist lebensfähig, da er den anderen an seiner Seite mitschleppt, noch der andere Teil. Als Therapeut außerhalb des Systems stehend, kann ich eine neue Instanz einführen. Ich nehme die Frage auf, erweitere aber den Kontext:

Ther.: „Ja, nehmen wir an, es gibt diese zwei Teile, vielleicht gegensätzlich wie ein unterschiedliches Geschwisterpaar. Da könnte es aber nun genauso – weshalb auch nicht – noch einen dritten Teil, sagen wir eine dritte Instanz, eine gute mütterliche Instanz geben, die die zwei mal „anständig ins Gebet nimmt", so daß die beiden anfangen, sich zu unterhalten und auszutauschen und nicht gleich, aber irgendwann sich zu nähern ..."

Die Patientin geht offensichtlich tiefer in Trance, entspannt sich.

Ther.: „... und sich einander zuzuwenden, ohne daß *wir* das verstehen müssen."

FZ (unaufgefordert): ‚Ja.'

Die Patientin legt beide Hände auf ihren Bauch.

Als Verifizierung der geleisteten Arbeit frage ich nach der Bestätigung des ‚neuen' Fingers.

Ther.: „Und wenn sich jetzt Neues bahnt, wird der Finger für das Neue – als Hinweis für die Weiterentwicklung – ein deutliches Zeichen geben."

Erst zögernd, dann heftig, bewegt sich der Finger für „das Neue".

Ther.: **„Sehr schön, da können Sie stolz auf sich sein. Sie wollen doch auf der Seite des Lebens entlangspazieren, gell?"**

Die Patientin reagiert mit einem deutlichen ideomotorischen ‚Ja'.

Es folgt die Beendigung der etwa 25minütigen Hypnose.

Als die Patientin nach drei Wochen wieder in die Therapie kommt, berichtet sie, daß das Rauchen sich in den ersten zwei Wochen schrittweise – für ihre Verhältnisse ‚drastisch' – auf zehn Zigaretten pro Tag reduziert habe. So wenig habe sie mindestens zehn Jahre nicht geraucht. Sie sei ‚selber erstaunt' gewesen, wie sie ‚ganz von alleine, ohne Druck' weniger und weniger geraucht habe. Es sei ‚ganz von alleine passiert'. In der dritten Woche habe das Rauchen aber wieder zugenommen, da sie einem Gerichtstermin bezüglich ihrer Pflegekinder entgegensah. Da sei sie außergewöhnlich angespannt gewesen. Sie würde nach dieser Erfahrung aber eine Sicherheit verspüren, nach und nach das Rauchen lassen zu können.

Dem aufmerksamen Leser ist sicher aufgefallen, daß ich in der vorangegangenen Stunde nicht nach dem Inhalt der ‚Entscheidung' gefragt habe. **In der Hypnotherapie läßt man Tatsachen stehen, will nicht ‚wissen', nicht interpretieren oder erklären. Das braucht, scheint es, Geduld? Nein, seelische Vorgänge können sich sogar leichtfüßiger und schneller vollziehen, wenn man ihnen einfach Raum gibt. Sie ereignen sich dann wie von alleine.** So ‚weiß' die Patientin in der nachfolgenden Sitzung ‚bewußt' die ‚Entscheidung'. Sie hieß: „Mein Bruder vergewaltigt mich, weil er mich für schlecht hält, denn sonst würde er es nicht tun. Wenn ich mich aber umbringe, werden er und alle anderen merken, daß ich doch gut bin, weil ich dann nur noch Seele bin. Und er wird alles bereuen und mich dann lieben." In Kurzform: ‚Ich bringe mich um, damit ich geliebt werde.' (Der Bruder geistert immer noch im realen Leben der Patientin herum und versucht, sie um Geld zu betrügen, das heißt, die Klärung der Beziehung ist noch nicht durchgestanden.) Nachdem der unbewußte Prozeß auf der bewußten Ebene erinnert wurde, kann die ‚Entscheidung' aus der Mädchenzeit in der Tiefe der Seele keinen Schaden mehr ausüben. Die pathologische Dynamik ist gelöscht, was einen weiteren Schritt zur psychophysischen Heilung bedeutet.

In dieser Sitzung ist die Patientin ihrem Jugendtrauma, das sie in einer der letzten Nächte wiederum durch Alpträume in Angstzustände versetzt hatte, sehr nahe, so daß wir beschließen, ihren Traum hypnotherapeutisch zu bearbeiten (siehe Technik hypnotherapeutische Traumarbeit.)

Kapitel 7

Aussteigen aus pathologischen ‚Ich-Zuständen' – Auflösen der Symptomtrance im prozeßorientierten Vorgehen

Merke: Die pathologische Symptomatik manifestiert sich in hypnotischen Phänomenen.

Indikation und Strategie

Beschreibt ein Patient ein Problem/Symptom, in welches er immer wieder wie automatisch hineinrutscht und das in einer Krise, einer Panikattacke, einem Streit oder einer Art Katastrophe endet, ist die Technik ‚Aussteigen aus den Ich-Zuständen' eine erfolgreiche Intervention mit tiefer Wirkung. Sie basiert auf der ‚Ego-State'-Theorie und -Praxis von Watkins und Watkins. Der Patient versetzt sich dabei in seinem inneren Bild zuerst in einen normalen, gesunden ‚Ich-Zustand', um dann **im Stehen und Gehen im Raum auf einer imaginierten ‚Zeitlinie' Schritt für Schritt den Prozeß der Symptomentwicklung nachzuvollziehen**. Nach einer Momentaufnahme (wie wenn der ‚Film' der Handlung angehalten wird) in der miserablen Situation, wo er alle Sensationen nach unten beschriebenem Modell konkret nachzufühlen und zu beschreiben hat, tritt er aus dieser Situation heraus. Es folgt das Auflösen des tranceartigen Symptomzustandes.

Voraussetzung für die Tiefe der Arbeit ist die aufmerksame und nahe Begleitung des Therapeuten.

Ziel

Der Patient lernt, seine ‚Ich-Zustände' bewußt/unbewußt zu wechseln und nicht nur Kontrolle über sein Symptom zu erhalten, sondern über ein breiteres Spektrum von Optionen auf der Gefühls- und Verhaltensebene zu verfügen.

Methodisches Vorgehen
Patient und Therapeut vereinbaren, an dem betreffenden Konfliktzustand zu arbeiten. Der Patient wählt eine entsprechende, konkrete Situation aus der (jüngeren) Vergangenheit aus, die er kurz beschreibt.

Der Patient stellt sich in den Raum, der Therapeut dicht in seine Nähe. Nun versetzt sich der Patient in der Phantasie zuerst in eine konkrete, positive Situation, in der er sich ‚pudelwohl' fühlt, wo ‚die Welt in Ordnung' ist, wo es ihm einfach gutgeht. Hier beantwortet er der Reihe nach alle unten aufgelisteten Fragen. Der Nachvollzug einer positiven Situation am Anfang verdeutlicht besser das folgende pathologische Geschehen, da der Patient (im Gegensatz zu später) anfangs alle Fragen noch mit positiven Aussagen beantworten wird. Daraufhin übertritt er eine imaginäre Schwelle und landet damit auf der sogenannten ‚Zeitlinie', einer gedachten geraden Linie auf dem Boden, die von ihm ungefähr fünf Meter geradeaus wegführt. Auf ihr werden in chronologischer Reihenfolge die Ereignisse, die in das Symptom führen, lokalisiert. Am Ende dieser Linie kann der Eklat, der Höhepunkt des Geschehens oder des Symptoms mit irgendeinem Ding (Kissen, Stein, Blatt Papier) symbolisiert werden. Der Patient soll nun den wirklich *allerersten* Moment des Krisengeschehens zu fassen bekommen. Das kann allein der Gedanke an die bevorstehende Möglichkeit der Krise, die Antizipation des in der Realität noch gar nicht angefangenen Problemablaufes sein. An dieser Stelle ist die konkrete Situation – am besten mit geschlossenen Augen – zu vergegenwärtigen. Dazu ist (natürlich auch wieder in der Phantasie) in die Kleider dieses Momentes zu schlüpfen und z. B. das Telefon mit dem erwarteten, (vermeintlich) bedrohlichen Anruf klingeln zu hören. Hier wird der Prozeß gestoppt, und es sind ihm wiederum die unten genannten Fragen zu stellen. Es wird sich hierbei offenbaren, daß die Hypnosephänomene in pathologischer Weise schon von ihm Besitz ergriffen haben.

Die Fragen an den Patienten, den positiven Zustand und weiterhin den pathologischen Prozeß der Symptomtrance betreffend, erkundigen sich nach den hypnotischen Phänomenen:

1. **Zeitwahrnehmung,** Fluß der Zeit
Frage: „Wie vergeht für Sie jetzt momentan die Zeit? Vergeht sie, wie die Uhr sie anzeigt oder anders, schneller oder langsamer?"

2. **Energiepegel**
„Was passiert gerade mit Ihrer Energie?"

3. **Körperwahrnehmung,** Veränderung des Körperschemas
„Fühlen Sie Ihren Körper? Was fühlen Sie?"

4. **Fokus der Aufmerksamkeit**
„Sind Sie mehr nach außen orientiert oder mehr innerlich mit sich beschäftigt?"

5. Momentane **Selbstsuggestion**
„Was sagen Sie sich gerade in diesem Moment?" Oder: „Welcher Gedanke herrscht gerade vor?"

6. **Zeitregression, -progression**
„Wie alt fühlen Sie sich gerade?"

7. **Zugang zu Ressourcen**
„Inwieweit können Sie noch spielerisch mit der Situation umgehen?", „Was fallen Ihnen für Varianten des Verhaltens ein?", „Wie steht es um Ihren Humor?" „Wie ist der Kontakt mit Ihrer Intuition?"

8. **Erinnerungsfähigkeit** (Amnesie?)
„Welchen Zugriff haben Sie zu Erinnerungen, die Ihnen helfen können, das Problem zu überwinden?"

9. **Hypermnesie**
„Was für eine Situation kommt Ihnen in diesem Zusammenhang in den Sinn?"

10. **Angst vor Kontrollverlust**
„Gibt es noch Möglichkeiten, die innere Kontrolle wieder zu erhöhen?"

Auf alle diese Fragen gibt der Patient nach Übertreten der ‚Schwelle' dem Symptom entsprechend veränderte Wahrnehmungen an, die sich im Verlauf des Prozesses zunehmend intensivieren:

zu 1) „Die Zeit bleibt stehen." „Sie rast wie ‚verrückt'."

zu 2) „Die Energie ist wie vom Boden verschluckt." Oder: „Ich platze vor Erregung." Wir hören von Schweißausbrüchen, Zittern, Herzklopfen und weiteren vegetativen Reaktionen.

zu 3) „Ich fühle meinen Körper nicht mehr." Oder: „Meine Arme werden auf einmal seltsam lang und groß, so daß sich meine Angst noch mehr steigert." Oder: Gefühle des Sinkens, Schrumpfens, Wegkippens, des Verlierens von Boden unter den Füßen.

zu 4) „Ich sehe nur noch die anderen mich beobachten." Oder: „Ich bin in mir völlig aufgelöst, eine Außenwelt existiert nicht mehr." Oder: Außen- und Innenwelt können nicht mehr getrennt wahrgenommen werden.

zu 5) „Ich sage mir, daß ich immer der gleiche Idiot bin", „du Versager", destruktive Selbstbeeinflussung durch zumeist negative Botschaften aus der Kindheit.

zu 6) „Ich fühle mich fünf Jahre alt." Oder: „Ich bin uralt."

zu 7) „Ich habe einen totalen Block." Verlust von Varianten, mit der Situation flexibel umzugehen.

zu 8) „Ich fühle mich wie ‚steckengeblieben'."

zu 9) „Ich sehe auf einmal meinen betrunkenen Vater vor mir." Spontanes Auftreten ‚alter Filme', früherer, fehlgeschlagener Situationen, die mit der heutigen ‚eigentlich' nichts zu tun haben.

zu 10) „Ich habe Angst, verrückt zu werden." Starke Gefühle der Wehrlosigkeit und Ohnmacht.

Zu diesem Zeitpunkt erfolgt die **Auflösung:** Der Patient wird aufgefordert, die Augen wieder zu öffnen. Damit trennt er diese Situation von dem folgenden Schritt. Er tritt zirka zwei Meter auf der Höhe des jetzigen Standpunktes zur Seite, atmet tief durch, schließt wiederum die Augen und geht in einen positiven, guten Trancezustand. Ich stehe dabei immer dicht neben dem Patienten, berühre jetzt stärkend seinen Rücken und fordere ihn auf, den Boden unter den Füßen zu spüren, den Rücken zu strecken und mit seiner Kraft Kontakt aufzunehmen:

„Treten Sie zwei Meter zur Seite, entsteigen Sie diesem ‚Ich-Zustand', gehen Sie in eine angenehme, positive Trance und somit in einen guten ‚Ich-Zustand'. Spüren Sie den Boden unter den Füßen, mit den Fersen, den Ballen, den Zehen. Strecken Sie sich, wachsen Sie innerlich wieder zu dem, der Sie sind. Atmen Sie ein paarmal ruhig und tief durch und werden innerlich weit und wieder so alt, wie Sie eigentlich sind, mit der entsprechend langen Lebenserfahrung. Verweilen Sie ruhig für eine Minute an einem schönen Ort, der Ihnen guttut. Und wenn Sie wieder ganz sicher und gelassen in sich ruhen, nicken Sie leicht mit dem Kopf, um es mich wissen zu lassen."

Hat der Patient den ‚Ich-Zustand' wechseln können, frage ich nach, ob ihm hier, von außerhalb, etwas an sich selbst in der Symptomsituation auffällt und ob er schon eine hilfreiche Strategie weiß. Wenn nicht, ist das auch in Ordnung. (Ein Pianist, der bei mir einige Stunden Hypnose gegen sein übergroßes Lampenfieber für die Examensprüfung ‚nahm', überschüttete in der Phantasie seine Gestalt in der Angstsituation mit einem Kübel wunderschöner goldgelber Farbe. Inzwischen ist er stolz auf sein Engagement bei der Staatsoper.) Nun lasse ich den Patienten wieder den *gleichen* Standpunkt, d. h. die gleiche Situation wie eben auf der ‚Zeitlinie' einnehmen und nachspüren, was sich jetzt verändert hat. Das soll er dann konkret beschreiben. Die Frage lautet dabei natürlich nicht: „Ist es jetzt weniger schlimm?" Oder: „Ist es jetzt mit der Panik besser?" Als Standardsätze gelten: „Prüfen Sie jetzt bitte nach, was anders ist. Beobachten Sie bitte sehr aufmerksam und teilen mir Ihre Wahrnehmungen dann mit!" Oder einfacher: „Was ist jetzt anders?"

Danach können ein bis zwei weitere Durchgänge in chronologischer Fortsetzung des pathologischen Geschehens in der gleichen Methode bearbeitet werden. Da diese Intervention überaus anstrengend ist, sollten sich aber nicht mehr als höchstens drei Durchgänge wiederholen. Dann frage man: „Meinen Sie, die Geschichte würde jetzt noch den gleichen Ausgang nehmen?“ Normalerweise wird das verneint.

Dann setze man sich wieder hin und zeige sich als Therapeut von der großen Fähigkeit, ‚Ich-Zustände‘ zu wechseln, beeindruckt. Dabei ist zu betonen, daß **nach dieser Arbeit das krankhafte Geschehen niemals wieder nach dem gleichen Schema ablaufen könne, da in Mikroschritten die Auslöser entkoppelt** sind. Natürlich hat diese Aussage (die auf therapeutischer Erfahrung beruht und Wahrheitsgehalt hat) suggestive Wirkung, da der Patient immer noch von der gerade geleisteten Arbeit absorbiert ist. Danach knüpft sich die – rein rhetorische – Frage an, ob der Patient diese Fähigkeit nun wohl einfach spontan und unbewußt oder bewußt, mit der Sicherheit im Rücken, daß er ja aus der Symptomtrance aussteigen könne, einsetzen werde. Ansonsten bitte keine Diskussion, keine Aufschlüsselung, keine Interpretation des Patienten erlauben, sondern die Stunde strikt beenden!

In dieser Arbeit wird die Phantasiefähigkeit eines Menschen besonders deutlich. Bei reicher Vorstellungskraft können wir davon ausgehen, daß der Patient seine neu erworbene Fähigkeit spielerisch und kreativ verwenden wird. Die Patienten, die sich mit nur schwacher Vorstellungskraft in die Szenen versetzen, geben uns als Therapeuten einen Gradmesser, wieviel wir ihnen abverlangen können.

Zur Verdeutlichung des Bewegungsschemas soll diese Skizze helfen:

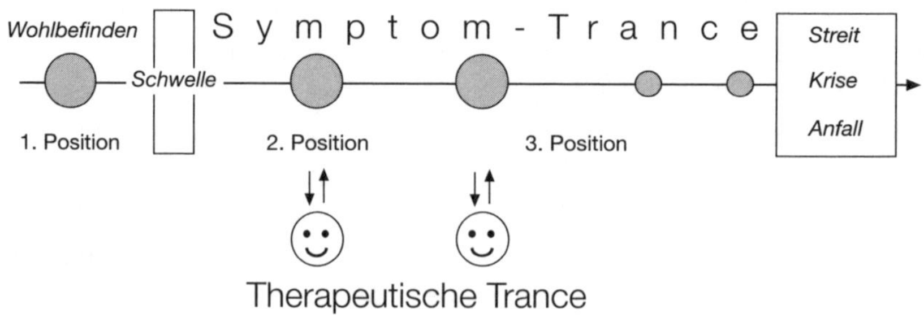

Kapitel 8

Zehn hypnotherapeutische Phantasiereisen

8.1 ‚Obstschale' – Halluzination auf allen Sinneskanälen

Diese Übung zum Training von Visualisation und Halluzination ist betont langsam und mit Pausen versehen anzuleiten. So verfügt der Zuhörende über genügend Zeit, um den Text in Bilder und Gefühle umzusetzen.

Text

„Nimm Abstand von allem, was dich eben noch beschäftigte und entspanne dich.

Schließe dafür die Augen, und atme ruhig und tief.

Gut.

Begib dich nun an einen Ort, der dir gefällt und der dir guttut.
In eine Oase der Stille …
an einen Quell sprudelnd klaren Wassers …
auf die Veranda eines tropischen Hauses, eingebettet in üppiges Grün …
ein Ort deiner Wahl, an dem du dich vollkommen geborgen und aufgehoben fühlst.

Schau dich dort um.
Sei ganz aufmerksam.
Betrachte alles genau.
Beobachte, welche Farben sich dir zeigen,
welches Licht- und Schattenspiel.

Horche, ob es etwas zu hören gibt …

Atme mal tief ein … nach was riecht es?

Tauche so in deine neue Umgebung ein und spüre nach,
wie du dich wohler und wohler fühlen kannst:
warm, angenehm gelassen und gelöst.

Nun kannst du zu deiner Überraschung entdecken,
wie auf einmal ein kleiner Tisch aus edlem Holz,
von unsichtbarer Hand und wie auf der Theaterbühne,
in die Szene hereingeschoben wird.
Und er bleibt direkt vor dir stehen.

Auf dem Tisch befindet sich eine Schale mit Obst.
Welch schönes Bild!
Prachtvoll sattreife Früchte, kunstvoll arrangiert, ineinandergeschmiegt, lachen dich an.
Früchte aller Farben, aller Formen.

Wie ihre Oberfläche samtig schimmert!
Und wie der Wassertropfen auf der einen Frucht als Vergrößerungsglas wirkt,
die Poren der Schale zeigend, das Licht spiegelnd,
leicht, noch zitternd von der Bewegung des Tischchens,
vielleicht ein Tautropfen nur und doch eine kleine Welt für sich ...

Dies alles mag dich an die Gemälde alter Meister erinnern,
diese wunderbaren Stilleben mit den Früchten zum Hineinbeißen.
Und es gelüstet dich eine bestimmte Frucht.
Zu verführerisch!
Das Aroma längst auf der Zunge, streckst du jetzt in deiner Vorstellung den Arm
und greifst begehrlich nach einer bestimmten Frucht.

Während du von außen gesehen tief entspannt und bewegungslos in Ruhe bist,
vespürst du in der inneren Wirklichkeit die Bewegung deines Armes,
das Greifen deiner Hand, das Tasten der Fingerspitzen,
und genießt den Duft,
und besonders den, den deine Frucht verströmt.

Du spürst die Festigkeit des Fruchtfleisches,
fühlst das Gewicht in deiner geöffneten Hand.

Und in dem Moment, in dem die Frucht deine Hand füllt,
bringt sie dich wie im Märchen durch Zauberkraft in einen Traum:
in den Traum von der Lebensgeschichte deiner Frucht.
Er läßt dich in das Geburtsland deiner Frucht wandern.
Zu der Erde, die sie zeugte …
Wo sie Knospe war, dann erblühte …
Unter welcher Sonne ist sie herangewachsen und gereift?
Welche Sprache hat sie vernommen,
welchen Liedern gelauscht, welches Lachen gehört …?
Welch Auge hat sie gefällig geschaut,
welche Hand sie umsorgt und gepflückt?
Wie ist sie verpackt worden? Vielleicht verschifft?
Welchen Weg, welch weite Reise hat diese Frucht genommen,
um hierher zu kommen, sich in deiner Hand zu wiegen …
um dir Genuß zu bereiten …?

Eine besondere Frucht, die dir munden wird.

Du kannst es nicht mehr erwarten,
so öffnest du sie, teilst sie, um davon zu kosten.
Den Geschmack im Munde, läßt du ihr Fleisch auf der Zunge zergehen
und bist für einige Momente ganz hingegeben, ganz betört …

Versunken in Wohlbefinden …
heitere Klänge, ein wundervolles Bild …

Noch ohne genauer zu wissen, wofür du diese Erfahrung wirst nutzen können,
gibst du jetzt deinem Erlebnis den passenden Rahmen
und ordnest es ein in dein inneres Haus.
Und wann immer du deine Vorstellungskräfte brauchen wirst,
daß sie dir helfen mögen,
deine Ziele zu verwirklichen, werden sie dir greifbar sein.

Laß es nun noch für ein paar Sekunden ganz still in dir werden,
daß du dein Erlebnis in Ruhe abschließen mögest,
um danach erholt und guter Dinge
wie aus einem süßen Traum zu erwachen,
erfrischt und ganz klar."

Zur Überprüfung der Vorstellungsfähigkeit kann anschließend nach der Sorte der gewählten Frucht gefragt werden. Oftmals wird daraufhin mit Erstaunen die Intensität der Erfahrung beschrieben. (Es versteht sich, daß diese Übung für Personen mit Obstallergien ungeeignet ist. Es ist dann etwas Entsprechendes [Blumenstrauß, Gemüsemarkt] zu erfinden.)

8.2 ‚Energie-Torbogen' – in der eigenen Kraft stehen

Energetisierende Übung (20 Minuten), auch zur Selbsthypnose geeignet

Anleitung

„Winkeln Sie die Ellenbogen an und halten die Hände so, daß sich die Handflächen gegenüberstehen. Die Fingerspitzen beider Hände sind sich nahe, halten aber einen Abstand von ein bis zwei Zentimetern.

Auf diesen Zwischenraum konzentrieren Sie Ihre ganze Aufmerksamkeit. Beobachten Sie, was von nun an alleine in diesem kleinen Feld zwischen den Fingerspitzen passiert. Binnen kurzem wird sich da nämlich etwas tun. Eine Art Kribbeln oder ein Wärmegefühl wird spürbar werden. Es kann sich auch wie ein Fließen von Energie, von warmer Energie zwischen den Fingerspitzen der einen Hand und denen der anderen Hand anfühlen.

Diese Empfindung kann sich jetzt sogar ausbreiten: von den Fingerspitzen bis zum Endgelenk der Finger, dann weiter bis zum Mittelgelenk und dann bis zu den Grundgelenken hinunter.

Dieses warme, kribbelnde, fließende Gefühl kann schließlich alle Finger über ihre gesamte Länge erfüllen, von den Fingern der einen

Hand zu denen der anderen.
Gut.
Und nun kann diese Energie bis zu den Handgelenken weiterfließen. Sie breitet sich weiter ganz über die Hände aus, so daß die Hände vollkommen durchströmt sind, und Sie werden von dieser Empfindung auf besondere Weise absorbiert.
Ein Gefühl, das auch eine Farbe annehmen kann, eine Farbe der warmen, goldenen, sonnigen Energie, die in und zwischen beiden Händen fließt. So gewinnt der Raum zwischen Ihren Händen an Licht und Kraft. Ein Energiefeld besonderer Art …

Gut.

… als halte man den ganzen Sonnenball in den Händen …

Und nun geschieht etwas Hervorragendes:
Mit jedem Einatmen gewinnen Ihre Hände an Größe,
wobei Ihnen Ihre Phantasie mit der Vorstellung vom Aufblasen eines Luftballons hilft.
Die Hände wachsen und wachsen und werden größer,
von dieser guten, gesunden, kräftigen Energie durchströmt.
Und die Energie austauschend von der einen zur anderen,
bilden Ihre Hände ganz allmählich einen richtigen Torbogen.
Einen großen, prächtigen Energie-Torbogen, wie geschaffen für Sie.
Ihre Gestalt, Ihre ganze Person findet darin Raum.
So begeben Sie sich da hinein, ganz aufmerksam,
um Kraft, Schutz, Wärme aufzunehmen
und in die sonnig-warme Farbe mit heilsamer Wirkung einzutauchen.

Und vielleicht verbleiben Sie ruhig, ganz versunken, vielleicht schwingt Ihr Körper sanft im Fluß der Energie, vielleicht beginnen Sie zu tanzen …

Und mag sein, Sie vernehmen dort einen Klang, den niemand sonst hören kann, eine Frequenz heilender Töne, die tiefe Harmonie auszulösen vermag …

Bleiben Sie dabei, genießen Sie, tanken Sie auf!

Und wie für Hypnose natürlich,
wird es möglich sein, daß Sie sich innerhalb des Energie-Torbogens befinden
und sich gleichzeitig von außerhalb dort stehen sehen.
Sie sehen sich dort, überströmt mit friedlicher, wohliger Ruhe
und wundern sich vielleicht ...

und Sie wandern hinein und auch wieder hinaus und probieren den Unterschied aus ...

Und nehmen Sie sich alle Zeit in Ihrer Zeit für weitere ruhige Atemzüge,
bis Sie intensiv fühlen werden,
wie eine besondere Wärme und Kraft Ihren Körper durchströmt.
Und mag sein, eine Helligkeit fängt an, Sie zu durchfluten.

Und ich frage mich, ob Sie wohl schon verspüren,
daß die Sonne jetzt dahin zu scheinen vermag, wo bislang Schatten war ...

Warum sollten Sie das nicht tief genießen?

Auch wenn Sie bewußt alles vorerst nur vage verspüren,
Ihr Körper wird es bemerken:
den schützenden Halt, die nährende Kraft,
womit das Herz an Raum gewinnt,
die Seele an Licht und Luft
und der Kopf an Klarheit.

Und Sie sind ganz bei sich, in Ihrer Mitte.

Und jedes Gefühl ist erlaubt,
und jedes Gefühl, das fließt, macht uns leichter und freier und weiter
und fördert inneres Wachstum.

Gut.

Und sobald Sie das genügend ausgekostet haben,
werden Ihre Hände sich ganz von alleine aus dieser Haltung lösen und sachte niederschwebend auf Ihren Körper legen, dahin, wo es ihm guttut.

Und jedes Mal, wenn Sie die Übung wiederholen werden,
wird sie den inneren Schutz erhöhen und Ihre innere Kraft nähren.

Gut.

Machen Sie diese Erfahrung nun auf tieferer Ebene rund und stimmig,
womit Sie all die Wärme,
die Kraft,
das Leuchten,
die Ruhe
und die innere Gelassenheit bewahren.

Und Sie werden von alleine das Bedürfnis verspüren, die Hypnose abzuschließen und klar und frisch und mit einem inneren Strahlen wieder hierherzukommen."

8.3 ,Basar' – die Fundgrube in der Tiefe

Eine hypnotherapeutische Reise zum Auffinden eigener Kräfte und Fähigkeiten

Nach der Hypnoseinduktion erfolgt die Aufforderung zur örtlichen Dissoziation, z. B. in einen weitläufigen Park auf eine Wiese:

„Schauen Sie sich dort ein wenig um,
das satte Grün der Pflanzen und Bäume, die Farbigkeit der Blumen …

Auf einmal bemerken Sie, daß irgendwo, vielleicht mitten im Gras, im wärmenden Sonnenlicht etwas liegt, das wie ein Teppich aussieht … Und es ist auch ein Teppich, wie von Zauberhand ausgebreitet für Sie …

Natürlich kennen Sie die Geschichte vom ‚Fliegenden Teppich' und Ihr Interesse ist geweckt.

Sie gehen hin, schauen sich den Teppich näher an, die Farben, die Muster …
und … mit aller Neugierde, was geschehen wird,
und aller Zuversicht und allem Vertrauen
nehmen Sie einfach mal darauf Platz,
ein wenig aufgeregt, aber wie heißt es doch … ‚daß man sich darauf setze …'

Und kaum haben Sie sich darauf niedergelassen,
fängt er an, sich sachte zu heben … und zu schweben …
ganz sanft und behutsam und völlig sicher höher und höher,

während Sie tiefer und tiefer in Hypnose gleiten …

Und was flattert da an Ihnen vorüber, streift fast Ihr Gesicht?
Ein Schmetterling, eine Libelle?
Und Sie sehen alles, was Sie eben noch um sich herum beobachten konnten, nun von oben.
Die Luft ist anders dort, frischer, klarer.
Sie fühlen sich ganz sicher, ganz angenehm, getragen wie auf unsichtbaren Schwingen,
und voller Abenteuerlust.

Und Sie schweben über die Landschaft in einer Höhe, die gerade die richtige für Sie ist.
Und wenn es zu hoch ist, lassen Sie es etwas niedriger werden,
und wenn es zu niedrig ist, lassen Sie es etwas höher steuern,
über Bäche und Wiesen, über Berge und Täler,
und über andere Landschaften, die nicht Ihre von zu Hause sind.

Über Landschaften, weiter und weiter entfernt,
über Meere und unbekannte Regionen,
über Wüstengebiete mit schönen Formationen,
die sich in gleißendem Licht unter Ihnen ausbreiten.

Und bevor Sie sich versehen, können Sie in der Ferne eine Stadt vermuten,
eine orientalische Stadt mit kubischen Häusern, Minaretten und Kuppeln und Palmen.
Und Sie wundern sich vielleicht: Sie kommen näher und näher,
und segeln zwischen den Häusern hindurch, ganz geschickt,
es ist unglaublich, wie dieser Teppich das schafft …

Tiefer und tiefer,

so daß man jetzt die Geräusche der Stadt vernehmen kann.
Lachen von Kindern, Geschwätz der Alten, das Rufen der Händler,
ein Esel schreit sein kläglich Lied.
Nun schwebt der Teppich hernieder,
berührt den Boden und landet direkt vor einem verheißungsvollen Tor.
Ein wunderschöner, riesiger, steinerner, arabischer Torbogen,
der Eingang zum orientalischen Markt, dem *Basar.*
Tatsächlich ‚Tausendundeinenacht' … und Sie mittendrin!
Sitzt das Kamel nun rechts oder links vor dem Tor, schauen Sie mal!

Sie steigen jetzt ab und strecken die Glieder.
Das ist ein Gefühl, wieder auf der Erde zu sein!

Ganz tief im Inneren wissen Sie auf einmal, Sie haben etwas zu erledigen,

und Sie gehen hinein, in diesen Basar
mit seinen Stimmen, deren Klang aufregend fremdartig für Sie ist.
Und gehen tiefer und tiefer in diese Sträßlein, jedes mit anderen Waren.
Welch Spiel der Farben!
Flirrendes Sonnenlicht, das ab und zu durchdringt und alles geheimnisvoll beleuchtet!
Welche Gerüche, alle Gewürze des Orients:
Pfeffer … Zimt … Nelken … Kardamom … Vanille … Kaffee … und Rosenöl …

Verkäufer, ihre Waren anbietend:
Stoffe und Tücher in der einen Seitenstraße, Töpfe und Messingwaren in der nächsten
und in der übernächsten Schmuck, Gold und Silber in filigraner Arbeit.
Musik, von irgendwoher diese arabische Musik mit ihrem eigenen Rhythmus,
ihrem eigenen Klang ...
Und vielleicht faßt man Sie an und sagt: „Merhaba! Komm her, schau mal, was ich habe!"
Sie gehen an allem vorbei, Sie wissen: *Das ist es nicht.*
Und Sie gehen weiter und weiter und Ihre Füße tragen Sie ganz von alleine.
Und Sie wechseln von einer Gasse in die nächste und die übernächste –
und wenn Sie bewußt überlegen würden, würden Sie denken:
„Ach du meine Güte, hoffentlich verlaufe ich mich nicht."
Aber ein tiefes Wissen bestärkt Sie,
und Sie fühlen, Sie sind goldrichtig, auf der richtigen Spur.
Und Sie gehen weiter und weiter, tiefer und tiefer in das Herz des Marktes,
biegen nochmals in ein kleines Gäßchen.
Da sitzt ganz am Ende ein weiser alter Mensch mit einer großen Truhe.
Sie gehen auf ihn zu. Er scheint Sie zu erkennen und nennt Sie beim Namen und Sie hören: „Ich wußte, daß du kommen wirst. Ich habe lange auf dich gewartet, denn ich habe etwas für dich. Es wird Zeit, daß du es endlich abholst."
Und Ihre Hand greift wie selbstverständlich in die Truhe.
Es gleiten verschiedene Gegenstände durch Ihre Finger, bis Sie ein Päckchen finden.
Der Inhalt ist Ihnen noch unbekannt.
Allein – Sie sind sich sicher, daß es dasjenige ist, was Sie brauchen, was Sie lange gesucht haben und was Sie jetzt bekommen.
Ihre Hand spürt, daß es das Richtige ist.

Und Sie nehmen es an sich und stecken es ein, vielleicht vorn in die Bluse oder ins T-Shirt
und tragen es bei sich an der Brust.
Und Sie bemerken erfreut, das sich etwas in Ihnen zu verändern scheint.
Sie bedanken und verabschieden sich, der Mensch entschwindet.
Nun schlendern Sie gelassen den ganzen Weg wieder zurück, Schritt für Schritt.
Hier gibt es frische Säfte, dort süßen Tee, Honigkuchen, Käsegebäck.
Was wählen Sie wohl aus, um sich zu laben …?
Es ist Zeit zur Rückkehr.
Es ist erledigt, was zu erledigen war.
Mit sicherem Schritt finden Sie den Weg zurück,
probieren noch ein Duftöl,
streifen mit der Hand durch die Tücher, die dort zum Verkauf hängen,
fühlen üppige Seide an Ihrer Haut.

So gelangen Sie zum Eingang zurück … ob das Kamel noch da ist?
Der Teppich wartet auf Sie und lädt zum Rückflug ein.
Und alles ist in Ordnung so.
Und Sie machen es sich wieder auf Ihrem Teppich gemütlich,
und sobald Sie sich niedergelassen haben, hebt er sich und fängt wieder an zu schweben.
Entfernt sich von dem Basar, dem Sie noch einen Abschiedsblick zuwerfen,
und fliegt zwischen den Häusern hindurch, weiter und weiter.
Und Sie sehen die Palmwedel in der Sonne glänzen – der Abschied, etwas wehmütig?

Sie schweben über die Stadtmauer hinweg,
über die Wüste hinweg,
über Meere hinweg,
über die Berge hinweg,
über die Täler,
über die Flüsse,
über die Wiesen,
und über die kleinen Bäche …

Und Sie kommen zurück zu Ihrem Ort mit etwas Neuem.
Vielleicht noch ein Geheimnis?

Ruhen Sie sich nun aus von dieser Reise,
um zu genießen und zu vervollkommnen und das Neue zur Wirkung zu bringen.
Es wird Sie innerlich freier und reicher werden lassen.
Ihr Herz kann freier schlagen, weil es mehr Raum hat.
Und die Lunge kann besser atmen.
Und Sie spüren es fließen im Bauch.
Die angenehme Wärme in den Gliedern … die Frische im Kopf …

Sie sind wieder ganz hier."

8.4 ‚Lichtersee' – eine Wohltat für den Körper

Live-Aufzeichnung einer Stegreif-Phantasiereise für eine Patientin mit Non-Hogkin-Lymphom zwei Tage nach der Chemotherapie.

Die Patientin ist Medizinerin, weiß also über die physiologischen Vorgänge Bescheid. Das stört sie oft in der symbolisch-bildhaften Übersetzung von körperlichen Vorgängen bei Beginn der Hypnose. Hat sie dieses Problem aber erst einmal überwunden, genießt sie jeweils die Hypnoseanleitungen und geht dabei gerne ihren eigenen Vorstellungen nach. Hinterher erlebt sie sich schmerzfrei, gestärkt und zuversichtlich und vollzieht Schritte der inneren Reifung. Zum Zeitpunkt dieser Intervention fühlte sie sich in Panik, und ihr Körper erschien ihr als ungeheuer angespannt, schmerzend, ausgedörrt und bezüglich seiner Heilungspotentiale verständlicherweise als unberechenbar. Ihre Frage galt der Entspannung, d. h., sie zweifelte an der Fähigkeit, in ihrer übermäßigen Tension überhaupt nachlassen zu können.

Text
„Und es geht um Entspannung, und es geht um das ‚Wie'.
Wie gehe ich am sichersten in Entspannung und Ruhe und Wohlbefinden.
Welches ist der angenehmste und leichteste Weg?

Und vielleicht ist die Frage nach dem Wie auch gar nicht nötig, wenn wir uns daran erinnern, daß der Körper sich erinnern kann. Er kann Erfahrungen erinnern, die er gespeichert hat.
Erfahrungen an Behaglichkeit durch wärmende Strahlen der Frühlingssonne auf der Haut oder sanftes Streicheln durch den Atem des Windes einer lauen Sommernacht.

Und wir können mit unserem bewußten Wollen oft gar nicht dazu beitragen,
daß wir uns wohler fühlen.
Lassen wir deshalb mit unserem Wollen nach und lassen uns eine andere Bahn beschreiten,
die Aufmerksamkeit, Beobachtungsgabe, Neugierde und auch Liebe heißt.
Lassen wir uns *davon* absorbieren, um zu erfahren,
wie der Körper von alleine und geschmeidig in Ruhe und Entspannung gleitet,
ohne daß wir dazu beitragen müssen.

So kann nach und nach und vollkommen ungewollt
und in alle Himmelsrichtungen eine tiefe Gelöstheit in den Körper fließen.

Gut.

Und wie von alleine hält ein Bild vor meinem inneren Auge Einzug:
Ihr Körper als See,
ein See in der Form Ihres Körpers,
gemütlich ausgebreitet in seinem Seebett ruhend.
Und dort, wo der Körper aufhört, hat er sein Ufer und beginnt Land.

Wohl ein See, der sich mit den kleinen, klaren Bächen aus den Bergen füllt.
Im Frühjahr prall rauschend, im Sommer leicht glucksend, strömen diese Bäche zu Tal.

Sie sind ja so einfallsreich.
So kann sich diese Phantasie natürlich in Ihnen stimmig verändern.

Das ist alles in Ordnung und mit jedem Atemzug sinken Sie behaglich tiefer in Ihr Seebett.

Und spüren Sie einmal nach,
wo das Wasser eher seicht und flach ist und der Untergrund schwebend Sie trägt,
und dann dahin, wo in der Tiefe Felsgestein verläßlich hält …

Der See ruht, und ob Sie wollen oder nicht,
macht sich ein unbeschreibliches Wohlbefinden in Ihnen breit.

Mag sein, ein feiner Regen setzt ein
und benetzt Ihren Körper erfrischend mit kühlenden Tropfen,
und der See trinkt genußvoll das himmlische Naß.
Er trinkt, bis der Durst gestillt.
Die Wolke zieht vorüber, der Himmel färbt sich tiefblau.

Immer finden wir leichte Strömungen im Wasser.
Wie wir wissen, hat das mit den thermischen Gesetzen zu tun
auch mit unterirdischen Quellen frischen Wassers,
die man von der Oberfläche her kaum erahnen kann.
Die Strömungen sorgen für den Austausch im Wasser,
für den Sauerstofftransport, für Reinigung und Klärung und alles Weitere.

Ihre **Aufmerksamkeit** aber – schon weiter gewandert – entdeckt ein kleines Ruderboot.
Steigen Sie ein, wenn es Ihnen gefällt!
Und lassen Sie sich, wo immer es Ihnen verlockend erscheint, entlangfahren.
Vielleicht bei einer Schulter anfangen und dort in die Kurve gehen.
Sie schauen sich um.
Dann den Arm hinunter, in die Hand hinein und in die Enge des kleinen Fingers.
Sie merken, da geht's nicht weiter, ist's ein bißchen schilfig.
Das Wasser schwappt und beruhigt sich gleich wieder.
Sie drehen um und fahren Ihre Strecken und
machen Ihre Reise mit Liebe …

Und jetzt erst bemerken Sie in dem Boot lauter kleine Kerzen, Schwimmkerzen.
Vielleicht haben Sie von dem indischen Lichterfest ‚Divali' gehört:
Das Wasser in den Flüssen und Seen ist übersät mit kleinen Lichtern.
Genauso setzen Sie nun überall Lichter aus.
Ein Stückchen fahren, eine Kerze ins Wasser lassen …
schön vorsichtig, daß im Wellengang des Bootes keine ertrinkt …

Ein kleines Licht ins Wasser, ein einzelnes, im Gesamt eine Kette, später ein ganzes Lichtermeer …
Weiterfahren und wieder ein kleines Licht zu Wasser lassen.
Das läßt diesen See fühlen, daß Sie ihn in Liebe beleuchten, daß Sie für ihn sorgen.
Und überall da, wo er dieses warme Licht bekommt, kann er sich noch wohler fühlen,
sich tief erholen und heilenden Einfluß erfahren.

Und wenn Sie jetzt zurückschauen, ist es schon eine ganze Lichterkette,
kleine Lichter, endlos an der Zahl,
und so fahren Sie weiter und weiter,
und Sie wissen genau, welche Wege zu nehmen sind
und überall da, wo Licht kommt, leuchtet es die Dunkelheit aus.
Die Dunkelheit schwindet, das Licht nimmt zu und reflektiert.
Die Fische tief im See, die wundern sich stumm.
Alles ist sehr spannend.
So fahren Sie munter Ihren Körper entlang und entdecken ihn auf neue Weise.
Mag sein, daß ein Wind über den See streicht und die Wasseroberfläche kräuselt
und ein angenehmer Schauer den Körper durchrieselt …
Es leuchtet um so mehr und sieht ganz hübsch aus,
wenn der heilende Körper – schon ganz hell – genüßlich ruhen kann,
damit er sich stärke.

Sie fahren weiter und weiter und **erkunden den gesamten See mit Neugierde,**

und das Unbewußte leitet Sie.
Licht um Licht lassen Sie auf Wanderschaft gehen.
Nehmen Sie sich Zeit,
gut,
und gehen tiefer und tiefer in Hypnose dabei.
Je mehr der See leuchtet ... um so tiefer, einfach, weil es sich gut anfühlt.

Und wenn man jetzt von weitem schauen würde, zum Beispiel von einem Berghang,
herunter auf den See,
würde es einem ganz geheimnisvoll erscheinen.
Und man würde es nicht genau wissen,
aber man könnte fühlen, daß dort etwas ganz Besonderes geschieht.

Natürlich vergeht die Zeit und, im Zeitraffer betrachtet,
bricht wieder der Tag an, und die Sonne steigt höher.
Da wird man die Lichter nicht so deutlich wahrnehmen können,
sondern eher meinen, es spiegele sich die Sonne im Wasser.
Mittags dagegen liegt der See tiefblau, leuchtend gepunktet,
wie ein überirdisch schönes Gewand hingesunken da.
Und wenn es Nachmittag wird, nimmt er warme Farben an.
Der Abend zeigt alles ganz klar
und in der Nacht, ja, da sieht es ganz verzaubert aus:
Sterne, vom Himmel ins Wasser heruntergeschwebt.

Und es tut gut, in dieser lichten Vorstellung noch eine Weile zu verbleiben
und zu erledigen, was zu erledigen ist, damit es Ihnen besser gehen kann
und damit die Voraussetzung wächst, daß der Körper heilt ...

Dabei versprechen Sie dem Körper,
daß Sie dic Aufgaben übernehmen werden, die auf der geistigen Ebene liegen,
so daß er sich dessen entledigen kann.
Und Sie versprechen dem Körper,
daß Sie die Aufgaben übernehmen werden, die auf der seelischen

Ebene liegen,
damit er davon ablassen kann.

So kann der Körper *für sich* sorgen.

Und nun lassen Sie sich Zeit, überhaupt nichts mehr zu tun.
Einfach ganz tief ruhen und ganz still sein.
Gut.

Und da Sie das am besten alleine können, lasse auch ich Sie ganz in Ruhe, ganz bei sich, und auch ich bin jetzt still.

(Pause)

Das Licht bewahrend und dem Versprechen verpflichtet, treten Sie – wenn es soweit ist – aus der Hypnose heraus.

8.5 Ordnen der Ursprungsfamilie – und an innerer Freiheit gewinnen

Intervention zur Befreiung von destruktiven familiären Banden und zur Herstellung von positiven Abständen, Grenzen, Zuordnungen und Hierarchien

Indikation und Vorgehensweise

Natürlich soll hier nicht behauptet werden, daß eine gesamte Familientherapie innerhalb von 25 bis 30 Minuten über die Bühne gehen kann. Während aber ein Teil der hypnotherapeutischen Techniken sozusagen abgerundete Arbeiten mit abschließender Integration bildet, geben andere oftmals nur Anstöße, setzen Suchprozesse in Gang, wirken über Träume weiter und bilden damit einfach einen Anfang für eine Reihenfolge von therapeutischen Schritten. So ist auch diese Technik zu verstehen, die mir bei einem Patienten, der sich in einer Situation befand, die man mit ‚Das System schlägt zurück' bezeichnen könnte, in den Sinn kam. Nach einer Anzahl von Fortschritten war er in einer Art Rückfall wieder hilflos all den alten Schachzügen seiner Ursprungsfamilie ausgeliefert und knapp vor einer Krise.

Ziel
Ist der Patient an einem Punkt angelangt, wo alles verwickelt und unüberschaubar erscheint, wo aus systemischer Sicht Hierarchien verrutscht und Grenzen übertreten sind, die Nähe-Distanz-Regulierung disharmonisch ist, Machtverhältnisse keine Entwicklung mehr zulassen, halten wir inne und fordern ihn auf, die Augen zu schließen und sich zurückzulehnen. In hypnotischer Halluzination versammelt er aus sicherer Position alle Familienmitglieder um sich, um sie mit Hilfe einer zweiten ‚Ich-Figur' in gute und gesunde neue Zuordnungen zu bringen. Von einer dritten Warte betrachtet er das Geschehen von außen und prägt sich diese therapeutische Neuinszenierung ein.

1. Schritt: Sicherung der eigenen Position und Aufmarsch der Familienmitglieder

Möglicher Wortlaut:
„Stellen Sie sich in Ihrer Phantasie auf einen großen, geräumigen, freien Platz.
Spüren Sie den Boden unter den Füßen und atmen tief und frei.
Gestalten Sie eine Art Bannmeile in einem Umkreis von zwei Metern Abstand um sich herum …
Dieser Raum hat mehr Licht als der übrige
und darf von den anderen weder berührt noch betreten werden."

(Der Therapeut achte darauf, daß im folgenden dieser Raum respektiert wird! Zur Not muß er dem Patienten in der Verteidigung durch ermutigende Worte beistehen: „Behalten Sie Ihren Raum für sich. Stehen Sie zu Ihrer Kraft, und Sie werden merken, wie die anderen das respektieren werden. Schauen Sie jetzt mal genau hin und berichten mir bitte, was passiert.")

„Holen Sie nun nach und nach alle Mitglieder Ihrer Ursprungsfamilie dazu,
auch die Vergessenen und Verstorbenen.
Das Unbewußte wird Ihnen da vielleicht einige Überraschungen bereiten,

indem es Menschen kommen läßt, an die Sie nicht mehr gedacht haben.

Nehmen Sie sich Zeit, wirklich alle auftreten zu lassen und erlauben Sie, daß die Personen sich erst einmal so wie immer benehmen, vielleicht ein richtig wilder Haufen …
Und während Sie sich noch wundern, wer da alles mit von der Partie ist, fühlen Sie sich zu Ihrer Überraschung im Gegensatz zu früher innerlich stärker und größer und immer sicherer.

Nicken Sie bitte mit dem Kopf, wenn alle sich versammelt haben.

Gut."

2. Schritt: Organisation neuer, gesunder Familienzusammenhänge

„Und jetzt passiert etwas Erstaunliches:
Während Sie einerseits ganz sicher auf Ihrem Standpunkt stehenbleiben, treten Sie als Ihr zweites Ich in die Menge.
Sie gehen wie selbstverständlich zu den Personen hin und berühren Sie.
Sie stellen fest, daß die Personen sich von Ihnen bewegen lassen, ähnlich wie Schaufensterpuppen.
Das nutzen Sie jetzt.
Sie bringen Ordnung in den Haufen und Ihr Unbewußtes hilft Ihnen dabei.

Und während **Ihr erstes Ich an seinem Standort** deutlich darauf achtet, daß Sie
frei stehen,
frei atmen,
frei schauen,
frei denken,
frei reden,
frei fragen
und frei fühlen können,

stellt Ihr zweites Ich die Personen in eine gesunde Zusammengehörigkeit.

Wie auf einem Schachbrett verändert es die Position der Menschen
in einem guten Maße,
wobei Sie von alleine unbewußte Hilfe erhalten.
Ihr erstes Ich achtet nur darauf, daß Sie frei stehen,
frei atmen, frei schauen …

Die Hierarchien werden berichtigt,
jeder kommt in seine Altersklasse,
es werden Abstände verändert,
Distanzen vergrößert,
Nähe erzeugt.
Die Familie verändert sich zu einem gesund funktionierenden Organismus.
Wo ist der Blick zu öffnen,
wo eine Hand zu reichen?
(etc.)

Hierfür wird eine Zeit von zirka fünf Minuten anberaumt, wobei der Patient vom Therapeuten immer wieder Bestätigung und Förderung erfahren sollte.

„Sie werden deutliche Hinweise erhalten, wenn Sie für heute genug Arbeit geleistet haben. Ganz von alleine wird der Kopf ein leichtes ‚Ja' nicken, während der Finger für das ‚Neue' eine Bestätigung geben kann, daß sich Neues gebahnt hat, was Ihnen wiederum Neues eröffnen wird.

Gut."

3. Speicherung der therapeutischen Neuinszenierung

„Treten Sie nun in der Person eines **dritten Ich aus der gesamten Szene heraus, betrachten diese von außen** und geben dem Bild, das Sie schauen, einen Namen. In dem Moment, wo Ihnen der Name einfällt, kann der ‚Ja'-Finger das anzeigen.

Gut."

Posthypnotische Suggestion

„Lassen Sie sich nun in eine tiefe Erholung gleiten, die Ihnen nach dieser Arbeit wirklich zusteht. Aus dieser tiefen Erholung werden Sie gestärkt und vielleicht mit einer neuen Idee wieder hierherkommen.“ (etc.)

8.6 ‚Das Buch des Lebens' – die Regie übernehmen

Hypnotherapeutische Integrationsarbeit

Für Marita
„Sie haben die Augen geschlossen und schon angefangen,
in Ihre ganz eigene innere Welt hineinzusinken:
Egal was um Sie herum ist,
Geräusche von der Straße, Geräusche hier im Haus,
alles kann unwichtig werden.
Meine Stimme begleitet Sie,
und wenn Ihnen meine Stimme weiter entfernt erscheint,
bedeutet das nur, daß Sie um so näher bei sich sind, und das ist gut so.

Denn das ist jetzt Ihr Zeitraum,
in dem Sie sich sich selber zuwenden und für sich selber aufmerksam sind,
und ganz von alleine neue Schritte machen.
So gehen Sie ganz leichtfüßig tiefer und tiefer in Hypnose,
um heute wieder eine neue Erfahrung zu sammeln.

Wo auch immer Sie gerade im Moment innerlich sind,
kann es für Sie ganz von alleine angenehm und wohlig im Körper werden,
denn der Körper weiß, das Gefühl von „wohlig“ in sich herzustellen,
und Sie beobachten einfach nur, wie es sich verändert,
und wie es von alleine geschieht.

Sie können heute auf Phantasiereise gehen und meinen Vorschlägen folgen.

Sie können aber auch ganz eigene Ideen und Bilder entwickeln, und das tun, was für Sie richtig ist.

So begeben Sie sich jetzt woanders hin,
an einen anderen Ort, wo die Uhren ganz anders gehen,
an einen Ort, der Ihnen gefällt:

Vielleicht auf eine großzügige Terrasse mit weitem Ausblick aufs Meer

oder in einen schönen Garten unter einen blühenden Apfelbaum

oder in den holzgetäfelten Raum einer Villa im Park,
wo die Nachmittagssonne warm durch die alten Kastanienbäume ins Fenster hereinscheint,
und Feuer knisternd im Kamin brennt.

Ein Ort Ihrer Wahl, an dem Sie sich vollkommen geborgen und aufgehoben fühlen.

Manchmal gibt es mehreres zur Auswahl, wer kennt das nicht.
Sie entscheiden sich einfach für das Beste,
wandern hinein und fühlen sich dort heimisch.

Schauen Sie sich um und entdecken, was es dort alles gibt:
welche Farben, wie das Licht fällt, wie die Schatten und mit welchen Formen.

Machen Sie ein paar Schritte und betasten diesen oder jenen Gegenstand.

Sie beobachten, was zu hören ist.
Vollkommene Ruhe?
Geräusche der Natur, eine Melodie?

Und vielleicht riecht es nach Meer, nach Gras und Blumen oder nach Holz?

Und mit allen Sinnen nehmen Sie diesen Raum auf.

Etwas, was nur Sie erleben und was kein anderer erahnen kann.

Auf einmal verharren Sie überrascht,
Sie haben eine Entdeckung gemacht:
da steht – jetzt erst wahrgenommen – ein prachtvoller, alter Schreibtisch.
Darauf liegt ein schönes, dickes ledergebundenes Buch
und – zu Ihrer Verwunderung – ist in großen Lettern Ihr Name eingraviert:

MARITA

Und Sie wissen sofort: Das ist das Buch meines Lebens.

Sie nehmen das Buch in die Hände,
mit der Lust, sich ein wenig darein zu vertiefen.
Und Sie finden einen Platz, wo Sie sich niederlassen,
ganz bequem zurücklehnen, das Buch auf den Knien.
Und Sie zögern noch, es aufzuschlagen.
Nochmals durchatmen und sich Zeit nehmen,
mit aller Neugierde und Freude und sicher auch Beklemmung, das ist normal.
Sie schlagen es irgendwo auf, und der Blick fällt wie von ungefähr auf eine ganz bestimmte Seite.

Nur Sie wissen, was da geschrieben steht.
Auch ist alles zuerst noch weit weg,
und es dauert ein klein wenig
bis der Inhalt dieser Seite näher kommt.

Und Erinnerung macht sich breit,
und Sie verstehen klarer und tiefer als früher ...

Und da ist diese Szene ... und eine weitere Szene ...,
und Sie bemerken, das sind Szenen aus Ihrer Vergangenheit,
wo immer Sie auch aufgeschlagen haben.

Und wenn Sie sich das jetzt vergegenwärtigen,

wird Ihnen klar, daß Sie in Ihrem Leben vorwärts gegangen sind und daß Sie jetzt vom heutigen Standpunkt aus vieles anders einzuschätzen vermögen,
und Sie sehen neue Blickwinkel und neue Möglichkeiten.

Und es war nicht falsch, was Sie damals empfunden und gemacht haben,
es war einfach der damaligen Zeit entsprechend.

Und heute ist eine andere Zeit.
Sie gehen heute andere Schritte, wählen heute andere Wege.

Und Sie blättern noch ein bißchen hin und her,
und wie von ungefähr, und vielleicht wundern Sie sich,
denn wie auf der Theaterbühne wird auf einmal ein kleines Tablett mit einem Tintenfaß und einer altmodischen Schreibfeder hereingereicht.

Und automatisch bekommen Sie zu dieser und jener Seite neue Gedanken.
So tauchen Sie die Feder in die Tinte,
um eine Notiz mit dem Datum von heute anzufügen.

Sie werden bemerken, daß Ihre Schrift heute anders ist,
kräftiger und selbstverständlicher,
ausdrucksstärker und selbstbestimmter.

Alte Seiten erhalten neue Töne
und manche Kapitel können sich damit für immer schließen.

Und wann immer Sie soweit sind, gehen Sie weiter nach vorne
in die heutige Zeit, wo – die Seiten noch halbleer –
sich gerade Jetziges schreibt.

Und wie von alleine blättert irgendwann eine Seite der Zukunft auf.
Das Blatt, noch weiß und unbeschrieben, noch geheimnisvoll, doch mit Ahnung …
Ganz automatisch taucht Ihre Hand die Feder wiederum in die Tinte
und beschreibt das Blatt, skizziert und zeichnet.

Und das ist interessant jetzt:
Die Tinte, anfangs noch leserlich, zerläuft und wird allmählich transparent,
und es ist nicht genau zu lesen, was da schimmert, was sich da schreibt.

Sicher ist nur, daß dort ein Text entstehen wird.
Sicher ist, daß Sie den Text gestalten werden,
sicher ist, daß Sie die Regisseurin Ihres Lebens sind ...!

Nun ists genug.

Sie schließen das Buch wieder und legen es zurück.
Sie stehen von Ihrem Platz auf und schauen sich nochmals um.
Sie fühlen, irgend etwas hat Ihnen gutgetan.
Und Sie verabschieden sich in dem Wissen,
daß Sie jederzeit hierhin zurückkehren können, um Ihre Arbeit fortzusetzen.
Für Sekunden tauchen Sie ganz tief in Trance, um sich zu erholen,
um sich zu sammeln und schließen die Übung ab.“

Die vier folgenden Hypnoseanleitungen (II 8.7. bis 8.10) sind nicht mehr im Wortlaut ausgeführt, sondern nur skizziert und können, auf den Patienten abgestimmt, ausgemalt werden. Sie sollen das Prinzip, wie therapeutische Phantasiereisen konzipiert werden, vermitteln. Dem Einfallsreichtum des Therapeuten sind dabei keine Grenzen gesetzt ...

8.7 ‚Der sicherste und geschützteste Ort‘ – Wo Angst nichts zu suchen hat

Indikation und Ziel

Symptomorientierte Hypnoseübung für **Angstpatienten**

Technik:

Der Patient wird nach einer kurzen Hypnoseinduktion gebeten, in der inneren Vorstellung den sichersten und geschütztesten Ort, den es für ihn gibt, zu finden. Das kann ein schon bekannter Ort sein, aber auch ein Platz, den er sich ausmalt oder den er spontan erfindet. Es kann ein realistischer Raum wie ein Hochsitz in der Krone eines Baumes oder der Dachboden der Großeltern sein, aber auch ein Phantasiegebilde wie ein gemütlich eingerichtetes Schneckenhaus oder ein Raumschiff von einem anderen Stern.

Wichtig ist, daß der Patient **diesen Raum auf stete Anregung des Therapeuten mit allen Sinnen ausführlich erforscht und die wohltuende und beruhigende Wirkung intensiv verspürt.** Alle Eindrücke und Sinneserfahrungen werden dem Therapeuten genau beschrieben, um das Erleben durch die verbale Wiedergabe faßbarer zu machen. Auch kann der Therapeut weiterführende Hinweise für präzisere Beobachtungen geben. Fühlt der Patient sich wohl und gelöst, ist die ,Fingerschluß-Technik anzuwenden, um dieses momentane Wohlbefinden zu verankern und wieder abrufbar zu machen. Formulierungen des Therapeuten, wie: „Sie können Ihren Ort jederzeit wieder aufsuchen und das ruhige und sichere Gefühl wiederfinden", wirken als posthypnotische Suggestion.

Der Patient sollte diesen Ort in der Selbsthypnose vorläufig regelmäßig besuchen, um das Gefühl von Entspannung und Sicherheit stetig anwachsen zu lassen.

8.8 ‚Raum der Lösungen' – voller neuer Ideen

Indikation und Ziel
Der mit Konflikten belastete Patient halluziniert symbolisch Auswege aus seinem Dilemma.

Technik
Der Patient stellt sich seinen momentanen Lebenskontext als einen Raum vor, in dem all seine materiellen und immateriellen Probleme vertreten sind. Diese können sich mit ihrem wahren Gesicht oder in symbolischer Form zeigen. Überraschenderweise trifft er plötzlich auf eine bislang noch nicht wahrgenommene Pforte, die er neugierig öffnet. Er tritt durch sie hindurch und befindet sich in einem neuen, lichtdurchfluteten, weiten Raum. Es ist der Raum der Lösungen, der

eine Unmenge an Lösungsmöglichkeiten und Anregungen für neue Entwicklungen beherbergt. Diese sind vielleicht noch nicht ganz klar zu erkennen und zu entschlüsseln, lassen aber wissen und fühlen, daß sie nur auf ihre genauere Entdeckung warten.

8.9 ‚Ohrensessel' – Blick zurück in die Gegenwart

Ziel:

Mit Hilfe der hypnotischen Altersprogression wird die momentane Lebensweise und das Lebenskonzept reflektiert.

Technik

Der Patient wird gefragt, wie alt er werden möchte. Danach wird er im dissoziierten Zustand der Hypnose aufgefordert, in seiner Vorstellung die Lebenszeituhr in die Zukunft zu drehen, bis er dieses Alter erreicht hat. Dort läßt er sich in einem gemütlichen Ohrensessel nieder, trinkt eine Tasse Tee oder schmaucht seine Pfeife und läßt sein vergangenes Leben an sich vorüberziehen. Dabei überdenkt er, wieweit er zufrieden sein kann und was von Wichtigkeit war. Möglicherweise werden ihm Unerfülltheit und Sinnlosigkeit deutlich, und es treten neue Einsichten zutage. Andere Lebensinhalte können sich abzeichnen, und noch ist alles in neue Bahnen zu lenken ...

8.10 Der Tag nach dem Wunder – So ist es, wenn es anders ist

Eine therapeutische Zukunftshalluzination

Indikation und Ziel

Der mit Schmerzen, Konflikten, Schwierigkeiten beschwerte Patient erfährt mit der Vorstellung eines hypothetischen Wunders, das über Nacht eintritt, im veränderten Bewußtseinszustand der Hypnose einen vollen Tagesablauf in optimaler seelischer und körperlicher Verfassung. Der Patient lernt neue Reaktionsmuster, die ihm unbewußt neue Möglichkeiten bahnen.

Technik:
Der Patient stellt sich vor, daß in der kommenden Nacht ein unbeschreibliches und unerklärliches Wunder passiert. **In der hypnotischen Realität wacht er am nächsten Morgen auf, und die Schmerzen sind beseitigt, die Konflikte gelöst, die Schwierigkeiten behoben.** Im Detail und konkret soll er jetzt jede Wahrnehmung und Regung in sich wachsam registrieren und beschreiben, was im Positiven anders ist. Er durchschreitet in Phantasie den gesamten Tag, beobachtet sein Wohlbefinden, seinen eventuell veränderten Gang, sein Aussehen, seine Stimme, seine Auswirkung auf andere, die Reaktionen der anderen auf sein positives Befinden. Dann beurteilt er, welchen Menschen er von seinem Wunder berichten will und was diese erwidern und was wiederum dadurch bei ihm ausgelöst wird. Genauso besinnt er sich, vor wem er das Wunder schützen und Stillschweigen bewahren will.

Nach Abschluß der Trance wird der Patient befragt, ob eine kleine, bescheidene Sequenz des Wunders tatsächlich morgen eintreten könnte. Dann wird dieser Möglichkeit eine prozentuale Wahrscheinlichkeit zugemessen. („Daß ich morgen tatsächlich den Duft des Kaffees beim Aufbrühen riechen und genießen kann, hat eine Wahrscheinlichkeit von zirka 30 Prozent.") Am nächsten Abend soll der Patient einzig gänzlich wertfrei beurteilen, ob seine Einschätzung gestimmt hat. Es soll also kein Drängen in Richtung Realisierung des Wunders ausgeübt werden, sondern eine unbewußte Beschäftigung mit dem Therapieziel durch die Wahrscheinlichkeitsmessung erreicht werden. **Diese Übung verdeutlicht besonders anschaulich das Prinzip der hypnotherapeutischen Arbeit.**

Kapitel 9

Ein Kinderspiel

Michael Parkes, „Feather game", 1981
© 1998 Steltman Galleries Amsterdam – New York

9.1 Kinder, die besten Selbsthypnotiseure

Alles, was in diesem Buch bislang zu Hypnose geschrieben wurde, läßt sich im Prinzip auch in der Kindertherapie anwenden, da diese Methoden auf Kategorien des kindlichen Wesens basieren: Neugierde, Imagination, Einfallsreichtum und Spiel. **Hypnose eignet sich sogar vorzüglich für Kinder, da diese noch magischem Denken verhaftet und bildhaften Vorstellungen nahe sind.** Kinder sind außerordentlich schnell absorbiert, weshalb es nur kurzer Einleitung bedarf. Die Induktion ist weniger über Entspannung als vielmehr über Vorstellung von spielerischen Szenen und Aktivitäten, wie Fliegen, Fußball u. ä. zu gestalten. Kinder verhalten sich in Hypnose meist unruhiger als Erwachsene, öffnen die Augen, schließen sie wieder, bewegen sich. Das darf uns aber nicht irritieren, es entspricht der natürlichen Lebendigkeit des Kindes. Ausnahmen bilden meiner Erfahrung nach hyperaktive Kinder und Kinder mit Ticks; sie zeigen die Tendenz, auf hypnotherapeutischen Phantasiereisen einzuschlafen. Auch das sollte uns nicht verunsichern. Unsere anregenden und heilenden Botschaften gelangen trotzdem an den richtigen Ort.

Und, oftmals sinnvoll: weniger Sitzungen für das Kind, mehr für die Mutter. Lernt die Mutter Hypnose, ist das von unvergleichlichem Effekt für ihr Kind. Oder: der Einstieg in Hypnose über die Mutter. Dazu möchte ich eine Erfahrung berichten, die mich sehr beeindruckte und den Leser anregen soll, ähnliches auszuprobieren:

Nie werde ich eine Jahre zurückliegende Therapiesitzung mit einem neunjährigen, an Leukämie erkrankten Jungen und seiner strapazierten Mutter vergessen. Die beiden kamen von einem Ort außerhalb Münchens angereist und mußten anschließend die Klinik für die obligate Lumbalpunktion aufsuchen. Die Mutter berichtete erregt die letzten Vorkommnisse, das arme, gepeinigte Kind trabte ohne Pause vom Balkon ins Therapiezimmer und zurück. Für einen Moment packten auch mich Unruhe und Ratlosigkeit. Ich lehnte mich zurück und schnaufte selber erst einmal durch. Da fiel mir Virginia Satirs fabelhafte Intervention auf einem ihrer Seminare 1983 ein. Eine Teilnehmerin hatte ihr zirka einjähriges Kind dabei. Das Kind schrie. Virginia wandte sich in liebevoller Aufmerksamkeit der Mutter zu. Das Kind, ganz woanders im Raum sitzend, beruhigte sich.

Ich begann entsprechend meine Aufmerksamkeit der Mutter zu schenken, und zwar mit einer Hypnoseeinleitung, wobei ich all ihren Streß und die Belastungen akzeptierend erwähnte. Die Mutter fing an, sich zu entspannen, und ... ich traute meinen Augen nicht: Das Kind kam, setzte sich neben sie, schmiegte sich an und sank friedlich in die Kissen. Vollkommen fasziniert leitete ich die Hypnose für beide weiter. Wenige Wochen später erhielt ich von den Eltern einen Brief mit ihrer Stellungnahme zu den insgesamt sechs Sitzungen, die wir abgehalten hatten. Diesen Bericht gebe ich wörtlich wieder, um darzustellen, wie hilfreich unsere Intervention sein kann und wieviel Leid wir zu ersparen vermögen.

Liebe Frau Kaiser,
mit diesem Brief möchten wir Ihnen danken für die Hilfe, die Sie uns seit November 1987 haben angedeihen lassen, indem Sie unseren F. (und seine Mutter) vor den periodisch anfallenden Behandlungen im Schwabinger Krankenhaus psychologisch vorbereitet und aufgebaut haben. Der Unterschied im Verhalten und Befinden von F. vor und nach der Behandlung ist im Verhältnis zu früher in der Tat frappierend. Vor den letzten zwei Behandlungen war F. zwar nicht gerade total entspannt, aber doch so ruhig, daß die Lumbalpunktion ohne Schwierigkeiten durchzuführen war. Das war vor Ihrem Eingreifen ganz anders! Da gab es dramatische Szenen, zum Teil schon zu Hause. Einmal z. B. versteckte er sich in einem Kellerschacht des Nachbarhauses, es dauerte einige Zeit, bis wir ihn da aufspürten. Ein anderes Mal lief er aus der Klinik weg.

Die Durchführung der LP erforderte jedesmal, daß mehrere Personen ihn festhielten. Jetzt ist dagegen alles besser. Es ist nicht nur, daß er die Behandlung ohne große Probleme über sich ergehen läßt, uns scheint auch sein Zustand nach der Behandlung wesentlich besser zu sein. War er vorher tagelang schlecht beisammen und erbrach sich oft schon auf der Heimfahrt aus der Klinik und dann die ganze Nacht lang, so ist er jetzt in der Regel am nächsten Tag wieder fit. Nach der Behandlung erbrochen hat er sich seither nicht mehr. Uns scheint, daß sich auch sein Allgemeinbefinden in der letzten Zeit insgesamt verbessert hat.

Wenn man die letzten vier Jahre seit der Ersterkrankung von F. betrachtet, so glauben wir, daß ihm einiges erspart geblieben wäre, hätte er schon früher eine entsprechende psychologische Unterstützung gehabt. Insbesondere nach seinem Rückfall wäre dies wohl eine unschätzbare Hilfe für ihn gewesen. Es war jedoch niemand da in der ..., der ihn psychisch aufgebaut hätte. Insbesondere nach Beginn der ambulanten Behandlung stieg bei uns die Sorge, ob F. die Behandlung auf die Dauer durchstehen würde. Wir sind daher sehr froh, daß wir von Frau D. ... den Hinweis auf Sie bekamen.

Aufgrund der positiven Erfahrungen, die wir mit Ihrer Art der Behandlung gemacht haben, fragt man sich natürlich, warum eine derartige psychologische Unterstützung als begleitende Maßnahme bei der Therapie krebskranker Kinder, stationär wie ambulant, nicht obligatorisch ist. Wir hoffen jedenfalls, daß sich die positive Entwicklung bei unserem F. fortsetzt und daß Sie mehr Gelegenheit bekommen, Ihre positive Arbeit mit den Kindern durchzuführen. Wir möchten uns nochmals für Ihre Unterstützung bedanken und verbleiben mit den besten Grüßen

Ihre ...

Weitere Ausführungen erübrigen sich. **Erinnern wir uns einfach unserer eigenen Kindheit. So wissen wir um alle Sehnsüchte, Lüste, Freuden, Phantasien, aber auch um Ängste und Schrecken.**

Angefügt sind eine Phantasiereise für die Einzeltherapie oder auch für eine Kindergruppe nach Donald Ebrahim (vorgestellt auf dem Europäischen Kongreß für Hypnose in Wien 1994), die immer wieder Entzücken hervorruft, und die Aufzeichnung einer systemischen Hypnotherapie-Intervention bei einem neunjährigen krebskranken Mädchen.

9.2 Eine Seefahrt, die ist lustig ...

Ein hypnotherapeutisches Abenteuer für Kinder

Ziel: Ich-Stärkung und Befähigung des Kindes. Bei Kenntnis des Therapiezieles (wie z. B. ein ‚trockenes Bett', Konzentration in der Schule, ein Freund, soziale Kontakte, Selbstbehauptung, sportliches Vermögen und musische Talente) kann dieses konkret während der ‚Filmszene' ausgemalt werden.

Text:
„Schließe die Augen, denn mit geschlossenen Augen bekommen unsere Vorstellungen mehr Kraft.

Nun laufe in Phantasie zu einem Strand, einem Sandstrand, und setze dich irgendwohin, wo du auf das unendliche Meer schauen kannst. Zu deiner Verwunderung hast du plötzlich einen Luftballon in bunten Farben bei dir. Betrachte ihn jetzt mal genau, damit du mir später Form und Farben beschreiben kannst. Fein!

Nun legst du deine rechte Hand auf den Luftballon *(Handlevitation)* und rollst ihn so ein bißchen im Sand hin und her, daß er eiert, während du auf das ruhige Meer mit seinen ewigwährenden Wellen, die das Wasser heranspülen und wieder zurückziehen (*langsam gesprochen*), siehst. Und das gefällt dir …

Plötzlich kommt aber eine Brise auf und nimmt – schwups – deinen Luftballon und weht ihn auf das offene Meer hinaus. Das sieht richtig lustig aus, wie er da mit dem Wind tänzelt, auf das Wasser titscht, wieder hochfedert und dabei weiter und weiter aufs Meer hinaussegelt … Und es fühlt sich eigentümlich angenehm in dir an, wenn du mit deinen Blicken verfolgst, wie der Luftballon kleiner und kleiner wird, während du zufrieden und behäbig da auf deinem Platz im Sand sitzt, ganz versunken in dieses Schauspiel … Der Luftballon erscheint zunehmend kleiner, kaum kann man die Farbe noch erkennen. Er wird zu einem Punkt, der dem Horizont zufliegt, geradewegs dahin, wo Himmel und Wasser zusammentreffen. Noch ist er stecknadelkopfgroß und dann ein ‚Garnichts' mehr …

Doch was ist das? Genau an der Stelle ist etwas Neues zu entdecken. Und dieses Neue kommt in umgekehrter Richtung, und zwar genau auf dich zu! Näher und näher, von heller Farbe, ja, von weißer, eine dreieckige Form! Ist das ein Segel? Ein Schiff? Du kannst es eigentlich nur gerade so erraten, und … tatsächlich, es ist ein Schiff, ein Kindersegelschiff!

Stetig fährt es, bis es auf einmal groß und prächtig vor dir steht; da, wo es halt gerade noch mit seinem Schiffsbauch im Wasser Platz hat. Schon wird der Anker – ratter, ratter, ratter – runtergelassen, und es kommt der Herr Kapitän heraus und ruft doch glatt deinen Namen: ‚Hallo, du, magst du mitfahren? Eine kleine Tour? Es ist so schön auf See! Komm, krempel die Hosen hoch, du mußt ja ein bißchen durchs Wasser waten, aber das erfrischt. Komm auf eine Fahrt!' Und du fühlst, das ist ein guter Mensch und du weißt, es ist ein besonderes Schiff. Natürlich gehst du hin und krempelst die Hosen hoch und watest durchs Wasser. Und natürlich werden die Hosen unten trotzdem naß, das ist halt einfach so und macht auch nix. Und dann kletterst du die Hängeleiter hoch und kommst auf das Schiff. Der Kapitän begrüßt dich und sagt: ‚Paß auf, da sitzt 'ne kleine Katze!' Und tatsächlich, du entdeckst die kleine Katze. Wie hübsch sie ist! Eine richtige Schiffskatze mit samtigem Fell.

Dann wird der Anker eingezogen ... Nein, es heißt: Der Anker wird gelichtet! Ahoi! ... das Schiff legt ab und fährt hinaus aufs Meer, und es ist wunderbar ...!

Wow, diese Brise! Das ist doch ein Leben, so als Seemann! Großartig ...!

Und du fährst hinaus. Du siehst die Küste inzwischen aus der Ferne und bekommst einen viel besseren Überblick, erkennst alles viel besser als vorher! Dort an deinem kleinen Platz, da hast du doch nicht so viel gesehen, aber jetzt kannst du das ganze Panorama betrachten, kannst die Küste in ihrer gesamten Gestalt erfassen und ... verstehst mehr ...

Und das Schiff fährt und fährt, hält sich dann in einem gewissen Abstand parallel zur Küste. Du fühlst dich völlig sicher. Auf der einen Seite das ewige, tintenblaue Meer, auf der anderen Seite die Küste mit der geschwungenen Silhouette des Landes und dem lichten Himmel mit den kreischenden weißen Möwen ...

Das ist ein Gefühl ...!
Und alles nur für dich ...!
Und du genießt es richtig und läufst hin und her und hast Spaß, und so vergeht die Zeit.
Du fühlst die Wärme der Sonne auf der Haut, den Wind, der in deinen Haaren zaust ...

Immer wieder landen Wasserspritzer auf deinem Gesicht ... und du schmeckst das Salz des Meeres auf den Lippen ...

Nun stehst du vorne am Bug, breitbeinig und selbstbewußt, und das Herz wird dir weit, und du breitest die Arme aus – ein Wunder, daß dir nicht Flügel wachsen. Du fühlst dich so unglaublich verbunden mit der Natur und so selbstverständlich und gut. Egal was andere machen und tun oder nicht tun und lassen, das ist alles so fern … du bist du und jetzt ist jetzt und hier ist hier; und nur noch das ist wichtig und zählt.

Du merkst, wie du innerlich irgendwie an Raum gewinnst, und fester und stärker wirst und du richtig so bist, wie du dich gern hast und wohl fühlst. Du spürst die Freude. Du fühlst sie in jeder Körperzelle, die Freude und die glückliche Aufgeregtheit.

Und die Sekunden, die äußerlich vergehen, die können für dich innerlich zu Stunden werden.

Die Sonne wandert über den Himmel, und es ist geradezu herrlich!

Auf einmal passiert aber etwas. Der Himmel verdüstert sich, und der Kapitän sagt: ‚Paß mal auf, gleich werden Tropfen fallen! Das ist vorübergehend, aber weißt du, geh doch besser hinunter in die Kajüte. Ich muß hier draußen bleiben und aufpassen, ich fahre uns weiter. Geh du mal hinunter, damit du nicht naß wirst und stärk' dich ein bißchen. Und da gibt's auch ein Kino, ein Schiffskino nur für dich".– Oh, das tut gut zu hören.– „Aber paß auf, wenn du die Treppe hinuntergehst! Es sind fünf Stufen und auf der dritten, links, sitzt eine andere kleine Katze.'

Also gut, du steigst hinunter. Eins …, zwei …, drei …, die kleine Katze, die ist ja noch niedlicher, als die erste. Gehst tiefer, vier … und fünf … tiefer, ja prima, da ist gleich 'ne richtige Bar! Und was es da gibt! Das ist ja ‚Service totale': Säfte und alles, was das Herz begehrt und Nüßchen und, mhmm, na, du wirst schon was finden, guck mal ein bißchen und schütte dir ein, was dir schmeckt. Und du nimmst einen Strohhalm und Eiswürfel, die klimpern im Glas, hör mal … Ach, du hast ja so'n Durst gehabt, das merkst du erst jetzt, und du trinkst und das schmeckt so süß und lecker in deinem Mund. Und vielleicht nimmst du noch ein bißchen was anderes, eine Kleinigkeit, die du mit Vergnügen schnabulierst. Oh, und da ist ja so ein herrlicher Opasessel, so richtig zum Reinpflanzen und die Beine über die Armlehne bammeln lassen. Hier ist man Mensch, ja, so lebt sich's richtig wunderbar …

Und da gibt's Knöpfe, das hat man gerne als Kind. Also schalt mal an, probier ein wenig. Vor dir befindet sich die Leinwand; wählen wir doch mal aus. Welchen Film spielen wir, was interessiert uns denn? Ja, da gibt's verschiedene Programme! Und hier spielt etwas, was du tatsächlich magst: dein Lieblingsfilm. Ja, wie kommt denn der hier auf's Schiff? Naja, es ist eben ein besonderes Schiff. Also, du schaust einfach ein bißchen deinen Lieblingsfilm … ganz verträumt.

Und dann hast du irgendwann genug. Auch bist du neugierig, was die Kiste sonst noch zu bieten hat und schaltest weiter …, jetzt spielt ein Film von einem Kind. Na, das interessiert dich aber jetzt. Das ist ein Kind in deinem Alter. Sieht natürlich ganz anders aus und ist ganz anders, aber auch irgendwie sympathisch. Und, hast du da noch Töne, das Kind … nein, das gibt's doch nicht, das ist doch nicht zu glauben! Das Kind kann etwas, was du so gerne können möchtest. Oh, warte, das kann es sogar prima. Und macht es gut und du schaust nur so, wie es das macht und wie es sich da behauptet, und wie es fair sein kann und wie es das schafft *(etc. pp. entsprechend der Symptomatik).* Gut, ‚Mann, oh Mann, wenn ich das könnte!' Oh, warte, und du bist völlig begeistert und völlig hin und weg … und was machst du da?

Du steigst – in einem unbeachteten Moment – einfach rein in den Film, mitten in die Szene!

Und du bist das Kind und du kannst es genauso und *wie* du das schaffst! Und du machst es gleichfalls prima! Die anderen bewundern dich und sagen: ‚Ja, das ist ja toll'– und auf einmal merkst du, wie du dich innerlich stark fühlst und wie du das kannst, und es ist gar keine Frage mehr, *daß* du das kannst. Und daß du das weiter können wirst und daß das einfach wie von alleine geht, wie geschmiert. Wie schön! Und du fühlst dich so unglaublich gut dabei und so stark und so super. Du machst das einfach. Was du da lernst, ohne wissen zu müssen, daß du es lernst …! Gigantisch! Alles geht wie von alleine, und der Körper macht das alles auch wie von alleine, und der Kopf, der schnallt auf einmal alles, was vorher gar nicht so einfach war. Aber jetzt, null Problem! Echt! Du spürst vom Scheitel bis zur Sohle, wie dich ein wohliger Schauer durchrieselt …

‚Hallo, wo bist du denn?!‘ ruft der Kapitän. ‚Hey, komm, komm wieder hoch, das Unwetter ist vorübergezogen.‘ Da wachst du aus dem Film auf und denkst: ‚Himmel, was ist denn alles passiert? Irgendwas, was Wichtiges. Und ich fühl mich so gut. O.K. Mach' ich die Geschichte aus, geh' ich die Treppe wieder hoch, seh' ich die Katze noch da? ... Und? Ach, nein, es geht ja schon wieder auf den Rückweg. Naja, muß ja wohl so sein, ist ja schon später Nachmittag, ich muß ja auch zurück.‘ Der Kapitän fragt knapp: ‚Alles klar?‘ Und du weißt: ‚Ja, ja, alles klar‘, obwohl es dir auch irgendwie schleierhaft vorkommt ...

Die Sonne steht schon tief. Das Meer liegt ruhig und goldfarben da. Und du bist ganz groß innerlich, und du fühlst dich sicher und nun unheimlich klar und aufgetankt. Gut ... Nun ist es wieder dort, das Schiff, wo es dich vorhin abgeholt hat. Der Kapitän wirft nochmals den Anker hinaus, und du verabschiedest dich und spürst den Händedruck dieser starken Hand, der dir Kraft gibt ...

‚Vielleicht ein anderes Mal, tschüß!‘ Gut. Und dann kletterst du runter und wieder werden die Hosenbeine naß und sie kleben dir an den Beinen. Du gehst zurück, schaust dich nochmals um. Das Schiff ist wie weggezaubert. Aber du weißt, das Schiff ist irgendwie auch in dir. Und deshalb kannst du heute nacht und in weiteren Nächten, wann immer es für dich gut ist, im Traum dahin zurückkehren und noch ein bißchen weiterlernen. Und immer, wenn du nachts im Traum auf dem Schiff gewesen bist und morgens aufwachst, dann fühlst du dich unheimlich gut und stark. Und kannst das, was gut ist zu können, was dir guttut und was sinnvoll ist, was dir hilft, und wofür dich andere mögen und schätzen, so daß sie zu dir aufblicken und sagen werden: ‚Was für ein begabtes Kind!‘ Prima, gut, voller Fähigkeiten und Stärke und Kraft, gut **... Und immer, wenn es dir hilfreich sein kann, wirst du den Händedruck automatisch wieder verspüren, so daß du dann von alleine den nächsten Schritt wirst machen können.**

Nur, ich bitte dich: ‚Laß alles dies dein Geheimnis sein. Einzig du allein weißt davon, ist das klar? Du willst doch den Zauber bewahren, oder?‘

Und auf einmal schlägst du die Augen auf und bist wieder hier: ‚Willkommen!'"

Über die Phantasiereise selber sind mit dem Kind nicht viele Worte zu verlieren. Man kann ein paar Einzelheiten abfragen, um die Intensität der Erfahrung zu ermitteln. So kann man sich erzählen lassen, wie der Luftballon aussah, was für eine Farbe das Fell der Katzen hatte, oder ob der Kapitän einen Schnurrbart und eine Mütze trug und mit was sich das Kind an der Bar bediente. Es ist dem Kind aber nahezulegen, daß es über das Schiff, und alles was damit zusammenhängt, nicht plaudern dürfe, da es sonst seine zauberische Kraft verliere.

9.3 Individuelle Variation der „Seefahrt"-Phantasiereise

Nach dem allgemein gehaltenen Text der ‚Seefahrt' folgt hier die gleiche Phantasiereise als Hypnoseanleitung für ein 15jähriges Mädchen, das mir von einem befreundeten Kinder- und Jugendpsychiater überwiesen wurde. Das Mädchen, ich nenne es hier Claudia, erscheint primär wegen einer Spritzenphobie, die einem notwendigen kieferchirurgischen Eingriff im Wege steht. Vor dem Hintergrund eines funktionierenden, aber zwanghaft-abwertenden Familiensystems leidet sie an Depressionen mit Selbstwertkrisen und mangelhaftem sozialen Anschluß in ihrer Klasse im Gymnasium. Ihre große Freude ist aber ihr Pferd. Unglücklicherweise entwickelt sie eine zunehmende Tierhaarallergie. Das ansonsten wenig mitteilsame Mädchen bittet mich in der dritten Sitzung, während der Hypnose die Allergie zu beeinflussen. Ich nehme die Anleitung auf Tonband auf. So kann sie damit in der sich anschließenden Ferienpause Selbsthypnose praktizieren.

Der im Wortlaut wiedergegebene Text will beispielhaft darstellen, wie eine Standard-Phantasiereise auf eine bestimmte Person zugeschnitten werden kann.

Text:
„Du schließt die Augen,
gut.

Und du hast dir für diese Übung ein bestimmtes Ziel gesetzt,
und dieses Ziel hat zwei Unterziele, na sagen wir, mindestens zwei.
Denn vielleicht haben diese wiederum mehrere andere Unterziele.
Aber darüber brauchen wir eigentlich gar nicht mehr zu reden,
denn du weißt es, und ich weiß es.
Was allerdings noch viel wichtiger ist:
Du weißt es in der Tiefe.
Manchmal redet man da auch von dem geheimnisvollen ‚Unbewußten'.
Das ‚Unbewußte' ist aber ja nur ein Wort,
ein Wort für einen Teil in uns, der für unsere Träume sorgt – zum Beispiel –,
der aber auch für vieles andere sorgt,
während wir uns mit ganz realen Dingen beschäftigen:
in der Schule aufpassen,
bewußt dies und das tun oder uns etwas konzentriert überlegen.
Während dessen kann das Unbewußte – nennen wir es jetzt einfach einmal so –
ganz in der Tiefe ganz andere Aufgaben erledigen.
Und das ist doch überaus interessant,
daß es da in dir eine Claudia gibt,
die besondere Fähigkeiten und weitere Möglichkeiten und immer noch eine Variante mehr auf Lager hat.

Das kann man mit einem Brunnen vergleichen, aus dem man schöpfen kann,
und mit Hilfe dessen wir stärker werden können,
robuster und auch einfallsreicher
und uns im Positiven beeinflussen können.

Auch Angst auflösen können wir, und sie ist auf einmal nicht mehr da,
weil etwas anderes an ihre Stelle getreten ist:
Sicherheit,
Zuversicht,
auch Selbstverständlichkeit.
Weshalb und wie?
Weil etwas anderes auf unsichtbare Weise wichtiger und stärker geworden ist.

Gut.

Und ich habe jetzt eine lange Zeit geredet,
während du sehr schön ruhig geatmet hast und mir vielleicht auch zugehört,
vielleicht auch nicht.
Vielleicht hast du dich sogar gelangweilt und warst schon ganz woanders.
Das ist alles in Ordnung, denn in Hypnose ist ja alles erlaubt und alles richtig!
Ist das nicht prima?
Auch kannst du einfach nachspüren,
wie die Atmung kommt
und geht,
kommt
und geht,
und wenn du dich mehr und mehr auf die Atmung konzentrierst,
kannst du bemerken,
wie du dich mehr und mehr entspannst, ohne etwas Besonderes dafür zu tun.

Und es kann sich innerlich anfühlen,
als ob der Körper in leichte Schwingung gerät.
Wie wenn du in einer Hängematte ruhtest,
die zwischen zwei prächtigen, alten Bäumen aufgespannt ist.
Und die Hängematte wiegt dich ganz sanft,
fast liebevoll,
hin
und her,
hin
und her,
während alles um dich herum unwichtig werden kann.
So zum Beispiel auch das Schlagen der Kirchenglocke jetzt, alles völlig egal.

Meine Stimme gibt dir Halt.
Und das, was von meinen Worten wichtig ist, erreicht dich ganz selbstverständlich.

Gut.
Und jetzt spürst du die Hängematte, auch sie gibt dir Halt.
Ist sie aus Stoff oder geflochten?

Und nun laß diese zwei Bäume einfach an einem schönen Strand wurzeln.
Und du riechst die Meeresluft,
die klare,
die frische,
saubere,
jodhaltige,
die den Körper belebt und seine Funktionen in Einklang bringt.
Mit geschlossenen Augen kann man besonders gut riechen,
weil dann die anderen Sinne sich besser konzentrieren können.
Und so lauschst du auch dem sanften Spiel der Wellen des vollkommen ruhigen Meeres
und den anderen Geräuschen, die zum Meer gehören.
Und du kannst dich erinnern, was man am Meer alles wahrnehmen kann.
Und bald wirst du dort die Augen aufschlagen und dich umschauen,
und bemerken, daß du wieder einen Luftballon bei dir hast.
Das kennst du ja schon.
Du hast einen Luftballon bei dir.
Betrachte ihn noch mal genau, denn der Luftballon macht sich auf einmal selbständig.
Vielleicht kommt kurzfristig eine kleine Brise,
erfaßt den Luftballon und pustet ihn verspielt aufs Meer hinaus.
Und du wendest den Kopf und schaust ihm nach,
wie er so aufs Meer hinaus geweht wird,
ein bißchen auf das Wasser titscht
und dann wieder hochfedert …
Und weiter und weiter tänzelt er hinaus,
und je kleiner er erscheint, um so tiefer entspannt dein Körper,
um so ruhiger wird es in jeder deiner Zellen,
um so mehr schaltet das Gehirn sich auf Klarheit um.
Gedanken können sich ordnen, sich sammeln und in einer stillen Ecke zur Ruhe begeben.

Und wenn man jetzt eine Gehirnstrommessung machen würde,
dann würde man feststellen,
daß die linke Gehirnhälfte, die verstandesmäßige Arbeit leistet, schlafen geht.
Und daß die rechte Gehirnhälfte, die mehr für die Phantasie zuständig ist, –
für Bilder, für Einfallsreichtum, für Vorstellungen und für Träume und Lustigkeit –, aktiver wird.
Auch das vegetative Nervensystem verändert seine Gangart.
Überhaupt alles, was sonst aufregt,
beruhigt sich, wenn es im Körper friedlich wird.
Auch die Ausschüttung körpereigener Wirkstoffe, von Histaminen zum Beispiel, die für Überreaktionen des Körpers verantwortlich sind, reguliert sich und kommt in Balance.

Und der Luftballon fliegt weiter und weiter hinaus,
bis er ganz klein ist,
nur noch ein Punkt.
Und jeder Atemzug löst von neuem eine Schwingung aus, die dir guttut …
Schön …

Und dann geschieht etwas Überraschendes:
Genau da, wo der Luftballon am Horizont zu einem Punkt geworden ist, taucht etwas auf, was einem kleinen Schiff ähnelt.
Und dieses – zu deiner Überraschung – kommt näher.
Näher und näher.
Näher und näher
und hält Kurs genau auf dich zu.
Und du schaust hin, wie gebannt:
Es ist tatsächlich ein Schiff.
Ganz hübsch,
genau in deinen Lieblingsfarben –
und – ankert direkt in deiner nächsten Nähe.
Und da kommt ein Kapitän heraus oder eine Kapitänsfrau,
ich weiß es nicht, das wirst du entscheiden, was für dich das Bessere ist –

und sagt: ‚Hey, Claudia, komm raus aus deiner Hängematte! Komm, mach eine Schiffstour mit! Es wird dir Spaß machen und man kann immer was lernen dabei.‘
Nun gut, du krabbelst aus der Hängematte, gehst zum Wasser hin, krempelst die Hosen hoch,
watest durchs Wasser.
Natürlich werden die Hosenbeine naß dabei, das ist nun mal so.
Du kletterst eine Hängeleiter hoch, bis du oben auf dem Schiff bist,
Und wenn du angelangt bist, hörst du: ‚Vorsicht, da sitzt eine kleine Katze!‘
Und du siehst die Katze. Die sitzt auf der Treppe und schnurrt in der Wärme der Sonne …
und du gehst jetzt eine Stufe tiefer,
die zweite, die dritte tiefer, die vierte und die fünfte und du bist auf dem auf Deck angelangt.

Und es wird der Anker gelichtet,
ja, und dann legt das Schiff ab.
Ach, und das ist wirklich toll!
Da ist alles noch viel intensiver:
die köstlich frische Meeresluft,
die Farben und alle anderen Eindrücke …

Das Schiff steuert hinaus aufs Meer.
und du läufst rum, genießt es …
den Sonnenschein, den warmen Wind,
immer mal wieder einen Spritzer von Meerwasser auf deinem Gesicht.
Du leckst das Salz von deinen Lippen.
Diese unheimlich klare Luft tut dir gut, sie reinigt dich und weht alles heraus,
was nicht drin sein soll!

Und du stehst vorne am Bug,
das Schiff bahnt sich gleichmäßig seinen Weg durchs Wasser.
Du erkennst von Bord aus alles besser,
die Silhouette des Landes, die Bläue des Himmels, die weißen Möwen, die dem Schiff folgen.

Und du genießt es richtig
und stehst da,
breitbeinig und selbstbewußt –
und das Herz wird dir weit,
und du breitest die Arme aus –
ein Wunder, daß dir nicht Flügel wachsen –
und du fühlst dich so unglaublich verbunden mit der Natur
und so selbstverständlich und gut,
egal was andere machen und tun
oder nicht tun und lassen,
das ist alles so fern ...
Du bist du
und jetzt ist jetzt.
Und hier ist hier
und nur noch das ist wichtig und zählt.

Du merkst, wie du innerlich irgendwie an Raum gewinnst
und fester und stärker wirst und du richtig Claudia bist,
so, wie du dich gern hast und wohl fühlst.
Du spürst richtig die Freude,
du fühlst in jeder Körperzelle die Freude und die glückliche Aufgeregtheit.
Und das macht dich innerlich richtig froh, daß du dich so spürst,
dein Gefühl so fühlst.
Und das genießt du eine Weile …

Und auf einmal sagt der Kapitän: ‚Paß mal auf, merkst du nicht, es kommen ein paar Tropfen Regen. Das ist ein kurzer Schauer, der wird schnell vorüberziehen. Aber weißt du, geh doch derweil unten in die Kajüte. Ich paß' hier oben auf, ich muß das Schiff lenken. Geh runter, daß du nicht naß wirst. Da ist es ganz gemütlich und warm, da gibt's auch was, um dich zu stärken. Nimm dir was zu trinken oder zu essen und dann kannst du auch einen Film anschauen.‘
Da denkst du nicht zweimal nach und sagst dir: ‚Da geh' ich doch runter!‘
Aber paß auf, da sitzt wieder eine kleine Katze,
und gehst nochmals fünf Stufen tiefer, hinunter in den Schiffsbauch.

Eine Stufe tiefer,
das wär' die sechste,
die siebte,
die achte und die neunte,
die zehnte, und die kleine Katze,
rechts oder links, schau mal.
Ja, und da ist es ja gemütlich!
Mit einer Lampe drin und einer kleinen Bar. So bedienst du dich mit einem leckeren Getränk. Da gibt es auch Eiswürfel und Strohhalme.
Auch Sachen zum Knabbern, überhaupt alles, was du magst,
Ich laß mich mal überraschen, was du mir nachher erzählen wirst,
ob es Nüsse sind oder Schokolade oder was du gerne magst.
O.K.
Du schnappst dir was, und bequemst dich dann ganz faulenzerisch in den Ohrensessel und entdeckst eine Leinwand und eine Fernbedienung.
‚Schalt' ich da mal irgendwie ein bißchen rum und vertreibe mir angenehm die Zeit', so könntest du denken.
Gut.
Und auf einmal spielt ein Film.
Guck mal.
Und auch noch ein Film, der dich haarscharf interessiert.
Ein Film, den du gerne magst.
Und du siehst und verfolgst die Szenen,
und die Sekunden der äußeren Zeit vergehen wie Stunden innerer Zeit.
Die Uhr draußen schlägt und läßt dich damit nur wissen,
wie vertieft du in wirklich Wichtiges bist.
Und irgendwann ändert sich von alleine der Film
und zwar dahin –
das wird dich überraschen –,
daß in dem Film auf einmal ein junges Mädchen mitspielt.
Nicht du, ein anderes Mädchen ungefähr in deinem Alter,
ein Mädchen, das dir sympathisch ist.
Und das Mädchen kann was, was du gerne können möchtest.
Und du weißt nicht so recht, wie diese Handlung jetzt da reinkommt,
macht nichts.

Du siehst da ein Mädchen, das dir sympathisch ist. Die kann was, was du gerne können möchtest, und hat eine Fähigkeit, die du gerne hättest, und die du auch haben kannst.
Und so beobachtest du eine Weile lang,
was dieses andere Mädchen macht …

Du bist davon fasziniert, ja geradezu hypnotisiert
und sagst: ‚Mensch, wie die sprüht, so vor lauter Lebenslust,
wie sicher sie ist, wie sie lacht, wie sie beliebt ist!' –
so daß du auf einmal – in einem unbedachten Augenblick – in diese Rolle hineinschlüpfst.
Du spielst diese Rolle,
Und du spielst die Rolle nicht nur,
Du bist die Rolle.
Nein, es sind deine Eigenschaften.
Und du merkst, wie das alles von alleine geht.
Und du brauchst gar nichts zu tun,
und dein Körper bewegt sich von alleine,
wie aus einem inneren Impuls heraus.
Deine Glieder bewegen sich von alleine.
Dein Mund spricht von alleine.
Deine Augen sind lebendig und klar.
Und du hast eine ganz, ganz schöne Ausstrahlung,
du bist dir selbst wichtig.
Und du packst dir das Leben mit beiden Händen.
Das merkt man richtig.
Egal, was um dich herum ist.
Dadurch, daß du das so machst, reißt du die anderen mit.
Und die verändern sich auch.
Und das ist das Erstaunliche, was da so von alleine passiert.
Gut.
Du machst das ganz, ganz gut.

Und wieder vergehen, was äußerlich Sekunden sind, innerlich Stunden, bis der Kapitän oder die Kapitänsfrau ruft: ‚Hey, Claudia, komm wieder hoch! Das Wetter hat sich wieder aufgeklärt. Der Himmel ist wunderschön. Komm, die Rückreise ist angetreten.'

Und du sagst ein bißchen wehmütig: ‚Na ja, ist ja auch gut,
ich muß ja auch irgendwann wieder zurück, ist schon in Ordnung.‘
Und du schaltest aus und gehst wieder zurück,
hoch die Stufen, die zehnte, die neunte, die achte,
die siebte, die sechste,
und du bist oben auf Deck
und siehst, die Sonne am Himmel ist weitergezogen.
Und das Schiffchen fährt zurück.
Gut. Und du fühlst dich anders.
Unheimlich gut,
und du merkst, du hast gelernt,
ohne wissen zu müssen, daß du lerntest …
Und du hast innerlich mehr Kontrolle, und Äußeres ist dir unwichtiger geworden.
Und das fühlt sich gut an.
Schön.

Und das Schiff hält Kurs auf den Ankerplatz von vorhin,
fährt zurück,
die Sonne steht tief am Himmel, und es ist Zeit zurückzukehren.

Du verabschiedest dich, du bedankst dich
und fühlst diese starke, kräftige Hand
und hörst eine Stimme, die sagt:
‚Du kannst es, mach es, vertrau auf dich. Und jedesmal nachts, im Schlaf, kannst du zurückkommen auf das Schiff und wieder ein bißchen mehr lernen und stärker werden, Vertrauen gewinnen und morgens gut und gekräftigt aufwachen,
mit frohem Sinn und Freude am Leben.
Und jede Nacht wird dich stärken und du spürst,
es ist etwas Besonderes geschehen.
Laß es nur dein Geheimnis sein! Einzig allein du weißt davon, ja?‘
Ja, natürlich!
Dann ankert das Schiff.
Und – ratter, ratter – geht der Anker runter ins Wasser.
Und du kletterst die nächsten Stufen hoch,
um aus dem Schiff rauszukommen,

die fünfte, die vierte,
die dritte, die zweite,
und die erste.
Und dann diese kleine Hängeleiter hinunter,
und du springst ins Wasser.
Gehst zurück, winkst noch mal fröhlich,
aber da ist das Schiff schon verschwunden.
Das ist schon ein besonderes Schiff.
Na ja, gut.
Gehst zurück, siehst deine Hängematte,
setzt dich noch mal einen Moment hin,
sinnierst über dein Erlebnis und träumst ihm eine kurze Weile nach.
So kann es besonders gut zur Wirkung kommen.
Das ist gut so.

Öffne nun die Augen und komm wieder klar und erfrischt hierher zurück."

Es versteht sich, daß bei solchen Interventionen eine Familiensitzung von hohem Wert sein kann.

9.4 ‚Die kleine Meerjungfrau, die ihre Familie retten wollte'

Aufzeichnung einer familientherapeutischen Intervention bei einem krebskranken Mädchen

Vor einiger Zeit wurde ich zu einem 12jährigen Mädchen in die Klinik gerufen, das trotz guter Prognose seit Wochen eine seelische und körperliche Gratwanderung vollzog. Ich fragte die Kleine, die fiebernd und apathisch im Bett lag, was ich für sie tun könne. Ihr Blick haftete eine Weile auf meiner Muschelhalskette, bevor sie die Augen schloß. Sie hatte schon Hypnoseerfahrung und ließ sich in eine tiefe Trance gleiten. Fingerzeichen erschienen spontan, so daß ich mich orientieren konnte, wieweit ich auf der richtigen Spur war.

Da ich mich sehr sensibel auf das Mädchen einstellen wollte, ließ ich auch bei mir eine leichte Trance zu. Ich achtete auf meine Atmung und eigenen Fingersignale. Auf der Basis meiner Hypothese zum Familienkonflikt erzählte ich ihr eine allegorische Geschichte. Diese handelte von Muscheln und Meer, von Fischen und Seelilien und einer kleinen Meerjungfrau. Diese Meerjungfrau hatte in ihrer Familie ein Problem erkannt und sich zur Aufgabe gestellt, die Familie zu erlösen, selbst wenn sie sterben müsse. Das Mädchen zeigte starke Reaktionen in Mimik und Atmung.

Ich erzählte weiter: „Die kleine Meerjungfrau mühte sich hart und litt sehr. Keiner erkannte ihr Opfer. Trotz allem blieb sie erfolglos und war zutiefst unglücklich *(suizidal)*." Ich schmückte diese Stelle plastisch aus.

„Doch dann tauchten plötzlich ein Regenbogen und ein verspielter Delphin auf. Die Meerjungfrau verspürte die lebensrettende Lust, Kind zu sein und die Aufgabe an die richtige Stelle, an die Eltern, zurückzugeben. Sie war sich auch sicher, für die Durchführung ihres Plans eine Lösung zu finden, ohne das Gesicht zu verlieren."

Die positive Wandlung der Geschichte konnte als posthypnotischer Auftrag wirken, das Problem durfte – nicht benannt – ein Geheimnis bleiben. Das Mädchen sank in einen tiefen Erholungsschlaf, die Temperatur normalisierte sich innerhalb einer halben Stunde.
Ich schloß die Sitzung auch für mich selber ab.

Für die am nächsten Tag anberaumte **Familientherapie** konnte sie immerhin im Stuhl sitzen. Es wurden die immensen Belastungen betont, denen die Familie unterworfen ist. Wie in jeder Familie, so meinte ich, gäbe es sicher auch hier etwas gesondert zu besprechen, nur unter Erwachsenen. Das ginge aber erst, wenn das Kind wieder bei Kräften sei. Mit den Eltern wurden fünf Termine fest vereinbart. **Das Kind erhielt damit die indirekte Botschaft: Wenn du wieder bei Kräften bist, werden wir unsere Probleme selber lösen, was eine unbewußte Koppelung für die Gesundung auslöst.** Der Familie wurde noch ein kräftesammelndes Ritual verschrieben, und das Kind konnte nach zehn Tagen entlassen werden, um für die nächste chemotherapeutische Sequenz Stärke zu gewinnen. Weitere acht Tage später fuhr es wieder Fahrrad …

Dieser Fallbericht mag ein wenig wie Zauberei anmuten, aber stimmige Interventionen zum passenden Zeitpunkt können tiefgreifende Prozesse in Gang bringen, die heilend wirksam werden. Ich möchte nicht behaupten, daß das immer gelingt.

Zum Verständnis dieser Falldarstellung möchte ich noch hinzufügen, daß die Intention der Familiensitzung eine Symptomverschiebung vom Kind auf die Eltern beinhaltete. Die Eltern sollten das Problem wieder übernehmen (und später lösen), damit das Kind gesunden kann.

Voraussetzung ist, daß die festen Absprachen mit den Eltern eingehalten werden. Diese Familie hielt sich daran und traf auch in erstaunlich schneller Zeit erleichternde Veränderungen für sämtliche Mitglieder.

Als weiterführende Literatur sei hingewiesen auf Siegfried Mrochen et al. (1993), Karl L. Holtz et al. (2000) sowie auf das *Lehrbuch der Kinderhypnose und -hypnotherapie* von Karen Olness und Daniel P. Kohen (2001).

Kapitel 10

Hypnose in der Schmerztherapie

10.1 Theoretische Voraussetzungen

10.1.1 Hypnotherapeutische Analgesie und Anästhesie

Hat der Schmerz seine Signalfunktion erfüllt, führt er als chronischer Schmerz ein Eigenleben oder wünscht man präventiv einem zu erwartenden Schmerzgeschehen besser zu begegnen, bietet die Hypnose vielfältige und erfolgreiche Möglichkeiten der Beeinflussung und eventuellen Bewältigung. Als sekundärer Gewinn läßt die Reduktion der Angst, gekoppelt mit der Schmälerung von Intensität und Dauer des Schmerzerlebnisses sowie einer veränderten psychischen Bewertung die Streßparameter sinken, was das Immunsystem stabilisiert und Heilungskapazitäten fördert.

Die hypnotische Analgesie und Anästhesie sind ohne Zweifel die atemberaubendsten Phänomene in der Hypnose. Wir wissen von kleineren (Mandeloperationen, siehe Loth u. Kahan 1986), aber auch größeren (Beinamputationen) chirurgischen Eingriffen unter Hypnose. Wir hörten von den Erfolgen in der Notfallintervention und den hervorragenden Ergebnissen der Hypnose bei Patienten, die großflächige Verbrennungen erlitten haben. In welchen Bereichen und mit welcher Zielrichtung kann die Hypnose nun gegenwärtig sinnvoll angewendet werden?

Es lassen sich *6 Schwerpunkte für die Intervention mit Hypnose* nennen:

1. die **Ausschaltung** oder (meistens) **Reduzierung des Schmerzes**, sobald er seinen physiologischen Sinn, die Signalfunktion, erfüllt hat;

2. der Bedarf an oder Wunsch nach **geringerer Dosierung von Anxiolytika, Analgetika, Anästhetika;**

3. die Therapie des Schmerzes **ohne Nebenwirkungen;**

4. das Anheben des allgemeinen Wohlbefindens durch Hypnose mit dadurch bedingter **erhöhter Immunabwehr** und **besserer Heilungstendenz** (Walter Bongartz, in: Kossak 1989);

5. die Erziehung des Patienten zu mehr **Selbständigkeit und Verantwortung** in bezug auf das Ausüben der Schmerzkontrolle mit Hilfe von Selbsthypnose, was weiterhin einen positiven Gewinn an Selbstvertrauen und Selbstrespekt bewirkt;

6. die **indirekte positive Beeinflussung der sekundären Depression**, die sich häufig bei lang andauerndem Schmerzgeschehen einschleicht, durch hypnotherapeutische Methoden der **Ich-Stärkung** (ego-strengthening).

Wie ist es nun erklärbar, daß Hypnose gerade beim Schmerzpatienten so leicht und wirkungsvoll angewendet werden kann? Ein Aspekt liegt sicher in der Besonderheit der psychischen Situation des Patienten. Man kann von einer **hochsuggestiblen Verfassung** sprechen, deren Ursache Leid ist. Die Erwartungshaltung und Motivation zur Veränderung dieses Leides öffnen den Patienten auf besondere Weise für Angebote der therapeutischen Intervention. Er zeigt sich fokussiert, absorbiert und in die Therapie involviert. Diesen veränderten Bewußtseinszustand können wir als hypnoid, wenn nicht schon als hypnotisch bezeichnen, so daß wir kaum Hypnose induzieren müssen. Wir sollten das auch nicht, denn es könnte sogar kontraproduktiv sein, weil wir dem Patienten dann nicht an dem Ort begegnen, an dem er sich innerlich fühlt. Das Ergebnis wäre, daß sich der Patient weniger verstanden fühlt. Der Rapport ist dagegen sehr einfach herzustellen, indem ich den Patienten in seinem Zustand sozusagen ‚abhole'. Mit Sätzen wie: „Und wie Sie sicher wissen, haben Menschen in außergewöhnlichen Situationen außergewöhnliche Fähigkeiten, über die auch Sie jetzt verfügen. Die setzen Sie nun ein, um ..." kann ich ihn wohlwollend unterstützen und auffordern, ruhig und tief durchzuatmen, sich zu entspannen und sich vermehrt Wohlbehagen herzustellen.

Je akuter und dramatischer sich der Fall darstellt, **um so direktiver** sollte die hypnotherapeutische Intervention formuliert sein.

Je länger das Schmerzgeschehen schon anhielt, so auch bei Schmerzen chronischer Krankheitsbilder, um so mehr müssen wir uns dem **psychischen Anteil,** wie z. B. der Bedeutung des Schmerzes für den Patienten, widmen.

Voraussetzungen von seiten des Therapeuten für eine erfolgreiche Hypnoseintervention in der Schmerztherapie:

1. **eigene Erfahrung in Hypnose** und **Selbsthypnose,** womit wir die Möglichkeiten dieser Verfahren an uns selber kennenlernen und darin Vertrauen besitzen

2. **Selbsterfahrung** in der Wirksamkeit hypnotischer **Anästhesie, Analgesie**, erlernbar durch Dissoziationsübungen für Kühle, Taubheit (Übung ‚Badesee') und Methoden wie der der ‚Handschuhanästhesie' und der des ‚Nadeltestes'

3. **präziser Sprachgebrauch** unter Vermeidung von schlechten Suggestionen

4. **Gelassenheit und Ruhe** im Umgang mit dem Patienten und das **Vertrauen in seine Fähigkeiten**, Schmerzen moderieren zu können

5. **ruhige, führende Berührung** (siehe Abschnitt I 2.2) des Patienten durch den Therapeuten zum richtigen Zeitpunkt (so kurz wie möglich, aber so lang wie nötig, um ihm über schwierige Klippen zu helfen) und am richtigen Ort (meist am Arm)

6. Benutzung **hypnotherapeutischer Diagnostik (8-Fragen-Katalog,** II 6.1**)** mit Hilfe ideomotorischer Signale, um Hinweise auf psychische Hintergründe des Krankheitsgeschehens zu erhalten und eventuelle Hindernisse (‚Widerstände') gegen die Therapie so schnell wie möglich zu entlarven und zu behandeln.

10.1.2 Grundlegende schmerztherapeutische Strategien

Merke: Das akute Schmerzgeschehen wird oftmals überlagert von der Erinnerung an erlebten Schmerz und von der Angst vor dem zu erwartenden Schmerz. Die Hypnotherapie kann auf allen Ebenen wirkungsvoll ansetzen.

Leitlinien

Bei akutem Schmerz direktiv vorgehen!

Bei chronischem Schmerz psychische Beteiligung berücksichtigen!

Bei starken Schmerzen Restschmerz erlauben!

Die Signalfunktion des Schmerzes respektieren. Ausschließlich ‚sinnlosen' Schmerz hypnotisch beeinflussen!

Wichtig ist die konkrete Beschreibung der sensorischen Aspekte des Schmerzes auf der thermischen, der kinästhetischen und bildlichen Ebene. Dies dient dem Rapport und befähigt den Therapeuten, die vom Patienten angebotene Beschreibung für seine Intervention zu nutzen.

Therapeutisches Vorgehen

A) Hervorrufen von hypnotischer Anästhesie oder Analgesie bei akutem Schmerz und klaren Schmerzbildern

1. **direkte oder indirekte Suggestionen** von z. B. Schwere, Leichtigkeit, Kühle, Wärme oder auch Taubheit
2. **Imagination oder visuelle Modifikation,** z. B. durch Vorstellung von einem inneren Schalter, mit dem man Schmerz reduziert, oder magischen Schwamm, der Schmerzen aufsaugt, oder kühlender Farbe, die den Schmerz ‚abkühlt'

3. **ideomotorisches ‚Ausschalten' oder graduelle Diminuierung von Schmerz**
4. **eingebettete Suggestionen** und **Metaphern**
5. **absichtliches An- und Abschwellen-Lassen** von Schmerz
6. **Fokussierung auf den Schmerz,** ‚hineinwandern' und dann verändern
7. **Handschuhanästhesie,** eventuell ‚Nadeltest', dann die Anästhesie aus dieser Hand in den entsprechenden Körperbereich fließen lassen (wenn Taubheit in einem Körperbereich hervorgerufen werden kann, ist das auch in einem anderen möglich)
8. **Distraktion**, andere Körperbereiche in der Gefühlswahrnehmung intensiver erscheinen lassen.

B) Schmerztherapie bei chronischem Schmerz und komplexen Schmerzsyndromen

a) Exploration auf der unbewußten Ebene zur Förderung innerer Fokussierung, Freisetzung unbewußter Fähigkeiten und zur Konfliktbewältigung

1. **ideomotorisches Signalisieren (möglichst mit ‚Fingersignalen')**
2. **geführte Imagination**
3. **hypnoprojektive Techniken**

Diese Techniken erleichtern am Anfang der Therapie zu diagnostizieren, ob die Schmerzsymptomatik psychische Anteile hat oder sogar rein psychogener Natur ist, ob unbewußte Momente den Schmerz verstärken oder verursachen. Sie dienen auch der Beurteilung, welche der folgenden Techniken bevorzugt werden sollte.

b) Hypnotherapeutische Techniken zur Veränderung von Schmerzerleben

1. **Gedankliche Absorption und Distraktion**
2. **Symptomsubstitution,** Ersatz durch weniger belästigende Sensation, z. B. durch Juckreiz
3. **Schmerzverschiebung** in andere Körperbereiche, vorzugs-

weise das Schmerzgebiet zuerst einmal vergrößern, dann verkleinern, danach verschieben, nach Möglichkeit ausleiten

4. **Amnesie** für erfahrenen Schmerz/für die letzte Schmerzattacke
5. **Zeitverzerrung** (um Minuten, Stunden, Tage) bzw. **veränderte Zeitwahrnehmung,** z. B. die schmerzfreie Zeit ‚verlängern' und umgekehrt
6. **Zeitdissoziation, Zeitprogression/-regression,** jeweils in schmerzfreie Zeit (Situation des Wohlbehagens, Urlaub)
7. **Imagination schöner Szenarien und Phantasien**
8. **Reinterpretation der Schmerzerfahrung,** z. B. als Körpersignal bei Nichtbeachtung der eigenen Kräfte
9. **Erhöhung der Schmerztoleranz** mit posthypnotischen Suggestionen: für den inneren Dialog, für geistige Arbeit, mit dem Schmerz umzugehen, und für die Desensibilisierung bezüglich der Schmerzauslöser
10. **‚Innerer Ratgeber'-Technik,** d. h. die Installation einer projektiven Instanz zur Förderung eines inneren, hilfreichen Dialoges
11. **körperliche Dissoziation,** z. B. den Körper ruhen lassen und geistig auf Reise gehen
12. **Halluzination,** Beispiel ‚Tiger' von Erickson (Der Phantasietiger unter ihrem Bett hielt die ganze Aufmerksamkeit einer krebskranken Patientin im finalen Stadium gefangen.)
13. **‚Out of Body'-Erfahrungen** bei sehr starkem Schmerzerleben.

‚Liebespackungen' für den chronisch schmerzenden Bereich

Bei chronischen Schmerzen kann es sich als sinnvoll erweisen herauszufinden, wie der innere Bezug des Patienten zu dem gequälten/quälenden Körperbereich ist. Oft ist – verständlicherweise – zu hören, daß **dieser Bereich ausgegrenzt oder sogar verwünscht** wird. Arbeiten Sie in so einem Fall psychotherapeutisch daran, den Patienten zu befähigen, sich dem schmerzenden Körperteil wieder im Positiven zuwenden zu können. Erzählen Sie ihm als Gleichnis die

Geschichte von der liebevollen Mutter, die das gestürzte Kind hätschelnd in den Arm nimmt und das aufgeschlagene Beinchen küßt und versorgt. Kann der Patient keine irgendwie gestaltete liebevolle Zuneigung zu dem erkrankten oder schmerzenden Körperteil empfinden (wie der Schauspielstudent mit dem ‚Hasentraum', der sich ‚am liebsten das Bein ausgerissen' hätte und sich für seine Dummheit mit dem Sprung auf einen harten Betonboden verdammte), hat es der Körper mit dem Heilen schwer. Geben Sie ein neues Rezept: „Machen Sie Packungen für den Schmerzbereich. Welche? Packungen aus Liebe. Dick und voll und satt, auf jeden Fall über Nacht ..."

Ähnlich verhält es sich mit der Aggression gegen sich selbst wegen einer eventuellen Eigenverschuldung bei der ursprünglichen Verletzung (siehe Beispiel oben oder Autounfall, auch sehr häufig bei Verbrennungsopfern). Heilung vollzieht sich schleppender, ist diese nicht aufgelöst.

Der Patient mit chronischen Schmerzen sollte zur **Selbsthypnose** verpflichtet werden. Dabei wird nach erhaltener Anleitung freier Raum für eigene Versionen der Induktion und Utilisation gegeben. So beschrieb mir eine Rheumapatientin (Carlotta), wie sie sich ihren schmerzenden Körper als zu prall gefüllten Sack Reis vorstelle. In Hypnose würde sie dann unten ein paar Löcher öffnen, so daß der Reis herausriesele. Der Sack erleichtere sich und fühle sich nach und nach geräumiger und wohliger an.

Es können unendlich viele Metaphern gefunden werden, wie Schmerzen ‚heruntergekühlt, ausgebleicht, abgeschält, geschmolzen oder einfach ausgeatmet' werden. Das selbst gefundene Bild ist meist das wirkungsvollste.

10.2 Techniken

10.2.1 ‚Badesee'

Anleitung mit einfachen ideomotorischen Signalen zum Erlernen von hypnotischer Analgesie und Anästhesie, u. a. zur Vorbereitung für chirurgische Eingriffe (nach Cheek 1988)

„Schließen Sie nun die Augen, lehnen sich zurück und lassen vor Ihrem inneren Auge das Bild einer schönen, sommerlichen Landschaft mit einem Badesee entstehen. Das klare Wasser glitzert im Licht der Sonne. Sie atmen ruhig und tief …

Indem Sie besonders ruhig ausatmen, können Sie dem Bild Leben einhauchen. Die Landschaft wird für Sie zur inneren Wirklichkeit. Sie ziehen Schuhe und Strümpfe aus, um den Boden unter den nackten Füßen spüren zu können. Dann gehen Sie über den federnden Boden und nähern sich dem Ufer des Sees. Sie sehen, wie er nur sehr allmählich tiefer wird. Dort angekommen, entkleiden Sie sich. Alles ist ruhig und sicher. Sie machen bedächtig Schritte in das frische, kühle Wasser. Es umspült zuerst nur Ihre Füße. Spüren Sie jetzt das frische Wasser an Ihren Füßen …

Nun gehen Sie bis zu den Knien hinein. Sie fühlen dabei deutlich das Ansteigen des Wasserspiegels an Ihren Unterschenkeln. Wenn Sie die Kühle bis zu den Kniekehlen verspüren, wird sich ein Finger der linken Hand von alleine heben."

An dieser Stelle ist das ideomotorische Zeichen abzuwarten.

„Sagen Sie mir bitte auch mit Ihren Worten, wenn Sie die Kühle vom Knie an abwärts bemerken." Hier ist die verbale Antwort abzuwarten.

„Wenn man in kaltem Wasser ist, gewöhnt man sich schnell, und es erscheint nicht mehr kalt. Man ist halb so sensibel wie vorher. Wenn man gekratzt oder gestoßen werden würde, würde man ausschließlich eine **Berührung spüren, aber keine Schmerzen.** Sobald Sie vom Knie an abwärts halb so sensibel sind wie gewöhnlich, wird ein Finger der rechten Hand sich heben und Sie es wissen lassen."

Nach erfolgter ideomotorischer Anzeige:

„Nun waten Sie weiter ins Wasser, und zwar bis zu den Hüften. Wenn Sie Kühle / Kälte von den Knien bis zu den Hüften verspüren, wird sich wieder der Finger der linken Hand von alleine anheben. Wenn Sie eine gewisse Taubheit von den Hüften abwärts bis zu den Knien verspüren, wird der Finger der rechten Hand ein Zeichen geben.

Nun gehen Sie weiter bis zum Nabel … zum Brustkorb …" etc. nach dem gleichen Schema.

„Und jetzt schließen Sie Daumen und Zeigefinger einer Hand zu einem kleinen magischen Kreis. So verankert sich diese Erfahrung, und es bahnt sich das Erscheinen von spontaner Kühle und Anästhesie. Mit jedem Mal, mit dem Sie diese hypnotische Übung machen werden, können Sie es besser, schneller und erfolgreicher. Und seien Sie gewiß: **Beim hypnotischen Ausschalten von Schmerz wird anschließende Heilung schneller und komplikationsloser vonstatten gehen.**

Nun lösen Sie die linke Hand. Waten Sie wieder zurück. Der Wasserspiegel sinkt an Ihrem Körper hinunter, womit wieder vollkommen normales Empfinden eintritt. Wie von Zauberhand ist ein dickes flauschiges Frotteehandtuch in schönen Farben am Ufer ausgebreitet und erwartet Sie. Entsteigen Sie nun wieder dem Wasser, trocknen sich gut damit ab, ziehen sich warm an und begeben sich auf den Rückweg. Verabschieden Sie sich von diesem besonderen See und seiner Landschaft und treten wieder aus dem Bild heraus. Geben Sie dieser Erfahrung nun einen Rahmen und hängen es auf in Ihrem inneren Haus. So bleibt Ihnen die Fähigkeit, den Wechsel von Anästhesie und vollem Gefühl jederzeit für sich herzustellen, erhalten und wird leicht abrufbar. Dann beenden Sie die Hypnose."

10.2.2 Die „progressive Anästhesieinduktion"

Ziel und Indikation

Erlernen der schrittweisen Vertiefung von Anästhesie mit der Option, gleichzeitig geistig wach und ansprechbar zu sein. Diese Intervention ist **bei mittelstarken Schmerzen jeder Genese und zur Vorbereitung chirurgischer Eingriffe** anzuwenden.

Methodisches Vorgehen

Der Patient wird aufgefordert, sich auf eine Hand zu konzentrieren und dort ein Gefühl der Schwere zu entwickeln. Das Eintreten des Schweregefühls soll der Patient mit Kopfnicken bestätigen. Abwarten … Weiter auf die Hand fokussieren lassen, während der Therapeut leicht darüberstreicht, folgende Suggestion gebend: „Während ich über Ihre Hand streiche, werden Sie spüren, wie sie nach und nach taub wird." Der Patient nickt wiederum, wenn er die Taubheit verspürt. Pause … Der Therapeut fordert nun den Patienten auf, genau zu beobachten, wie die Taubheit sich von alleine ausbreitet:

über den Handrücken, in der Innenfläche, in den Fingern, in der gesamten Hand. Pause … Der Patient wird weiterhin angehalten, wahrzunehmen, wie die Taubheit sich mehr und mehr verstärkt, wie gut sich das anfühlt, wie man zu faul ist, auch nur einen Finger zu rühren … etc.: „Die Hand ist so entspannt, so schwer, so gefühllos, so pelzig, als ob sie schlafen gegangen wäre …" Wiederum bestätigt ein Nicken das Eintreten der Suggestion. (Pause) …

Jetzt streicht der Therapeut über den Unterarm und wiederholt die für die Hand gegebenen Suggestionen für diesen Körperbereich. Dabei erwähnt er, daß die Taubheit fließe, sich ausbreite, sich vertiefe etc. … Die Faszination des erlebten Phänomens wird ausgesprochen: „Sie werden sicher angenehm überrascht sein, wie so ganz von alleine …, wie alles schwer und taub, wie schlafend ist." (Pause) …

Wenn der Patient die erwartete Sensation bestätigt, wird er gefragt, ob es in Ordnung sei, daß die Taubheit sich weiter ausbreite, in eigenem Fluß, eigenem Tempo, zuerst über den Bizeps, dann den Trizeps, den Deltoideus. Wenn dann der Oberarm ‚eingeschlafen' ist, folgen die weiteren Körperregionen; andere Hand, Arm, Brust Bauch, Becken, Beine, Füße nach dem gleichen Schema, zuletzt der Kopf. Der Therapeut möge den Patienten berühren, soweit es für beide stimmig ist. Die Berührung wird dann als tief beruhigend und hypnotisierend empfunden. Ist beim Patienten vollkommene Ruhe eingetreten, wird dieses mit Formulierungen, die die Worte ‚Ruhe, Stille, bewegungslos, wie schlafen gegangen, wie vom Körper entfernt, die Behaglichkeit genießend' beinhalten, unterstützt.

An dieser Stelle wird der Patient aufgefordert, vom Nacken aufwärts mit dem Kopf wieder aufzuwachen, den Körper aber weiterhin in dem heilenden Trancezustand zu belassen.

Damit der Patient in dieser Technik sicher wird, sollte er die Methode auch alleine während der Selbsthypnose üben und die Berührungen des Körpers durch den Hypnotherapeuten dabei erinnern, so daß sie durch die ‚körperliche Erinnerung' wieder wirksam werden können.

10.2.3 Hypnose in der präoperativen Situation

Direktive Suggestionen vor dem chirurgischen Eingriff

1. Sie können heute nacht vor der Operation ruhig durchschlafen.

2. Morgen früh erwachen Sie mit einem Gefühl der Ruhe und Sicherheit. Sie wissen, daß jedermann sich hier bestens um sie kümmert und daß alles für Sie getan wird.

3. Sie können deshalb einfach schönen Phantasien nachhängen, während die anderen hier ihren täglichen Aufgaben nachgehen. Sie ignorieren, was um Sie herum geschieht – auch alle Geräusche und alle Lichter – und sind vielleicht erstaunt oder sogar begeistert, wie gelassen und wohl Sie sich fühlen. Alles, was Sie sonst vielleicht gestört hätte, verhilft Ihnen jetzt nur, Ihre Hypnose zu vertiefen und sich angenehm und zuversichtlich zu fühlen.

4. Während des Narkoseschlafes lassen Sie die Ärzte für sich Sorge tragen. Auch wird Ihr Körper zur richtigen Zeit die richtigen Signale geben, damit die Ärzte das Richtige tun werden.

5. Wenn Sie nach dem Eingriff aufwachen werden, können Sie weiterhin Tagträumen Raum geben und ausschließlich dafür Sorge tragen, daß Sie sich wohl fühlen. Alle äußeren Einflüsse sind völlig unwichtig für Sie. Nur direkt angesprochen reagieren und antworten Sie.

6. Sie genießen ruhige, tiefe Atemzüge. Sie haben Kontrolle über Blutstillung und spontane Heilung. (Das Wasserlassen geschieht leicht und spontan … etc., dem Kontext und den Bedürfnissen entsprechend.)

7. Es wird Ihnen vielleicht insgeheim Freude bereiten, die Schwestern damit zu überraschen, daß Sie keine Schmerzmittel verlangen und daß Sie feststellen, sich besser als erwartet zu fühlen, und zwar wohl und ruhig, der Genesung entgegensehend.

8. Im Moment des Wundverschlusses setzt der Körper sofort mit der Heilung ein. Und diese Heilung vollzieht sich um so schneller und besser, je wohler Sie sich fühlen.

(Ausführliche Einzelheiten zu diesem Thema siehe Bejenke 1996 a und 1996 b.)

10.2.4 Präoperative Hypnose zur Förderung postoperativer Heilung

(nach David Cheek, übersetzt, überarbeitet und für den deutschen Sprachgebrauch modifiziert)

Alle nun folgenden Fragen werden zur autonomen Beantwortung durch die unbewußt erfolgenden ideomotorischen Fingersignale gestellt. Bei ‚Ja'- Antwort gehe man weiter vor, bei ‚Nein'-Antwort widme man sich dem zugrundeliegenden psychischen Problem, bestenfalls auch wieder anhand der unbewußten Befragung (z. B.: „Sind Sie bereit, an dieser Sie hindernden Einstellung etwas zu ändern?").

1. Einleitende hypnotherapeutische Übung für Anästhesie und Wohlbefinden
a) ideodynamische Zeichen für Übungen der Anästhesie und/oder Analgesie:
„Ihr Ja-Finger kann sich heben, wenn Sie die Kälte/Taubheit spüren."
Zur Übung der Provokation von Kälte und Taubheit dient die Technik ‚Badesee': schrittweise eintauchen, mit Daumen und Zeigefinger verankern'.

b) ideodynamische Exploration und Korrektur von Mißverständnissen und Ängsten vor dem operativen Eingriff

2. Zugang zu unbewußten Ressourcen und deren Utilisation mit Hilfe ideomotorischer Fingersignale
a) „Nach einem solchen Eingriff geht es den meisten Patienten gut, und sie können in x Tagen gesund/geheilt nach Hause gehen. Weiß

Ihr Unbewußtes, daß es Heilung fördern kann, so daß Sie vielleicht noch schneller gesunden/heilen und eher nach Hause gehen können?"

b) „Lassen Sie Ihr Unbewußtes jetzt einen Zeitpunkt auswählen, an dem Sie einmal in einen schönen Urlaub gegangen sind. Ihr ‚Ja'-Finger hebt sich, wenn Sie abreisen. Verweilen Sie dort eine geraume, angenehme Zeit von drei Minuten äußerer Zeit, ganz anderer innerer Zeit. Ihr ‚Nein'-Finger wird sich heben, wenn Sie wieder daheim sind.
Die Injektion, die Sie vor dem Eingriff bekommen, ist die Fahrkarte für diese Urlaubsreise. Ihr ‚Ja'-Finger kann sich jetzt heben, wenn Ihr Unbewußtes das weiß. Alle Geräusche des Operationssaales verwandeln sich automatisch in Hintergrundgeräusche, die mit Ihrer Urlaubsreise in Zusammenhang stehen."

c) „Ihr ‚Ja'-Finger kann sich heben, wenn Ihr Unbewußtes weiß, daß es alles, was im Operationssaal gesprochen wird, überhören kann, außer wenn *ich* zu Ihnen spreche und Sie mit Ihrem Namen anrede. Ich halte mich über die Operation auf dem laufenden, und ich wünsche, daß Sie all Ihre Aufmerksamkeit auf *die* Dinge richten, die Sie sehen; die Menschen, mit denen Sie zusammen sind und das gute Essen, das Sie auf der Reise genießen. Währenddessen nützen Sie alle normalen biologischen Abläufe zur Heilung Ihres Körpers."

3. Verankern postoperativer Heilung

a) „Weiß Ihr Inneres, daß Sie unangenehme Empfindungen im operativen Umfeld ignorieren können, wenn Sie das Bewußtsein wiedererlangt haben?" (Wenn ‚Nein' als ideomotorische Antwort erfolgt, ist es notwendig, möglichen Widerstand zu überprüfen; aber eventuell sind nur mehr Zeit und Wiederholungen nötig.)

b) „Die Löschung des Schmerzes durch Hypnose nach dem Eingriff ermöglicht rascheste Heilung, weil der Entzündungsprozeß verringert wird. Ist Ihr Inneres bereit, daran zu arbeiten, um Ihrer selbst willen und um der Menschen willen, die Sie lieben?" (Ein ‚Nein' weist auf eine unbewußte Notwendigkeit hin, zu leiden oder jemand anderen zu bestrafen. Die Ursache dafür muß herausgefunden und therapiert werden.)

c) „Weiß Ihr Inneres, daß Sie ebenso bald oder sogar eher nach Hause gehen können als chirurgische Patienten, die keine Vorbereitung wie Sie hatten?" (Diese Suggestion soll das Vertrauen des Therapeuten in die Fähigkeiten des Patienten vermitteln. Das setzt voraus und suggeriert somit, daß der Patient den Eingriff überleben und heimgehen wird.)

10.2.5 Hypnose und chronischer Schmerz

Möglichkeiten der ideomotorischen Befragung und therapeutischen Intervention

Hören Sie beim Erstinterview aufmerksam heraus, was der Patient meint, was getan werden kann und was er von Ihnen erwartet. Diese Auskunft ist von großem Nutzen für die Planung des therapeutischen Vorgehens. Der Patient mag im Laufe des Gespräches durch die konzentrierte Aufmerksamkeit (Fokussierung und Absorption) schon eine leichte Hypnose entwickelt haben, so daß er – offen für neuartige Interventionen – in das ideomotorische Befragen eingeführt werden kann. Dazu eignet sich die folgende Frage: „Sind Sie bereit, daß wir zu diesem Thema jetzt noch Informationen auf der unbewußten Ebene abfragen?"

Die Methode der ideomotorischen Befragung bei Behandlung chronischer Schmerzen dient:

1. der **diagnostischen Abklärung**, primär der Ortung seelischer Hintergründe für organische Beschwerden,
2. dem **Aufspüren von unbewußten Hindernissen** für die Therapie,
3. dem Auffinden von Fähigkeiten und Möglichkeiten, von **der Therapie dienlichen Ressourcen** des Patienten.

Schema des therapeutischen Vorgehens

Alle Fragen sind auf der ideomotorischen Ebene, bestenfalls mit ‚Fingersignalen', vom Patienten zu beantworten.

1. **Glaubt der Patient, daß ihm geholfen werden kann?**

2. **Ist der Patient willens, sich helfen zu lassen?**

3. **Gibt es etwas, was am Anfang der Krankheit/des Schmerzes dieses Leid besonders wichtig gemacht hat** (interpersonale Ebene/systemischer Kontext)?

4. **Verschlimmern (tief im Inneren) schlechte Suggestionen,** z.B. vom behandelnden Arzt oder medizinischen Personal **den derzeitigen Krankheitsverlauf?** („Sie haben ja noch keine Metastasen!" etc.) (Eine Patientin berichtete mir: „ Der Arzt sagte mir damals: ‚Mit dieser Krankheit werden Sie wohl mal im Rollstuhl enden.' Dieser Satz hat mich so richtig vernichtet.")

5. **Weiß der Patient, daß er gesund werden kann**/eine bessere Kondition erreichen kann? Bei einer ‚Nein'-Antwort ist psychotherapeutische Arbeit notwendig.

6. Weisen Sie nun den Patienten an, den **Schmerz mit Hilfe der ideomotorischen Signale zu reduzieren,** und zwar um die Hälfte, dann wieder um die Hälfte der Hälfte etc. Lassen Sie ihn verbal mitteilen, wenn Linderung eingetreten ist. Die Aufforderung kann folgendermaßen lauten: „Lassen Sie nun das Unbewußte für Sie sorgen, indem es den Schmerz auf seine eigene Art und Weise ganz von alleine um die Hälfte verringert. Der ‚Ja'-Finger zeigt dann an, wenn es getan ist, und Sie machen ein paar ruhige und tiefe Atemzüge, während Sie einfach abwarten und beobachten, was passiert."

Merke: Es ergibt sich meist eine geringfügige Verzögerung von wenigen Minuten zwischen Fingersignal und bewußter Registrierung der Schmerzreduktion.

7. Nach erfolgter Reduktion oder sogar Auflösung des Schmerzes lassen Sie den Patienten – auch wenn es ihm unsympathisch erscheinen mag – den Schmerz mit Hilfe der ideomotorischen

Signale wieder ‚anstellen'. Das lehrt den Patienten, die **Kontrolle über sein Schmerzgeschehen** zu erreichen.

8. Jetzt sollte der Patient den Schmerz wieder reduzieren/ausschalten, und er sollte weiter mit Selbsthypnose **experimentieren.**

9. Der Patient wird nun aufgefordert, sich in die **Zukunft zu orientieren,** wobei der ‚Ja'-Finger ein Zeichen geben soll, wenn sich innerlich durch Imagination eine Situation gefunden hat, in der sein Gesundheitszustand stabilisiert/gebessert/geheilt ist. Widerstreben bezüglich einer solchen Vorstellung deutet auf eine psychologische Sinnhaftigkeit' des Leidens (im Lebenskontext o. ä.) hin, was hypnotherapeutisch aufzugreifen ist. Die einfachste Frage könnte dann lauten: „Sind Sie bereit, an dem Grund des Widerstrebens etwas zu verändern?" Nur nicht verzagen, immer weiter fragen, bis Sie *das* Ergebnis erhalten, das Sie als Therapeut zu diesem Zeitpunkt für richtig erachten.

10. Auch hier ist **Selbsthypnose obligatorisch.** Der Patient sollte darin trainiert und angehalten werden, täglich zu üben, ob mit oder ohne Ihr Tonband, mit oder ohne Musik. Auf jeden Fall viermal täglich drei Minuten, als festes Ritual in den normalen Tagesablauf eingeplant.

10.3 Robinson Crusoe – das neue Phantom der OPs oder: Patient hört mit

Über auditive Fähigkeiten während Allgemeinanästhesie

Die Geschichte von ‚Robinson und Freitag' hat mich schon immer fasziniert. Und durch meine Schuld geistert sie nun durch die Operationssäle. Warum? Es fing alles mit David Cheek, dem großartigen Altvater der Hypnotherapie, dem Meister der ideomotorischen Signale und Jongleur der Fingerzeichen an. Als Tochter eines in Unfallkliniken tätigen Traumatologen aufgewachsen, konzentrierte ich mich auf seine Untersuchungen zu intraoperativer akustischer

Wahrnehmung (Cheek 1959, 1966 u. v. a.) und hatte bald Patienten, die entsprechende Erfahrungen vorwiesen. Und es ergab sich, daß ich im Frühjahr 1989 mit dem Anästhesisten Dr. habil. Dierk Schwender und anderen in Zusammenarbeit mit dem Institut für Medizinische Psychologie (Vorstand Prof. Dr. Ernst Pöppel) der Universität München und dem Institut für Anästhesiologie des Klinikums Großhadern, München (Prof. Dr. med. K. Peter) eine Studie in der Herzchirurgie zur Exploration akustischer Wahrnehmung während Allgemeinanästhesie erarbeitete. Erstmalig wurden für solche Untersuchungszwecke zur genauen Bestimmung aufrechterhaltener Aktivität des akustischen Kortex intraoperativ akustisch evozierte Potentiale mittlerer Latenz (AEPs) abgeleitet. Meine Aufgabe lag in der perioperativen hypnotherapeutischen Intervention. Sie bestand aus der präoperativen Kontaktaufnahme, der Verfassung eines intraoperativ präsentierten achtminütigen Tonbandtextes und der postoperativen Befragung. Die hirnphysiologischen Ergebnisse der Ableitung der AEPs wurden mit den Ergebnissen der aufgrund der hypnotherapeutischen Intervention erzielten Erinnerungsinhalte der Patienten an den Tonbandtext in Vergleich gesetzt.

In der Doppelblind-Studie fielen drei Gruppen zu je zehn Patienten einem jeweils unterschiedlichen, aber standardisierten Narkoseregime zu. Diesen 30 Patienten wurde intraoperativ zweimal der hypnotherapeutische Tonbandtext über Kopfhörer vorgespielt. Die vierte Gruppe mit 15 Patienten, die als Kontrollgruppe diente, unterlag keinem festgelegten Narkoseregime und bekam den Text *nicht* zu hören.

Der Text für die intraoperative Intervention sollte vorrangig zum Nutzen des Patienten sein und enthält entsprechende positive Suggestionen. Andererseits sollte er zur angstfreien postoperativen Befragung des Patienten bezüglich intraoperativer akustischer Erinnerungen ein einfaches, neutrales Codewort enthalten. Dazu kam mir die Geschichte Robinsons in den Sinn, die eine schöne Metapher für das Überleben unter schwierigen Bedingungen darstellt. Den Namen von Robinsons Leidgenossen ‚Freitag‘ benutzte ich dabei als Codewort: **„Was fällt Ihnen zufällig zu dem Wort ‚Freitag‘ ein?“**

Im postoperativen, unter Hypnose geführten Interview zeigte kein Patient der Kontrollgruppe assoziative Verbindungen vom Codewort ‚Freitag' zu Robinson. In den drei Gruppen, die das Tonband zu hören bekamen, wurde dagegen von sieben Patienten jeweils mit für Hypnose typischen Assoziationen die intraoperative Suggestion verwirklicht: „Sie haben mir eine Frage gestellt. Die kann ich Ihnen nicht beantworten, da ich plötzlich etwas anderes im Sinn habe. Ich weiß gar nicht wieso, aber mir kommt eine Jugenderinnerung vor Augen: Ich sehe eine kleine Insel in unserem Fluß. Wir nannten diese kleine Insel, auf der wir als Kinder spielten, Robinson-Crusoe-Insel …" Fünf Patienten mit positiver auditiver Erinnerungsfunktion erhielten zur Anästhesieeinleitung und -aufrechterhaltung Flunitrazepam/Fentanyl, die anderen zwei Patienten aus den weiteren zwei Gruppen andere Präparate in niedriger Dosierung aufgrund von Risikofaktoren.

Ergebnis der Studie

Für das Auftreten impliziter Gedächtnisfunktionen während der Allgemeinanästhesie bei 23 Prozent der Patienten ergab sich über die Gruppen hinweg eine Korrelation zu der unveränderten Ableitbarkeit der akustisch evozierten Potentiale mittlerer Latenz und der akustisch evozierten kortikalen Primärantwort.

Sie bestätigt von neuem die Vermutung, daß unter bestimmten Narkoseregimen oder bei geringerer Dosierung eine Möglichkeit akustischer Wahrnehmung existiert (Schwender u. a. 1994, Kaiser 1992). (Ähnlich scheint dies bei Patienten im Koma zu sein. Nach den Erfahrungen der Anästhesistin Christel Bejenke, Santa Barbara, Kalifornien, hören manche Patienten im tiefen Koma exakt, was in ihrer Gegenwart und über ihren Zustand gesprochen wird … und vermissen, wenn dieses Band zur äußeren Welt abreißt) – (Christel Bejenke, Europäischer Kongreß für Hypnose, Konstanz, 1991)

Die Ergebnisse der oben erwähnten Studie wurden weltweit veröffentlicht und fanden Resonanz. **Die Geschichte von Robinson**

Crusoe ist inzwischen nicht mehr nur ein Abenteuermärchen. Sie steht für eine Mahnung, im Operationssaal seine Worte achtsam zu wählen, aber vor allem für die Möglichkeit der positiven Einflußnahme während eines chirurgischen Eingriffes.

10.3.1 Intraoperativ präsentierter Tonbandtext

Der von mir verfaßte hypnotherapeutische Tonbandtext mit dem Codewort ‚Freitag' ist hier als Beispiel und Anregung wörtlich wiedergegeben. Es kann unterschieden werden zwischen hypnotherapeutisch unterstützenden Suggestionen für das Wohlergehen des Patienten und der Implantierung des Codewortes, sowie der posthypnotischen Suggestionen, sich im Sinne der Untersuchungsreihe postoperativ zu erinnern. Zum besseren Verständnis der Bedeutung der Textfragmente von Induktions- und Utilisationsphase und Phase der posthypnotischen Suggestion ist er mit jeweils anschließender Aufschlüsselung dargestellt.

Induktionsphase

Guten Tag!
Meine **Stimme**
ist jetzt wieder **bei Ihnen**
und wird Sie
an diesem **wichtigen Tag**
eine Zeitlang **begleiten.**

Je länger ich nun zu Ihnen spreche,
um so besser werden Sie meine Stimme wiedererkennen
und sich an unser Zusammensein **kürzlich** erinnern.
Dadurch wird Ihnen **von alleine alles Hilfreiche,**
was Sie **dabei gelernt** haben,
einfallen.
Natürlich
werden Sie das **jetzt nutzen,**

und Sie nutzen **unbewußt** alle Ihre **inneren Fähigkeiten**
aus Ihrem **gesamten Leben.**
Sie brauchen **nicht zu wissen,**
wie das geht,
und Sie brauchen auch **nichts Besonderes zu tun,**
denn aus **tieferem Verständnis**
wird alles **Notwendige** veranlaßt,
was jetzt **wichtig und gut** für Sie ist.
Und **Ihr Körper**
wird zur **richtigen Zeit** die **richtigen Signale** geben,
damit die Ärzte das **Richtige tun.**

Sie **wissen,**
Sie befinden sich **in guten Händen,**
und **alle wollen erfolgreich sein.**

Erläuterung

Stimme	=	fokussiert auf akustische Wahrnehmung, Assoziation für stimmig, stimmen
bei Ihnen	=	nicht alleine sein
wichtiger Tag	=	Schaffung von Ja-Haltung und damit Öffnung für Suggestionen
begleiten	=	Assoziation für unterstützt sein
je länger …, um so besser	=	Doppelbindung für erhöhte Suggestivkraft
kürzlich	=	sich schnell, kurz, sofort erinnern
von allein	=	ohne bewußte Aktivität
alles Hilfreiche	=	entsprechend unbewußter Selektion

gelernt	= Annahme und Suggestion, daß unbewußt gelernt wurde
natürlich	= mit der von Natur aus vorhandenen Fähigkeit
jetzt nutzen	= suggestive Aufforderung zur unbewußten Leistung
innere Fähigkeiten	= unbewußte Fähigkeiten
gesamten Leben	= suggestive Betonung der gesamten unbewußt gespeicherten Erfahrungen und Kenntnisse
nicht wissen …, nichts Besonderes tun	= Logisch rational braucht nichts gewußt oder verstanden werden. Das Gleiche gilt für „nichts Besonderes". Da auf der unbewußten Ebene keine Negationen verstanden werden, bedeutet diese Aufforderung eigentlich eine Anregung für das Unbewußte, etwas Besonderes zu leisten.
tieferes Verständnis	= als unbewußte Leistung
Notwendige	= was die Not wendet
Ihr Körper … zur richtigen Zeit die richtigen …	= verstärkte Suggestivkraft durch Wortwiederholung
Alle wollen erfolgreich sein	= Allgemeinplatz zur Schaffung von Ja-Haltung und positive Suggestion

Utilisationsphase

Vielleicht kennen Sie die Geschichte von **Robinson Crusoe.**
Robinson Crusoe kommt auf abenteuerliche Weise auf eine einsame Insel –
weit weg von hier.
Zu seinem Glück ist er sehr einfallsreich
und erinnert sich zudem an alles,
was er in seinem Leben schon jemals gelernt hat.
So richtet er sich nach und nach in dieser fremden Umgebung ein,
baut sich eine behagliche Hütte,
zähmt Tiere und bepflanzt einen Garten.
Er macht viele Erfahrungen
und lernt das Überleben auf fremdem Boden.
Im Laufe der Zeit bekommt er Sehnsucht nach einem anderen Menschen,
der ihm Gesellschaft leistet.
Zu seiner großen **Überraschung**
taucht nun **wirklich** eines Tages –
und es ist ein besonderer Tag, nämlich ein Freitag –
ein anderer Mensch auf **merkwürdige** Weise auf der Insel auf.
Und da dieser Tag ein Freitag ist,
tauft Robinson Crusoe seinen neuen Gefährten ***Freitag.***
Freitag hilft Robinson Crusoe mit seinem **Eingeboreneninstinkt** in allen Dingen **und so** machen beide das Beste aus der gemeinsamen Zeit auf der Insel.

Erläuterung

Robinson Crusoe	= legendäre Gestalt, die eine lebensbedrohliche Lage meistert, Metapher für die Situation des Patienten, Codewort
weit weg von hier	= Suggestion zu dissoziieren, sich woandershin zu orientieren

Glück, einfallsreich etc.	= suggestive Anregungen, unbewußt konstruktive, positive Assoziationen zu bilden
Überraschung	= Steigerung einer positiven Erwartungshaltung durch Andeutung von möglichen erfreulichen Überraschungen
wirklich	= Assoziation: Wirklichkeit, Wirkung.
Freitag	= angenehme Assoziation für frei, Frei-Tag, Wochenende, Codewort, legendäre Gestalt Freitag, der Eingeborene mit dem ursprünglichen Instinkt
merkwürdig	= würdig zu merken
Und da …	= Implantierung des Codewortes
Eingeboreneninstinkt	= Metapher für unbewußte Fähigkeiten, Instinkt und Kontakt zu unbewußten Fähigkeiten, der dunkle, geheimnisvolle Widerpart des rationalen Robinson
Und so …	= Metapher für die Effektivität einer bewußt-unbewußten Kooperation.

Phase der posthypnotischen Suggestion

Sie werden diese Geschichte **auf einer tieferen Ebene verstehen.** Dort wird alles **gespeichert** und **zur rechten Zeit wieder erinnert.**

Und wenn ich Sie nach einiger Zeit besuchen werde,
werde ich den Wochentag Freitag erwähnen,
und Ihnen wird **spontan** die Geschichte von Robinson Crusoe einfallen.
Sie **wissen nicht, warum,**
aber aus **tieferen Gründen**
wird Ihnen bei dem Wort Freitag
ganz **selbstverständlich** Robinson Crusoe in den Sinn kommen.

Und das werden Sie mir sagen!

Richten Sie Ihre Aufmerksamkeit
nun weiterhin auf Ihre **unbewußten Fähigkeiten und Kräfte,**
damit alle Organe ihre **bestmögliche Arbeit** leisten
und **Ihr Körper seine Aufgaben gut erfüllen** kann.
Und **erlauben Sie sich** –
nach getaner Arbeit –,
in einen **ruhig entspannten Zustand für die Heilung** zu gleiten.
Nehmen Sie sich die **Freiheit,**
sich **innerlich an einen Ort** zu begeben,
wo Sie sich **geschützt** und **angenehm** fühlen.

Sie können später **als Person erwachen,**
aber Ihr **Körper** kann weiter – für eine gewisse Zeit – **in einem Heilschlaf bleiben**
und das **Gefühl des Ausruhens genießen.**
So kann alles wieder **in seine natürlichen Rhythmen kommen,**
und – **im Vertrauen auf Ihr unbewußtes Wissen –**
werden Sie sich **jeden Tag gesünder und kräftiger** fühlen.

Ich **freue** mich darauf,
mit Ihnen zu gegebener Zeit wieder zu sprechen –
in einigen Tagen –,
und ich werde Sie fragen, und Sie werden sich erinnern
und mir antworten!

	Erläuterung:
auf tieferer Ebene verstehen	= unbewußt soll die Geschichte mit der momentanen Situation sinnvoll verbunden werden
gespeichert … wiedererinnert	= Suggestion bezüglich Erinnerrung der Codeworte
spontan	= ohne bewußte gedankliche Leistung
selbstverständlich	= doppeldeutig
Und das werden Sie mir sagen!	= direktive posthypnotische Suggestion
Richten Sie …	= direktive positive Suggestionen für die psychische und somatische Bewältigung des chirurgischen Eingriffes und die anschließende Genesung
Nehmen Sie sich die Freiheit …	= Anregung zur Dissoziation
als Person erwachen …, der Körper in Heilschlaf …	= Suggestion, Geist und Körper voneinander zu dissoziieren, d. h. körperlich in Trance zu bleiben und gleichzeitig geistig ansprechbar werden
und ich werde Sie fragen und Sie werden sich erinnern	= nochmalige direktive Anweisung, sich der Codeworte zu erinnern

Teil drei

In Hypnose – die Freiheit wohl grenzenlos?

Grenzen des Verfahrens und Mißerfolge

Wenn man Hypnose als einen Zustand der psychophysischen Entspannung, der Fokussierung, des subjektiven Sicherheitsgefühls, der erhöhten Selbstkontrolle, der seelischen Stärke und Selbstbestimmung und der Imagination von Konfliktlösung und Heilung versteht, wem könnten die Auswirkungen eines dieser Kriterien schaden? Konsequent gefolgert: **Hypnose kann niemals kontraindiziert sein.** Sie läßt sich nur nicht immer anwenden.

Befassen wir uns mit den **psychosomatischen Krankheitsbildern:** Die klinische Hypnose und Hypnotherapie eignen sich deshalb besonders gut für die Behandlung von psychosomatischen Krankheitsbildern, da parallel auf der Symptom- *und* der Ursachenebene heilend Einfluß genommen werden kann. So erlaubt schon der hypnotisch veränderte Bewußtseinszustand an sich, verstärkt durch therapeutische Suggestion, eine primäre Ent-Krampfung, Ent-Ängstigung, Schmerzbeeinflussung und eine allgemeine organische Erholung mit sekundärer Stärkung des Immunsystems. Dabei können mentale Fähigkeiten z. B. über die Imagination genutzt werden, um physiologische, vor allem vegetative Reaktionen positiv zu stimulieren. Die psychotherapeutische Intervention der Hypnose bietet darüber hinaus die Möglichkeit, ‚Triebfedern' und Mechanismen der seelisch-körperlichen Störung mit ihrer unbewußten Dynamik durch spezielle Diagnostiktechniken deutlich zu machen. Eine ganze Palette hypnotherapeutischer Techniken kann sich zur Bearbeitung alter Traumata und zur intrapsychischen Neuorientierung und Heilung öffnen.

Beispiel:
In einem kürzlich gehaltenen sechstägigen Ausbildungsseminar berichtete ein Teilnehmer, Internist, 51 Jahre, daß er seit fünfzehn Jahren an **einer funktionellen Hypertonie** mit Werten bis zu 230/130

leide. Zuerst habe er das nicht so ernst genommen. Für zwei Jahre war er aber dann doch medikamentös zuerst mit Beta-Blockern, seit sechs Monaten mit ACE-Hemmern (Coversum 4 mg), eingestellt. Da ich in meinen Fortbildungen immer therapeutisch arbeite und diese Arbeiten dann didaktisch vermittele, entschieden wir uns für einen ‚Versuch mit Hypnose' in der Arena des Seminares. Es wurde ein Blutdruckgerät besorgt, der Internist stoppte die Medikation.

In der ungefähr 40minütigen therapeutischen Intervention arbeitete ich vorerst kurz auf der Symptomebene mit Bildern von Entspannung, Öffnung, Weichheit, Elastizität und Fließen, um dann aber auf jeden Fall die ideomotorischen Fingersignale zur weiteren Diagnostik zu befragen. Diese zeigten unverzüglich und klar eine seelische Grundlage der heutigen physischen Verfassung an. Ich befragte den Arzt nach seiner bewußten und unbewußten Zustimmung für die Weiterführung der hypnotherapeutischen Arbeit. Es erfolgte eine kongruente Bejahung. Bei der Eruierung des Alters, in dem das Erlebnis – was sich als seelische Verletzung auswies – ereignete, wiesen uns die Fingerzeichen weit zurück, und zwar in die Zeit um die Geburt. Ich bestätigte nochmals seine Verankerung im Hier und Jetzt und zusätzlich das emotionale Wohlwollen der gesamten vierzigköpfigen Ausbildungsgruppe. Ich war sehr auf ihn konzentriert und auch physisch sehr nahe, meine Hand ruhte auf seiner Schulter. Meine Aufforderung lautete, ganz bei sich zu bleiben, gut weiterzuatmen und die momentanen Wahrnehmungen aufmerksam zu beobachten und dann zu beschreiben. Er wirkte auf einmal sehr gequält und unglücklich. Tränen überströmten sein Gesicht. Ich erfuhr, daß er im dissoziierten Zustand der Hypnose erlebte, wie er bei der Geburt unwillkommen war. Das erschien mir recht logisch bei der Information, die ich von ihm in einem knappen Gespräch in einer ganz anderen Situation erhalten hatte: Sein Vater hatte sich das Leben genommen, als die Mutter mit ihm schwanger war. Es gab schon drei Kinder, es war das Jahr 1945.

Gemäß der Technik ‚Arbeit am Kindheitstrauma' führte ich die Intervention fort und fragte die FZ, ob ein Teil in ihm bereit sei, das Kind – jetzt – zu empfangen, zu begrüßen und willkommen zu heißen. (Ich wußte, daß er selber drei große Kinder hat.) Nach der ideomotorischen Zusage zu allen Fragen forderte ich ihn auf, dieses

Kind, sagen wir, sein ‚inneres Kind' ans Herz zu ‚drücken' und wirklich liebevoll willkommen zu heißen. Er legte spontan beide Hände auf sein Herz, und sein Gesicht spiegelte binnen kurzem die tiefe Erfahrung wider. Ich gewährte ihm Zeit, bis er ganz gelöst, ja erlöst wirkte, und unterstützte seinen inneren Prozeß dann mit den Worten, daß in dem Maße, in dem er sich selbst ans Herz drücke, der innere Druck abnehmen könne. Die posthypnotische Suggestion lautete entsprechend, sowohl in der Selbsthypnose als auch im Schlaf immer wieder die Hände liebend auf sein Herz zu legen.

Die von ihm aufgezeichneten Blutdruckwerte:

Medikation am Tage der therapeutischen Intervention abgesetzt, 8 Uhr morgens: 168/109, nach der Hypnose 11 Uhr: 157/99, abends: 155/105, nächster Tag, 8 Uhr morgens: 145/89, abends nach einem belastenden Telefonanruf: 155/99, übernächster Morgen, 8 Uhr: 153/91. Anläßlich eines Anrufes bei ihm während seiner Praxiszeit erfahre ich sechs Tage nach der Intervention, daß sich der Blutdruck auf einem erstaunlich guten Niveau stabilisiert habe. Die letzte Messung an diesem Morgen ergab RR 122/78.

Der Arzt nimmt (mit einer Anreise von 500 km) noch einen weiteren Termin bei mir in meiner Praxis wahr. Es hatte sich in seinem Privatleben vieles bewegt, was es psychotherapeutisch nochmals zu beleuchten und zu integrieren galt. Nach weiteren drei Wochen erhalte ich von ihm einen Brief mit der erfreuten Mitteilung, daß sich der Blutdruck auf „phänomenal guten Werten" von 120/80 stabilisiert habe.

Hypnose bei Depressionen? Heute noch trifft man auch unter Kollegen auf die alte Lehrmeinung, daß eine der Kontraindikationen für Hypnose die Depression sei. Sie wird mit der Entstehung von Abhängigkeiten des Patienten gegenüber dem Therapeuten und wegen vermeintlicher Begünstigung von Suizidalität begründet. Beschäftigt man sich aber mit den Methoden der heutigen Hypnose, wird offensichtlich, daß diese Anschauung überholt ist. Im Gegenteil ist die Hypnose hervorragend geeignet, um Selbständigkeit und Selbstvertrauen zu stärken und in der Trance neue Handlungs- und Lebensentwürfe zu vollziehen (Literaturempfehlung: Michael D. Yapko 1994, 1996, Yapko i. Vorb.).

Die Hypnose an sich bietet grenzenlose Möglichkeiten – manchmal in einem Bereich erfolgreicher als in einem anderen. Die von mir behandelten Tätigkeitsfelder können nur andeuten, was alles möglich ist. Unzählige weitere Einsatzgebiete sind bekannt und beschrieben. Hypnose läßt sich in der Medizin z. B. mit großem Erfolg bei **Hämophiliepatienten** einsetzen. Aber auch in der **Rheumatologie** (siehe die Dissertationsarbeit von Jillian Horton-Hausknecht 1995 und die ‚Carlotta-Reisen' im vorliegenden Buch), in der **Gynäkologie, Neurologie** (z. B. konnte einer meiner Patienten seine epileptischen Anfälle reduzieren und mildern; siehe auch Núñez 1998), **Dermatologie** (man denke hier an Neurodermitis), um nur einige Gebiete zu nennen. Der Bereich der **Zahnmedizin** (Schmierer 1993) ist dabei ein großes eigenes Feld. Und es ist anzunehmen, daß die Interventionsmöglichkeiten noch auf andere Gebiete ausgedehnt werden können.

In allen Bereichen der **Psychotherapie** ist die Hypnose ebenso von Bedeutung. Das heißt nicht, daß in jeder psychotherapeutischen Stunde eine direkte Hypnose ausgeführt werden sollte. **Hypnose bildet eine Bereicherung und Intensivierung der Therapie, macht sie luftiger und leichter. Mit Hypnose erreicht man oft etwas mehr, oft schneller und meistens einfacher.** Und da wir für gute und nicht schwere Arbeit bezahlt werden, weshalb sollten wir davon nicht Gebrauch machen? Aber: Hypnose ist nicht alleinseligmachend und sollte nicht den Nimbus des Unvergleichlichen tragen.

Bei einem Hypnotherapeuten ist natürlich – auch wenn er Hypnose nicht direkt einsetzt – das gesamte therapeutische Vorgehen immer hypnotherapeutisch orientiert, d. h., er arbeitet auf der Basis von ‚Rapport und therapeutischer Kooperation'. Dabei geht er besonders achtsam mit Sprache um und benutzt indirekte Verfahren wie Metaphern, Rätsel und rituelle Hausaufgaben.

Bei der Abwägung, ob nun innerhalb der Stunde die direkte Hypnose ihren Raum bekommen soll, sind drei Kriterien entscheidend:

– Ist es für die Therapie von Vorteil?
– Ist der Patient offen für eine neue Erfahrung?
– Bin ich auf diese Arbeit eingestimmt?

Hypnose ist etwas Kostbares, das nicht zu vergeuden ist. Und der Patient hat kein Anrecht per se darauf. Fünf tiefe Hypnoseerfahrungen im Laufe einer gesamten Therapie (plus der ausgeführten Selbsthypnose) sind oft effektiver als jede Sitzung eine, weil der Patient den Therapeuten dazu in vorwurfsvollem Tonfall verdonnert: „Machen wir denn heute etwa keine Hypnose?“ Lassen wir uns nie nötigen! Der Abschluß der Therapiestunde ist zur Vertiefung der geleisteten Arbeit mit einer Kurztrance, wie beschrieben, empfehlenswert. Das dient aber zum Sammeln und Integrieren der neu geordneten psychischen Inhalte oder vielleicht auch nur zum Verharren und Ruhigwerden und ist nicht mit einer tiefen hypnotherapeutischen Arbeit zu vergleichen.

Als Therapeut, vor allem als Einsteiger in die Hypnoseverfahren, achte man aber vordringlich auf die eigene Verfassung. Die eigene Ruhe, die Freude an der Arbeit und die Bestimmtheit, mit der wir diese Methode einsetzen oder begrenzen oder verwehren, läßt den Patienten unsere Kompetenz spüren, läßt ihn sich sicher fühlen. **Gehen wir mit Hypnose exklusiv um, so erhält jede Intervention mehr Gewicht und mehr Wertschätzung.**

Die Grenzen der Hypnose liegen meistens in uns. Bekennen wir: Natürlich sind wir oft großartig, aber auch Menschen, und da stecken die Fehlerquellen. Sie liegen in unserer eigenen Borniertheit. Sicher ist uns Therapeuten zuviel abverlangt, sollten wir dem Anspruch gerecht werden, jederzeit mit jedem Patienten in den optimalen Rapport zu treten und die richtige hypnotische Handreichung zu bieten. Reflektieren wir mit zeitlichem Abstand Therapien, die zögerlich und schleppend liefen oder abgebrochen wurden oder nicht den erwarteten Erfolg brachten, stellen wir ab und an fest, daß wir als Therapeuten mit dem Patienten einfach inflexibel umgingen. Wir wollten ihm unsere Ansichten aufdrängen und waren zu wenig bereit, ihn zu hören und ihn seine eigenen Schritte machen zu lassen, die vielleicht viel erfinderischer waren, als unser geschultes Gehirn es für ihn ausgemalt hatte. Gelegentlich sind sogar auch wir selber starrsinnig, dickköpfig, verbohrt und mit einer subjektiven Weltsicht behaftet, mit blinden Flecken ausgestattet und egozentrisch. Wir übersehen Fortschritte und beharren auf Unwichtigkeiten. Der Patient fühlt sich unwohl, mißverstanden, deprimiert und verläßt uns vielleicht. Im besten Falle entwickelt er sich aus Trotz gegen den Therapeuten.

Andererseits gibt es – wie unter ‚Hypnose, eine Erlebnistherapie' beschrieben – auch Menschen, für die Hypnose nicht die optimalen oder keine Chancen birgt. Dann ist das Beste, was wir für den Patienten tun können, ihm behilflich zu sein, eine andere Therapieart und einen anderen Therapeuten zu finden. Lassen wir unseren Patienten nur niemals hoffnungslos von dannen ziehen. Es wird einen Weg für ihn geben, auch wenn nicht wir es sind, die ihn darauf begleiten werden.

Kapitel 2

„Umprogrammieren" oder sich unbewußte Fähigkeiten erschließen?

Vor vier Jahren suchte mich eine etwa 45jährige Frau auf, um in Hypnose ihr ‚Fehlprogramm' gegen ein ‚gut funktionierendes' einzutauschen. Sie war ausgesprochen schlank, hatte gastrointestinale Störungen, zeigte eine vielfältige Zwangssymptomatik und litt unter Panikattacken. Aus ihrer Lebensgeschichte erfuhr ich, daß sie als Einzelkind in einer unterkühlten Familie mit einem überstrengen Vater aufgewachsen war. Zur Veranschaulichung der Leiden des damaligen Kindes und der daraus resultierenden Verzweiflung sei hier nur eine einzige Situation wiedergegeben:

An einem unerfüllten Liebesbedürfnis krankend, kaufte sich die damals Achtjährige von ihrem über Monate ersparten Taschengeld auf dem Wochenmarkt ein goldgelbes Küken zum Liebhaben. Sie malte sich aus, wie sie für das Tierchen sorgen werde und es großziehe. Zu Hause angelangt, erboste sich die Mutter aber derart über das Küken, daß sie der Tochter befahl, ein Beil zu holen. Das bemitleidenswerte Kind mußte sein Küken mit der einen Hand am Kopf, mit der anderen am Körper halten. Die Mutter hieb dem Küken mit dem Beil den Kopf ab.

Die Patientin gab auch an, daß ihr Vater, ein Lehrer, „der gerne mit allem experimentierte", sie auch „hypnotisiert" habe. Abgesehen davon, daß Eltern natürlich ihre Kinder oft genug – im guten wie im schlechten – suggestiv beeinflussen, ließ ich diese Aussage erst einmal unberücksichtigt. Ich bemühte mich auch nicht, die Patientin über die Wirkung der Hypnotherapie zu belehren, sondern ließ sie **neue Erfahrungen machen.** Diese hat sie mir aufgeschrieben. In ihnen wird deutlich, wie sie anfangs noch in rigider Art von einer Art **Umprogrammierung** spricht, was **später einem Erstaunen über sich von alleine vollziehende Prozesse weicht. In ihren Aufzeich-**

nungen wird deutlich, wie sich immer wieder die alten Vorstellungen einschleichen. Es wird aber eindrücklich widergespiegelt, wie ihre eigenen Erfahrungen in der Hypnose sie Besseres lehrten. Ihre Offenheit diesen Erfahrungen gegenüber läßt sie schließlich positive Entwicklungsschritte vollziehen.

In einem kürzlich gehaltenen telefonischen Interview berichtete mir meine damalige Patientin (sie war über sechs Monate für sechs selbstbezahlte Termine gekommen), sie praktiziere weiterhin ab und zu Selbsthypnose. Die Sitzungen hätten ihr eine neue Dimension eröffnet und das Vertrauen in sich selbst grundlegend verbessert. Die Hypnose sei für sie immer ein Eintritt in eine Art Schatzkammer. Ihr somatischer Befund habe sich gebessert, sie konzentriere sich jetzt auch auf andere Lebensinhalte. Die Selbstakzeptanz war gewachsen und auch die Fähigkeit zur Abgrenzung. Als ich sie bitte, für meinen jetzt entstehenden ‚Bestseller' noch ein Resümee ihrer Erfahrungen mit Hypnose zu schreiben, lehnt sie bestimmt, freundlich und klar ab. Sie habe gerade andere Aufgaben und wolle sich nicht verzetteln. Das war auch eines unserer Themen: ‚Sich zugewandt abgrenzen'.

Bericht der Patientin in ihren eigenen Worten

Meine Erfahrungen mit Hypnose

An Therapieerfahrung fehlte es mir nicht, und jede Therapie hatte mich einen Schritt weitergebracht. Die Ursache der Symptomatik war mir bekannt, jedoch ein Teil derselben war noch immer vorhanden.

Es müßte doch möglich sein, dieses negative, irrationale Programm zu löschen und gegen ein rationales, das für heute stimmt, auszutauschen. Warum sollte es nicht möglich sein, mit Hilfe von Hypnose Zugang zum Unbewußten zu erreichen und die mir nützlichen Befehle oder Informationen zu speichern?

Hinsichtlich Hypnose hatte ich bereits bedenkliche Hinweise erhalten. Ein Hypnotherapeut lehnte die Behandlung mit der Begründung ab, durch die Hypnose könnten noch mehr Ängste aus der Kindheit bewußt werden. Somit bestände das Risiko, daß ich mit der Flutwelle von Ängsten heute nicht mehr fertig werden würde.

Trotz meiner neuen Bedenken nahm ich Kontakt mit einer zweiten Therapeutin (womit die Autorin des vorliegenden Buches gemeint ist) auf. Ihre Meinung zum vorgenannten Thema war jedoch nicht kongruent mit der des ersten Therapeuten. Etwas eingeschüchtert bat ich sie, mich ganz vorsichtig in Hypnose zu leiten. Erst einmal wollte ich ausprobieren, wie weit ich hypnosefähig bin.

Auf dem Sofa sitzend, von vielen Kissen umgeben, damit ich mich rundum angenehm fühle, beginnt die Therapeutin mit einem Adagio von Worten, so daß meine Aufmerksamkeit nach innen gelenkt wird. Ich spüre innerhalb kürzester Zeit, wie mein Atem sehr ruhig und langsam wird. Die Augenlider flackern eine Weile und beruhigen sich ebenfalls. Es ist einfach eine friedliche Atmosphäre vorhanden. Ich nehme die Stimme der Therapeutin voll wahr und spüre genau, was in meinem Körper geschieht. In meinem Bauch beginnt es hörbar zu gluckern. Dies ist normal ein Entspannungseffekt und ein Zeichen der Hypnose. Wie, so einfach geht das vor sich?

Nun darf sich eine Hand mit dem Unterarm heben. Es werden keine Befehle gegeben; in Hypnose darf oder kann etwas geschehen, ich erlaube es mir, ganz frei. Unbewußt, ganz von alleine, wird das geschehen, was in dem Moment richtig ist. Ich spüre keinen Zwang oder Druck, daß jetzt etwas geschehen muß. Und wie soll es geschehen? Mache ich es richtig? Werde ich auch nicht schummeln und mit meiner Anstrengung den Arm bzw. die Hand beeinflussen? In diesem Trancezustand nehme ich nicht nur die Therapeutin und meine Umwelt akustisch wahr, mein Denkvermögen ist noch vorhanden. Das Einschalten des Anrufbeantworters oder das externe Glockengeläut beeinflussen mich in keiner Weise und sind somit uninteressant. Ohne jegliche Anstrengung, wie von alleine bin ich auf die hypnotische Arbeit konzentriert.

Momentan liegen meine Handflächen und Unterarme auf den seitlich aufgebauten Kissen. Ich spüre Energie in Form von Kribbeln und Wärme, die sich in den Handflächen konzentriert.

Ich tue gar nichts und beobachte nur meine Empfindungen. In einer Hand spüre ich die energetische Ladung besonders stark. Diese Hand dreht sich ganz leicht, so leger, so daß es ein Beobachter gar nicht wahrnehmen würde. Die Hand wird leicht; nach minimalem, ruckartigem, langsamem Heben der Hand und des Unterarms ist dieser nun – vom Ellbogen abgestützt – in fast vertikaler Stellung.

Ein Finger der erhobenen Hand soll ein Zeichen für ein „Ja" geben. Wie soll das vor sich gehen? Welcher Finger wird es sein? Ach, denke gar nicht, schau innerlich nur zu. Am Zeigefinger spüre ich wiederum eine energetische Ladung; sie wird so stark, daß sie sich wie bei leichtem Nervenzucken entlädt. „Sehr gut", bestätigt die Therapeutin.

In der gleichen Weise erlauben wir der Hand, ein Zeichen für „nein" und für „ich will nicht antworten" zu geben. Hierbei meldet sich der Daumen und zuletzt der kleine Finger.

Das ist ja toll! Da kann ich in der gleichen Weise meinem Unbewußten direkt Fragen stellen, und es antwortet! Aber interferiert hier eventuell mein Glaubenssystem? Eine spätere hypnotische Erfahrung, die ich noch schildern werde, beweist mir das Gegenteil.

Anschließend werde ich durch entsprechende suggestive Worte dem bewußten Hier und Jetzt zurückgeführt, und ich fühle mich entspannt, frisch und klar.

Bis zur nächsten hypnotischen Sitzung dachte ich über mein psychosomatisches Beschwerdebild nach. Ist es vorteilhafter, in Hypnose über mein Unbewußtes den Körper und folglich die Seele zu heilen oder umgekehrt?

In der zweiten Sitzung nahm meine Therapeutin nach einem Vorgespräch die Hypnoseanleitung auf Kassette auf. Mit Hilfe dieser Hypnokassette trainiere ich täglich im Liegen Hypnose, um somit ein Gespür für den Trancezustand zu entwickeln, so daß ein leichtes und schnelles Hineingleiten in die Hypnose ohne Therapeut möglich wird.

Wichtig ist es für mich, eine bestimmte Zeit festzulegen, in der ich täglich Hypnose übe. Ich habe hierfür die Zeit nach dem Abendbrot gewählt. Es passierte schon mal, daß ich mein Hypnoseprogramm auf einen späteren Zeitpunkt, gegen 21 Uhr verschob. Jedoch entspannte ich mich so tief, daß ich scheinbar einschlief. Merkwürdigerweise wachte ich auf, kurz bevor die letzten Worte der Therapeutin zu hören waren: „Sie werden wach, frisch und klar und angenehm wieder hierherkommen." Wahrscheinlich habe ich den gesamten Inhalt der Kassette unbewußt doch aufgenommen, und es wird sich körperlich und seelisch auswirken.

Über spätere Einschlafschwierigkeiten konnte ich mich nicht beklagen.

Den Inhalt der besprochenen Basiskassette habe ich zwischenzeitlich niedergeschrieben. Um zur Selbsthilfe überzuschreiten, habe ich Grundsätzliches festgehalten.

Vor der Hypnose denke ich nach, an welchem Thema ich arbeiten möchte, stelle mir hierzu Fragen und Aufgaben und finde eine entsprechende Lösung.

Ich mache es mir liegend oder sitzend bequem, schließe die Augen, achte auf meinen Atem, er kommt und geht … bis er schließlich einen langsameren Rhythmus erreicht. Dann zähle ich von eins bis zehn herunter, gehe dabei tiefer und tiefer. Manchmal stelle ich mir dabei eine Treppe vor, die ich hinuntergehe. Schließlich gebe ich mir die Suggestion: „Jetzt bin ich auf einer tieferen Bewußtseinsebene."

Es öffnet sich ein anderer Raum bzw. Ort, mein Entspannungsort, der von mir intuitiv geschaffen wurde und sich je nach meiner Stimmungslage verändern kann. Mein inneres Kind sehe ich dort; auch Tiere, mit denen ich in der Kindheit Kontakt hatte …

Ich spüre Ängste meines inneren Kindes, die sich heute im psychosomatischen Anteil bemerkbar machen. ***Meine Suggestionen in der Hypnose zur Aufhebung der Ängste, wie etwa: „Meine Angst verwandelt sich in Vertrauen oder Mut", gefielen mir nicht. Statt dessen streichle ich das innere Kind am Entspannungsort und beruhige es:***

„Es ist alles vorbei."
„Es ist alles in Ordnung."
„Ich beschütze dich."
„Du kannst Vertrauen haben."
„Ich bin bei dir."
„Es wird nie wieder passieren, denn heute ist … (heutiger Monat und Jahr)."

Das ist doch der simpelste Weg, um einem kleinen Kind, das auch in meinem erwachsenen Körper gefühlsmäßig noch lebt, die Angst zu nehmen und Vertrauen zu geben.

Je mehr das Vertrauen wächst, um so mehr kann die Angst abnehmen.

Dieser Prozeß wird sich nicht mit einem Befehl vollziehen, sondern kann sich langsam entwickeln. Geduld wird von mir gefordert.

Heute erlebe ich an meinem inneren Entspannungsort ein Licht, nein, nicht das Sonnenlicht, eher ein universelles Licht, eine transzendente, energetische Ladung.

Meine Therapeutin zeigte mir einige Formulierungen auf, die ich während oder als Abschluß der Hypnose anwenden kann. Auch hier spiegelt sich der holistische (ganzheitliche) Denkansatz wider:

Mein Unbewußtes wird daran weiterarbeiten, und zur richtigen Zeit werde ich mir die richtige Antwort geben können.

Jedesmal, wenn ich in Hypnose gehe, werde ich wieder ein Stück vom Trauma heilen und erwachsen werden,
und mein Körperteil/Organ kann sich beruhigen,
kann ganz gesund werden,
alle Spannung kann abfließen;

kein Zwang, Befehl, statt dessen: Affirmation
„kann, darf geschehen, erlauben."

Kontakt mit dem kleinen Mädchen:
streicheln, beruhigen: „Es ist alles in Ordnung, vorbei,
heute ist (heutiges Datum) … nie wieder,
Gefühle von damals … heute nicht notwendig …

Für Zahnarztbesuch:
Zeit kann schneller laufen.
Warum sollte ich es mir nicht angenehm machen?
Der Mundbereich kann taub werden.
Ich werde ruhig, und diese Ruhe strahlt auf den Zahnarzt aus, so daß seine Hand ruhig ist.
Blutgefäße können sich schnell verschließen.
Schwellungen gehen zurück.
Das Zahnfleisch kann kühl und glatt werden.
In dem Moment, in dem ich vom Zahnarztstuhl aufstehen werde, kann die Wundheilung beginnen.

Mein Zahnarzttermin stand bevor: Jacketkrone im Frontzahnbereich abnehmen, toten Schneidezahn ziehen. Für mich mit meiner Zahnarztpanik eine gräßliche Vorstellung.

Während der nächsten Hypnose bereitete mich meine Therapeutin auf den Eingriff vor.

In der Zahnarztpraxis bin ich aufgeregt, auf dem Behandlungsstuhl bin ich noch aufgeregter, die Hände sind feucht … Eine Betäubungsspritze liegt bereits parat. Zuerst soll ein Abdruck vom oberen Gebiß angefertigt werden. Die Metallform mit der Modelliermasse wird angedrückt. Mit dem unteren Gebiß soll ich es abstützen; aber, wie peinlich, das Untergebiß klappert gegen das Metall.

Aber während ich so dasitze, komme ich wieder zur Besinnung. Ich kann doch Hypnose, und ich gehe einfach in Hypnose. Ich schließe die Augen, der Atem kommt und geht, kommt und geht … Die Arzthelferin berührt mich: „Geht es Ihnen gut?" Ich nicke und schließe wieder die Augen. Dann zähle ich von eins bis zehn und gehe tiefer und tiefer. Wiederum werde ich mit der Hand berührt und eine besorgte Stimme fragt: „Geht es Ihnen wirklich gut?" „Aber laßt mich doch an meinem Entspannungsort!" denke ich und nicke. Dann kehre ich zu meinem inneren Kind auf die Wiese zurück. Die Jacketkrone ist bereits entfernt. Nach Injektion einer halben Dosis des Betäubungsmittels wird der tote Zahn gezogen. Der Zahnarzt schleift den nebenstehenden Zahn. ***Während all das geschieht, habe ich das Gefühl, als ob sich mein Gebiß nicht in meinem Mund befindet, sondern der Zahnarzt die Zähne zirka drei oder fünf Meter vor mir außerhalb des Körpers behandelt. So schließt die Behandlung. Ich öffne die Augen und bin frisch und klar.***

Auf der Fahrt nach Hause hielt ich den vom Zahnarzt ausgehändigten gezogenen Zahn äußerlich an die Stelle der Zahnlücke. Dies soll Schmerzen – Verlustschmerz – vermeiden. Weder Schmerzen noch Schwellung hatten sich eingestellt.

Die Symptomatik, die mein Körper ausdrückt, könnte zum Bild der Hyperthyreose passen: innere Unruhe, Angst, Gewichtsabnahme, Herzklopfen, Magen-Darm-Probleme. Ich möchte erfahren, ob es einen seelischen Auslöser hierfür gibt.

Meine Therapeutin begleitet mich in Hypnose und spricht obiges Thema an. Vor meinem inneren Auge erscheint plötzlich mein kleines Kind; es sitzt am Tisch, und der Vater zwingt es mit Worten und drohendem Blick, fettes Fleisch zu essen. Das kleine Mädchen fühlt sich schlecht und bekommt das Fett nicht herunter. Plötzlich stehe ich als Erwachsene hinter dem Kind und verteidige es. Ich kratze den Vater im Gesicht, spüre dabei sehr heftig die Wut auf ihn. Dann verblaßt das Gesicht meines Vaters, und in meiner Aufregung sage ich immer wieder meinem inneren Kind: „Nie wieder, nie wieder wird dir das passieren!" Bei Beginn dieses Erlebnisses flackerten stark die Augenlider.

Auch heute als Erwachsene empfinde ich Ekel vor Fett an Fleisch oder Schinken. Vielleicht hat sich die Abneigung gegen fettes Fleisch unbewußt auf mich selbst gerichtet, so daß meine Gewichtsabnahme zu erklären ist?

Bei dem nächsten Hypnosetermin wollte ich diese unbewußte Fehlprogrammierung auflösen, damit mein Körper wieder funktionsfähig ist. Bei meiner Therapeutin stieß ich auf eine ablehnende Haltung. Das verstand ich nicht. Somit befragten wir in Hypnose das Unterbewußtsein, ob wir an diesem Thema weiterarbeiten sollen. Durch die bereits beschriebene Befragungsmethode gab mir ein Finger ein ‚Nein'-Zeichen. *Dieser Vorgang nahm mir meinen Zweifel, ob bei der Befragung eventuell das Glaubenssystem oder Wunsch mit im Spiel ist. Das Unterbewußtsein arbeitet wie Heinzelmännchen. Wenn einmal an einer Sache oder einem Problem in Hypnose gearbeitet wurde, soll man das Unbewußte daran weiterarbeiten lassen. Es soll nicht gestört oder kontrolliert werden: Ist es auch wirklich geschehen?" Sonst könnte der Auftrag oder die Aufgabe zerstört werden. Es kann sich nachteilig auswirken bzw. das Gegenteil passieren.* ***Es ist wichtig, dem Entwicklungsprozeß und den unbewußten Fähigkeiten zu vertrauen.***

Nach längerer Pause und zwischenzeitlicher Selbsthilfeaktivität begab ich mich zu meiner Therapeutin, denn ich spüre einen Wirkungsunterschied zwischen Selbsthypnose und Fremdhypnose. Bei letzterer komme ich mit meiner vorgenommenen Aufgabe schneller vorwärts; es fließt mehr *Energie, und es wird sogar Energie übertragen. Während meine Therapeutin mich in die Hypnose begleitet, geht sie selbst in Hypnose, um somit das Energiepotential zu verstärken.*

Wie üblich bin ich gespannt, wie diese Hypnose verlaufen wird, denn sie ist jedesmal anders. Heute wird es wohl nicht so gut klappen. Meine Gedanken beschäftigen sich rege mit dem Thema, das in die Hypnose eingebracht werden soll. Ich schließe die Augen, muß öfters schlucken, schließlich spüre ich in den Händen eine energetische Kraft. Sie ballt sich in den Handchakren. Gedanken, die sich mit dem Äußeren beschäftigen, verblassen langsam. Bei dem Wort „geborgen" spüre ich Traurigkeit. Am liebsten möchte ich weinen;

aber nein, dann zerstöre ich die Hypnose. Nun stellt sich innere Wärme ein. Bei jeder Vision scheint Energie in mich einzuströmen, wie Meereswellen. Die Augen vibrieren. Ich bin wohl doch sehr gut in Hypnose gekommen.

Die Hand darf leichter werden. Passiert dies nicht doch willkürlich? Nein, kontrolliere nicht, schau nur mal passiv zu, ob etwas geschieht. Von alleine tut sich etwas: Dreht sich die bisher ruhende Hand im Zeitlupentempo? Es ballt sich Energie in den Händen; sie scheint sich mit einem leichten Zucken der Hand zu entladen, und so hebt sie sich ganz langsam.

Ich sehe innerlich das kleine Händchen von meinem inneren Kind. Ungeschickt spreizt es die Fingerchen. Ich nehme vorsichtig das Zeigefingerchen, und wir führen es zum Schalter, während ich mit dem Kind spreche. Ich spüre, wie sich zu diesen Gedanken unwillkürlich meine Hand bewegt. Dieser Schalter, der Alarmknopf des verängstigten Kindes, wurde vergessen abzustellen. Mit den Worten der Therapeutin sehe ich ein Schlüsselloch herkömmlicher Art. Es fällt mir schwer, diese Vision vor meinem inneren Auge festzuhalten. Äußerlich beginnen meine Augenlider zu flakkern. Ich halte das innere Bild nicht mehr fest. Vielleicht soll es nicht sein; intuitiv spüre ich, daß ich etwas zerstören würde. Ein großer Bildschirm erscheint vor mir, auf dem mein inneres Kind im Grünen spielt.

Geballtes Licht erscheint in der Ferne und strömt zu ihm hin. Mein Kind besteht teilweise nur noch aus Licht. Ich fühle die Wärme, die von diesem Licht ausgeht. Die Atmosphäre ist unbeschreiblich beglückend, wunderbar.

All das endet mit innerer Ruhe, unendlichem Frieden. Die Visionen sind verschwunden. Nur meinen Atem spüre ich, so als ob ich dies von einer anderen Ebene wahrnehme. Ich genieße diesen entspannten Zustand. Existiert nur mein Atem? Ich bin in der Einheit. Es stört mich nicht, daß mein Bauch sehr laut gluckert. Wie von allein erreiche ich eine andere Bewußtseinsebene. Hat mein Inneres den Zuspruch der Therapeutin, „während Sie dann als Person wacher und wacher werden …", schon vorher wahrgenommen? Um wieder ins Hier und Jetzt zurückzukehren, zähle ich gewohnheitsmäßig von zehn bis eins zurück und spüre das Verlangen, kräftig durchzuatmen. Dann öffne ich die Augen und bleibe noch einen Moment liegen.

Von dieser Sitzung kann ich lange zehren, indem mein Unbewußtes daran weiterarbeitet, voll Vertrauen.

"I like junk food too much" oder: Warum auch die beste Hypnose manchmal nicht wirksam werden kann

Billy, Taxi Driver in San Diego, hatte ein Gewicht von mindestens 180 kg und füllte in seinem Taxi fast beide Frontsitze.

Wir kamen ins Gespräch:
B.: "How do you like our city?"
A.: "I like it very much, Billy."
B.: "Are you here on business or as a tourist, Agnes?"
A.: "Both, Billy."
B.: "What line of work are you in?"
A.: "I've been attending a congress."
B.: "A congress here in San Diego? That sounds interesting – what kind of congress?"
A.: "A congress about hypnosis ..."
B.: "About *noses*?!" (Billy ließ seine Rechte um die Nase kreisen und sah mich befremdet an.)
A.: "No, Billy, *hyp*nosis!"
B.: "Ahhh ... Now I understand, *hypnosis* ...!!" (Seine Hand kreiste über das ganze Gesicht, und er atmete tief durch.) "Billy lose weight, Billy lose weight, find a woman, make babies ... Oh Agnes, I love children. You have one – I don't have any."

Wieder zu sich selbst:

"Billy lose weight, Billy lose weight, find a woman, make babies ..."

Billy ging offensichtlich tief atmend in Trance. Unser Gefährt sauste wie auf Pegasus' Schwingen über die 14-spurige Autobahn dahin. Ich fing langsam an, mir Sorgen um seine Fahrkünste zu machen. Er wiederholte seinen magischen Satz. Mir wurde elend. Bin ich doch Mutter eines wundervollen Siebenjährigen, der von mir in ein paar Stunden in die Arme geschlossen werden wollte. Billy kam plötzlich wieder ins Diesseits, bemerkte im Rückspiegel die Blässe meines Gesichtes. Er lachte breit. Ich begann mich zu fangen und rief euphorisch:

"But Billy, you're great at hypnosis – you're a star!"

Billy erwiderte mit einer Mischung aus Wehmut und Nüchternheit: "Yes, I know, Agnes, you're right. But what you don't know is: **I like junk food too much!**"

Anhang

Fragebögen Nr. 1 bis 5

Die folgenden fünf Fragebogen sind für die Ausbildungs- sowie Supervisionsgruppe konzipiert. Natürlich können sie auch alleine zur Selbstkontrolle, zur Überprüfung der erworbenen Spielbreite und zur Bereicherung des therapeutischen Instrumentariums benutzt werden. Die hier gestellten Fragen sollen den Lernenden und Praktizierenden in seiner Beobachtungsgabe unterstützen und Hinweise auf die Palette möglicher Interventionen geben.

Jeder Fragebogen verfolgt eine unterschiedliche Intention, womit der Fokus entsprechend auf verschiedenen Bereichen liegt.

So befaßt sich der erste Fragebogen mit der Beantwortung von *‚kritischen' Fragen und Einwänden in bezug auf Hypnose von seiten des Patienten.*

Im zweiten Fragebogen wird mit 18 Fragen die Hypnose-Intervention reflektiert. Dafür wird dem *Wohlbefinden des Therapeuten* selbst – als Voraussetzung für eine gute therapeutische Sitzung – besondere Aufmerksamkeit geschenkt.

Die Prinzipien der *inhaltlichen Gestaltung der Hypnose-Intervention* werden im dritten Fragebogen beleuchtet.

Mit Hilfe des vierten Fragebogens wird anhand einer vorgegebenen Übung die *Selbstwahrnehmung* geschult. Außerdem verdeutlicht der Austausch der Beobachtungen in der Gruppe die immense Vielfalt von Reaktionsmöglichkeiten, die uns auch in der Arbeit mit unseren Patienten begegnet.

Der fünfte Fragebogen befaßt sich mit den Chancen, die die Hypnotherapie dem nicht psychotherapeutisch ausgebildeten Mediziner bietet, um *risikofrei psychotherapeutische Arbeit* leisten zu können.

Fragebogen Nr. 1

Typische Fragen von seiten des Patienten fordern uns heraus

Welche Antworten haben Sie auf folgende Fragen/Einwände/Reaktionen?

vor der Hypnose:

- *Was ist der Vorteil von Hypnose für mich?*
  (... der Unterschied zu anderen Therapien?)
- *Was kann mir in Hypnose (schlimmstenfalls) passieren?*
- *Können Sie mir mit Hypnose wirklich helfen?*
- *Weshalb reicht nicht eine (oder zwei oder drei) Sitzung(en), und das Problem ist weg?*
- *Weshalb soll ich Selbsthypnose machen, wo Sie doch die Kraft über mich haben?*
- *Ich habe keine Zeit für Selbsthypnose.*

innerhalb der Hypnose:

- *Frau/Herr Doktor, mir wird so schwindelig (ich bekomme Angst)!*
  (Was sagen oder machen Sie als Therapeut, wenn Gefühle des Unwohlseins oder der Angst auftreten?)

nach der Hypnose:

- *War das schon alles?* (in vorwurfsvollem Ton)
- *Ich habe Sie aber immer noch gehört!*
- *Ich war aber nicht total weg!*
- *Das habe ich mir aber anders vorgestellt!*
- *War* das *denn schon Hypnose?*
- *Erklären Sie mir jetzt mal genau, weshalb das so und so war und warum ...!*
  Wie soll ich das verstehen?
- *Was ist denn nun der Unterschied zwischen Hypnose und Meditation?*

beim Herausgehen, die Türklinke schon in der Hand

- *Meinen Sie wirklich, daß Hypnose das Richtige für mich ist?*

Fragebogen Nr. 2

Reflexion der Form der Hypnose-Intervention

1. Beobachtung, Kontakt und Rapport

- Beobachtet der Therapeut den Patienten achtsam? Kann er dem Prozeß folgend auf die Botschaften – zumeist nonverbaler Art – des Patienten reagieren? Spricht er seine Beobachtungen (wie einen tiefen Atemzug, einen Seufzer, eine Träne, eine Körperbewegung) im Positiven aus und vertieft damit den Rapport und die Hypnose?

- Kann er seine Beobachtungen so rückkoppeln (reframen), daß sie den Patienten stimulieren? Zum Beispiel: „Ein tiefer Atemzug …, die Hypnose kann zu wirken beginnen." Bei unruhiger Atmung: „Die Atmung kann nun von alleine ruhiger und tiefer werden – ein gutes Zeichen für Entspannung."

- Beherrscht der Therapeut die Technik von ‚pacing – leading – seeding' , d. h., spiegelt er den Patienten in seinen Reaktionen, leitet ihn und bahnt Neues?

- An welcher Stelle nimmt er Botschaften des Patienten konstruktiv auf und verwertet sie therapeutisch? Was hat er damit erreicht?

2. Stimme, Sprachfluß und Pausen

- Spricht der Therapeut langsam und gut artikuliert?

- Ist die Lautstärke der Stimme der Situation angepaßt?

- Setzt der Therapeut stimmige Pausen, damit der Patient in Ruhe innere Bilder entwickeln und auch tiefer in Hypnose gleiten kann?

- Was vermittelt die Stimmlage? Vermag sie den Patienten zu halten und zu führen?

- Wird die Stimme dem Wortinhalt angemessen moduliert? (Verlangsamung oder Beschleunigung des auszusprechenden Wortes, z. B. bei dem Wort „langsam" Verzögerung des Aussprechens. Stimmhöhe: bei dem Adjektiv „heller" die Stimme anheben.)

3. Wohlbefinden und Ausstrahlung des Therapeuten

- Mutet die Sitzposition, -haltung des Therapeuten so komfortabel an, daß dieser gut durchatmen, in sich ruhen und Stimmungen auffangen kann?

- Vermittelt der Therapeut den Eindruck, selber innerlich zu entspannen?

- Ist der Grad der Zugewandtheit zum Patienten gering oder hoch? Läuft der Therapeut Gefahr, den Kontakt zu sich selbst zu verlieren oder wirkt er ausbalanciert und rapportfördernd?

- ‚Leistet' es sich der Therapeut, ab und an selber die Augen zu schließen, um auch ein gewisses Maß an Trance zu erreichen und damit sowohl die Hypnose des Patienten zu vertiefen als auch intuitiver zu werden?

- Gönnt sich der Therapeut schöpferische Pausen, wenn er momentan nicht weiter weiß?

- Weiß er diese Pausen mit einfachen Floskeln zu füllen, damit der Kontakt zum Patienten nicht abbricht und dieser nicht meint, der Therapeut habe ihn verlassen? („Das machen Sie sehr gut so!", „Schön!", „So einfach ist das!", „Bleiben Sie in Ruhe dabei!", „Gut so!", „Genießen Sie nun einfach, über so viel Zeit in Ruhe zu verfügen!")

- Ist es ihm möglich, dem Patienten gegenüber Besonnenheit und Kompetenz auszustrahlen?

- Erlaubt sich der Therapeut, Fehler zu machen?

- Wo liegen seine individuellen kreativen Stärken? Wann bringt er sie zum Einsatz? Wie bannt er Gefahren und schafft Sicherheiten? Welche persönlichen Vorzüge zeigt er als Therapeut?

Fragebogen Nr. 3

Inhaltliche Gestaltung der Hypnose-Intervention

Schaffung der Arbeitsbasis

1. Vorbereitung des Patienten für die Hypnose
Ist der Patient über Vorurteile und Mythen ausreichend aufgeklärt?
Wird er ermutigt, seine Vorstellungskraft zu benutzen?
Ist er aufgefordert, den Körper zu entspannen und ruhig zu atmen?

2. Rapport und kooperative Arbeitsbeziehung
Was unternimmt der Therapeut, um eine effektive Arbeitsbasis herzustellen?

3. Positive Erwartungshaltung
Wirkt der Therapeut zuversichtlich, und vermag er eine Atmosphäre des Vertrauens zu schaffen und Lust auf neue Erfahrungen zu wecken?

4. Wunscherfüllung
Kann der Therapeut andererseits auch vom Wunsch des Patienten nach schnellen Fortschritten Abstand nehmen? Hat er selber eine realistische Erwartungshaltung bezüglich der Hypnosephänomene und -effekte?

5. „O. K.-Basis"
Die Beschäftigung mit den Schwächen und Mängeln des Patienten ist die schlechteste Startbasis. Vertraut der Therapeut in die Ressourcen seines Patienten?

Nutzung von Stärken

6. Erfolgreiche Strategie
Je mehr man sich anstrengt, um so weniger wird etwas von alleine erfolgen. Dies läßt sich besonders bei der erwünschten Beeinflussung physiologischer Vorgänge beobachten. Ist dem Therapeuten dieses Phänomen klar, und nutzt er anstelle von direkten Suggestionen die Imagination und unterstützt den Patienten, hierfür nützliche Erinnerungen zu provozieren? Gelingt dem Therapeuten dabei eine bildhafte Sprache (z.B. anästhetische Zwecke „die Kühle eines Schneeballes, der über die Wange gestrichen wird")?

7. Berücksichtigung der Individualität des Patienten

Bezieht sich der Therapeut auf die persönlichen Stärken, Interessen, Wünsche, Vorstellungen, Ausdrucksarten und Beweggründe des Patienten, so daß sich dieser persönlich angesprochen fühlt?

8. Motivation

Ist es dem Therapeuten gelungen, anstelle „von hinten" zu schieben, den Patienten „von vorne" zu motivieren und lohnende Gründe dafür auszumalen, weshalb ein bestimmtes Ziel erreicht werden sollte?

Strukturierung

9. Das Prinzip der Klarheit und Einfachheit
Ist die Hypnose nicht überladen, sondern klar strukturiert und einfach? Sind die Suggestionen deutlich und therapierelevant?

Suggestionen

10. Suggestionen, aber wie?

Das Unbewußte kann es uns übelnehmen, wollen wir ihm allzu direkt vorschreiben, was es zu tun und zu lassen hat. Direkte Suggestionen hören sich oft nicht nur plump an, sondern können auch einfach zu simpel wirken, so daß sich Trotz aufbaut und überhaupt nichts passiert. Hat der Therapeut es verstanden, „durch die Blume" zu reden? Hat er dem Unbewußten Andeutungen gemacht, die es selber konkret füllen kann? Versteckt er Suggestionen vielleicht sogar raffiniert in Geschichten und Metaphern, damit es dem Bewußten unmöglich wurde, sie zu entlarven und zu zerstören?

11. „Timing" der Suggestionen

Richtige Suggestionen zum richtigen Zeitpunkt formulieren heißt:
indirekte und permissive Suggestionen im Stadium der leichteren Trance (da noch vermehrt kognitive Prozesse),
direktere Suggestionen in tieferer Trance und ausschließlich beim kooperierenden Patienten.
Hebt der Therapeut die wesentlichen Suggestionen für das Ende der Trance auf, damit sie auf fruchtbareren Boden fallen?

12. Nutzung der konzentrierten Aufmerksamkeit

Wichtige Suggestionen sollten mindestens drei Mal repetiert werden. Dies kann in Variationen – vielleicht sogar in einer Metapher versteckt – geschehen. Vertieft der Therapeut im Moment der konzentrierten Aufmerksamkeit die Wirkung der Hypnose durch Wiederholung der Suggestion?

Positive Bestätigung und Schutz der Therapie

14. Positive Bestärkung

Erhält der Patient vom Therapeuten während und nach der Hypnose ausreichend positive Resonanz und Bestärkung, wie auch immer seine Reaktionen und Erfahrungen gewesen sein mochten?

15. Schutz der Hypnoseerfahrung nach der Intervention

Wie beugt der Therapeut eventuellen Abwertungen und Mäkeleien des Patienten vor? Was tut der Therapeut, um ‚analytischem Zerpflücken' konstruktiv zu begegnen? Was rät er dem Patienten zum Schutze der Hypnoseerfahrung?

Fragebogen Nr. 4

Training der Selbstwahrnehmung

Folgende Frageneinheit bezieht sich auf Gefühle, Stimmungen, Bilder, Assoziationen und Körpersensationen, die ein Text hervorrufen kann. Für diese Übung wird der nachfolgende Hypnosetext, der einfache, und dem autogenen Training entliehene Vorgaben beinhaltet, in der Ausbildungsgruppe von einem Teilnehmer vorgetragen. Vorher werden kurz die fünf verschiedenen Phasen der Übung dargestellt. Die anschließende Reflexion der während der Übung wahrgenommenen Vorgänge soll den Beobachtungssinn schärfen. Im danach erfolgenden Austausch mit den Ausbildungsteilnehmern wird die Vielfalt von Reaktionsmöglichkeiten deutlich. Dies gibt wiederum Anregung, auch kleine Veränderungen aufmerksamer wahrzunehmen sowie vorher unbeachtete seelische oder körperliche Erscheinungen überhaupt erst einmal in die Betrachtung miteinzubeziehen.

Text zum Fragebogen Nr. 4
(sehr langsam zu sprechen)

Momentane Körperbefindlichkeit und Stimmung (ohne Bewertung) wahrnehmen:

„Überprüfe nun zuerst völlig wertfrei, wie dein Körper sich momentan in bezug auf Spannung … und Energie und auch auf Temperatur anfühlt … Wie nimmst du deine Atmung wahr? … Was ist sonst noch zu beobachten? … Laß dir deutlich werden, wo du gedanklich bist … Was erwartest du jetzt von dir, von der Übung? … Wie würdest du deine Gesamtstimmung bezeichnen?"

Eine mit der Atmung gekoppelte, phantasierte körperliche Bewegung einüben:

„Mach es dir jetzt so bequem wie möglich und erlaube den Augen sich zu schließen … Dann hebe einfach einmal einen Arm ein wenig an. Du hebst ihn ein wenig an, vielleicht so fünf Zentimeter, ja gut … und läßt ihn wieder locker herunterfallen. Nun hebst du den gleichen Arm wieder an und läßt ihn wieder locker und völlig entspannt herunterfallen …: Wie wenn du bei einer Gliederpuppe den Arm anheben würdest und ließest ihn wieder fallen … Gut so … Und jetzt machst du alles im Rhythmus der Atmung, über vier oder fünf Atemzüge … Beim Einatmen hebst du den Arm leicht an und beim Ausatmen fällt der Arm wieder schlaff entspannt herunter. Das Interessante ist jetzt, daß die Bewegung bei jedem Atemzug äußerlich immer kleiner werden kann, während die innere Vorstellung von der Bewegung gleich groß bleibt, und danach der Arm sogar einfach liegenbleibt, während er sich in deiner Imagination aber weiterhin beim

Einatmen anhebt und beim Ausatmen locker herunterfällt ... Dann ist überhaupt keine äußere Bewegung mehr da, aber deine ruhige Atmung wird von der Vorstellung begleitet, der Arm hebe sich langsam beim Einatmen und falle herunter beim Ausatmen ... Gut ... Mach das bitte über die Dauer von ein paar Atemzügen ...! Und jetzt machst du das gleiche mit dem anderen Arm ... du hebst ihn gleichfalls ein paarmal noch wirklich beim Einatmen, aktiv, und läßt ihn beim Ausatmen herunterfallen ... Plumps, da fällt er runter, schwer, entspannt, völlig entspannt ... du hebst ihn an beim Einatmen, und er sinkt, fällt schlaff herunter, entspannt, ganz entspannt beim Ausatmen. Du machst es noch ein-, zweimal, und dann nur noch in deiner Imagination, in deiner inneren Vorstellung ... dein Arm hebt sich – nur in deiner Vorstellung – an ... und plumps ... schlapp fällt er runter, ganz entspannt, locker, gut ... Und mach das einfach noch weiter, im Rhythmus der Atmung ... Gut ... sehr schön ... Und jetzt hebst du beide Arme auf einmal ... beide ein bißchen anheben, oder zumindest den Impuls verspüren, daß beide Arme sich anheben ... und dann sinken sie weich und locker zurück ... zweimal, vielleicht dreimal, wie es für dich richtig ist. Und dann nur noch in der inneren Vorstellung. Lerne immer besser, daß die Arme sich nur in der Imagination anheben; anheben beim Einatmen und ganz locker runterfallen beim Ausatmen ... Und der Oberkörper entspannt sich, Weichheit fließt von den Schultern herunter, in die Oberarme, in die Unterarme, in die Hände ... die Hände sind jetzt völlig entspannt und warm ... alles ist mit dem Fließen der Atmung in Übereinstimmung ... Gut ... Jetzt bitte ich dich, ein Bein ein bißchen anzuheben, so, daß der Fuß sich gerade vom Boden abhebt, nur ganz gering, vielleicht ein paar Zentimeterchen ... und dann laß es wieder locker heruntersinken. Wiederum hebst du es im Rhythmus der Atmung. Du hebst es an beim Einatmen ... und es fällt beim Ausatmen entspannt – wie bei der Gliederpuppe – zurück. Und jedesmal mehr entspannt. Und dann ist es nur noch eine isometrische Anspannung bei der Einatmung ... und dann nur noch die Vorstellung einer Bewegung ... wie es sich anhebt und wieder sinkt, ganz entspannt, und der Fuß vielleicht noch tiefer in den Boden hineinsinkt, warm und entspannt ... und noch einmal. Gut ... Und die Entspannung kann weiterfließen, vom Oberschenkel in das Becken ... Sehr angenehm ... Und dann kommt das andere Bein dran, der andere Fuß hebt sich beim Einatmen wieder leicht vom Boden ab, soweit, wie es für dich richtig ist. Hebt sich an, leicht beim Einatmen, und sinkt herunter ... und dann nur noch in der Vorstellung. Hebt sich an und sinkt. Gut ... Und ein weiteres Mal. Sehr schön ... Und dann kommen beide Beine. du brauchst sie nur noch in der Vorstellung anzuheben und nicht äußerlich sichtbar, sondern nur in der inneren Vorstellung sichtbar: beim Einatmen beide Knie ein bißchen heranziehen, die Füße haben das Gefühl, sich für einen Moment vom Boden zu trennen ... und dann alles locker lassen beim Ausatmen, so daß die Beine vermehrt entspannen. Anziehen ... und entspannen. Anziehen ... und entspannen. Mhm ... Und jetzt kommen – du wirst es schon ahnen – beide Arme und beide Beine zusammen dran. Wie wenn man bei einer Gliederpuppe wiederum Beine und

Arme so ganz leicht und sachte nur ein bißchen hebt, und beim Ausatmen sinkt alles wieder zurück, warm und schwer. Diese Wärme und Schwere und Gelassenheit und Entspannung fließt durch die Glieder und hinein in den gesamten Körper, und beim Einatmen verbleibt dieser Impuls, leicht anzuheben, anzubeugen und beim Ausatmen nachzulassen und vermehrt und genießerisch zu entspannen … nur noch eine Idee der Bewegung, nur der Atem, der dich trägt und der eine Schwingung in dir erzeugt, die dir unendlich wohltut. dein gesamter Körper fließt in rhythmischer Schwingung … wunderbar! …"

Wärme im Körper, Kühle im Kopf hervorrufen:

„Und nun stellst du dir vor, du bist irgendwo, wo die Sonne angenehm warm scheint … so als wenn diese Gliederpuppe irgendwo behaglich in die Sonne gesetzt oder gelegt werden würde … aber der Kopf befindet sich im Schatten. Achte darauf, daß der Kopf im Schatten bleibt. Und fühle, wie die Sonne auf deinen Körper scheint. Fühle es erst an einem Arm, dann am anderen Arm, an einem Bein … am anderen Bein, an den Füßen natürlich auch … und dann im gesamten Körper. Angenehm durchwärmt durch die Sonnenstrahlen … bequem, angenehm entspannt, gut durchblutet und der Kopf kühl, im erfrischenden Schatten, kühl und klar und weit und luftig wie der lichte, blaue Himmel …"

Gefühl zum Herzen und Bezug zur Zuverlässigkeit der Körperfunktionen entwickeln:

„Und jetzt, wo du so angenehm entspannt bist, so, wie diese Puppe ganz angenehm entspannt daliegt, bist du ganz aufmerksam für deinen Körper, bist auf besondere Art mit ihm vereint. Mag sein, du erfährst jetzt ein seelisch warmes Gefühl zu deinem Herzen, diesem kleinen unermüdlichen Motor in dir, der im Wachen und im Schlafen für dich sorgt … seit der ersten Minute deines Lebens bis auf den heutigen Tag und unendlich lange weiter … und vielleicht entsteht ein Bedürfnis in dir, dich liebevoll deinem Herzen zuzuwenden … Und das Herz freut sich, egal ob du das bemerkst oder nicht …"

Den Atem klärend und harmonisierend durch den Körper strömen lassen:

„Achte jetzt bitte wieder auf deine Atmung, welchen Rhythmus sie auch immer jetzt hat … schneller oder langsamer … alles ist in Ordnung. Wenn du einen tiefen Atemzug machen möchtest, tu es, auch ein Seufzer kann sehr wohltun … Nun gehe einer neuen Vorstellung nach: Stelle dir vor, die Luft würde beim Einatmen durch die Fingerspitzen in die Hände, die Unterarme, über die Oberarme und Schultern in die Lunge eingesogen … während sie beim Ausatmen durch den Bauch, das Becken, die Oberschenkel, Unterschenkel und Füße strömt und durch die Zehenspitzen wieder austritt. Verfolge diese Vision für einige erfrischende, klärende Atemzüge …"

Auf wiegender Unterlage tief entspannen und in hypnotischer Konzentration ganz aufmerksam bei sich sein:
„Und nun genieße nur noch! … Laß dich auf einer superbequemen und sicheren Luftmatratze auf dem Wasser wiegen! Wähle dir deinen privaten Swimming-Pool aus oder auch den weiten Ozean, deinen ruhigen See oder einen behäbig dahintreibenden Fluß, wo die Landschaften an dir vorüberziehen! … Erlaube dir alle Zeit der Welt, deinen Bildern nachzugehen, dich unendlich wohlzufühlen und dich neu zu entdecken!
Diese Erfahrung wird dich lange noch tragen …"

An dieser Stelle kann dazu aufgefordert werden, die Trance für persönliche Anliegen zu nutzen und sich eine posthypnotische Aufforderung zu erteilen. Danach erfolgt die Beendigung der Hypnose.

Fragen

Bei Beginn der Übung

1. Hattest du überhaupt Lust auf Hypnose oder hättest du lieber etwas anderes gemacht?
2. Freutest du dich auf die Übung und warst du offen für Überraschungen?
3. Hattest du eine besondere Motivation für die Übung?
4. Hast du etwas Besonderes erwartet?
5. Fühltest du dich mit dir selber in Kontakt?
6. Auf was warst du bei Beginn der Übung mit deiner Aufmerksamkeit konzentriert?
7. Wo waren deine Gedanken?
8. Wie fühlte sich dein Körper an? Beschreibe Temperatur, Spannungsgrad, Energiepegel.
9. Wie empfandest du Atemrhythmus und Atemtiefe?
10. Wie beschreibst du deine Zeitwahrnehmung?
11. Gab es irgendwelche Erscheinungen unangenehmer Art (Symptome)?

12. Fühltest du dich anfangs schon wohlig warm, entspannt und ausgeglichen?

13. Weitere Beobachtungen

Während der Induktion

1. Was war deine erste Beobachtung?

2. Wo fand die erste Veränderung statt?

3. Hat dieselbe dich erstaunt?

4. Wie erfuhrst du die „Bewegung ohne Bewegung„?

5. Was hat diese Vorstellung in dir hervorgerufen? Beschreibe konkret!

6. Weitere Beobachtungen

Eintreten vegetativer Veränderungen

1. Bist du der Anleitung gefolgt oder hast du eigene Wege entdeckt?

2. Erlebtest du das Einfließen von Wärme durch die Imagination von Sonnenstrahlen auf deinen Körper? Wo und wie?

3. Hast du es beeinflussen wollen und können?

4. Konnte dein Kopfbereich angenehm kühl bleiben?

5. Weitere Beobachtungen

Kontakt zum Herzen

1. Hast du deinen Herzschlag verspürt, und wie war das für dich?

2. Gab es ein seelisches Gefühl zu deinem Herzen?

3. Hast du eine Idee von der Zuverlässigkeit deines Körpers verspüren können?

4. Weitere Beobachtungen

Atemfluß durch den Körper

1. Bist du der Vorstellung gefolgt?
2. Was hast du dabei beobachtet?
3. Welche Sensationen waren besonders deutlich?
4. Gab es irgendwelche Veränderungen physischer oder psychischer Art durch diesen Teil der Übung?
5. Weitere Beobachtungen

Entspanntes Liegen auf sicherer, weicher und wiegender Unterlage

1. Welches konkrete Bild hat sich entwickelt? Welche Unterlage, welches Wasser?
2. Welches Gefühl war jetzt vorherrschend?
3. Was wäre jetzt noch ein Wunschtraum von dir gewesen?
4. Weitere Beobachtungen

Hypnoseutilisation

1. Hast du diese Phase in der Stille für dich noch für eine persönliche Arbeit genutzt?
2. Hast du den Eindruck, daß sich dabei etwas – was auch immer – getan hat?

Hypnoseausleitung

1. War der Zeitpunkt, die Hypnose zu beenden, für dich der richtige?
2. Hast du die Übung mit Zufriedenheit abschließen können?

Nach der Hypnose

1. Was von dem eben Erlebten schwingt jetzt noch in dir nach?
2. Was gab es noch für Effekte?
3. Hältst du diese Übung für sinnvoll? Wenn ja, warum, wenn nein, warum nicht?

Fragebogen Nr. 5

Indirekte psychotherapeutische Interventionen

Gerade Mediziner sind oftmals von dem Erfolg ihrer in der Ausbildung erlernten Hypnose-Interventionen in der Praxis überrascht. Patienten werden als einfacher und zugänglicher erlebt. Krankheitsbilder verbessern sich unter ihren Händen in erstaunlichem Maße. Der Rapport ist gut, der Patient motiviert und der Therapeut am Therapieprozeß interessiert. Da wächst natürlich sowohl von seiten des Patienten als auch des Arztes der Wunsch, noch etwas mehr zu tun, d. h. auch auf seelische Hintergründe heilend Einfluß nehmen zu können. Bevor der Arzt jedoch nun – zwar verantwortlich, aber bedauernd – den Patienten an den psychotherapeutisch ausgebildeten Kollegen überweist, sollte er sich fragen, ob er wirklich schon alle hypnotherapeutischen Möglichkeiten ausgeschöpft hat. Meistens ist er nämlich kompetenter, als er meint. Die Hypnotherapie bietet ja eine ganze Reihe von Techniken für eine psychische Reorganisation im Stillen. Mit ihnen kann der nicht psychotherapeutisch ausgebildete Arzt ohne Risiko indirekt und im Vertrauen auf unbewußte Fähigkeiten auch tiefere Lösungs- und Heilungsprozesse in Gang setzen. Er frage sich dafür, ob er Folgendes schon in Betracht gezogen hat:

1. Anleitung zur Selbsthypnose
2. Betonung der Fähigkeit des Unbewußten zu selbständiger therapeutischer Arbeit
3. Methode des ideomotorischen Signalisierens (Fragen bezüglich der Bereitschaft und Fähigkeit zu unbewußter Arbeit mit dem Ziel von Veränderung und Heilung)
4. Hinweise auf Selbstheilung und entsprechende Voraussetzungen
5. Visualisation einer Zukunftssituation, in der das Problem gelöst, die Heilung vollzogen ist (Übung „Wunder“).
6. Posthypnotische Suggestionen für selbsttherapeutische Vorgänge, z. B. während nächtlicher Träume
7. Arbeit mit ideomotorischer Bewegung, wie z. B. „Sammeln und Loslassen“
8. Erzählen von Metaphern
9. Beispiele von Patienten, die konstruktive Lösungen fanden
10. Ausdruck von Vertrauen, daß der Patient ganz eigene Wege finden kann

Literatur

Alman, B. M. u. P. T. Lambrou (1996): Selbsthypnose. Ein Handbuch zur Selbsttherapie. Heidelberg (Carl-Auer-Systeme), 3. Aufl. 1999.

Araoz, D. L. a. E. Negley-Parker (1988): The new hypnosis in family therapy. New York (Brunner & Mazel).

Barber, J. (ed.) (1996): Hypnosis and suggestion in the treatment of pain. A clinical guide. New York/London (W. W. Norton).

Bejenke, Ch. (1996a): Hypnosis and suggestion for painful medical procedures. In: J. Barber (ed.): Hypnosis and suggestion in the treatment of pain. A clinical guide. New York/London (W. W. Norton).

Bejenke, Ch. (1996b): Preparation of patients for stressful medical interventions: some very simple appraoches. In: B. Peter, B. Trenkle, F. C. Kinzel, C. Duffner, A. Iost-Peter. (eds.): Munich Lectures of Hypnosis and Psychotherapy. München (Milton Erickson Gesellschaft).

Bongartz, B. u. W. (1988): Hypnose – wie sie wirkt und wem sie hilft. Reinbek (Rowohlt), 1999.

Bongartz, B. u. W. (1998): Hypnosetherapie. Göttingen u. a. (Hogrefe), 2. Aufl. 1999.

Bongartz, W. (1990): Hypnose und immunologische Funktionen. In: D. Revenstorf (Hrsg.): Klinische Hypnose. Heidelberg/Berlin (Springer), 2., korr. u. überarb. Aufl. 1993.

Cheek, D. B. (1959): The unconscious perception of meaningful sounds under surgical anaesthesia as revealed under hypnosis. *American Journal of Clinical Hypnosis* 1: 101–113.

Cheek, D. B. (1966): The meaning of continued hearing sense under general chemo-anesthesia: A progress report and a report case. *American Journal of Clinical Hypnosis* 8: 275–280.

McEbrahim, D., Live-Demonstration. Europäischer Kongreß für Hypnose, Wien.

Erickson, M. H. (1995–1998): Gesammelte Schriften. 6 Bd., hrsg. v. E. L. Rossi. Heidelberg (Carl-Auer-Systeme).

Erickson, M. H. u. J. K. Zeig (Hrsg.) (1992): Meine Stimme begleitet sie überall hin. Ein Lehrseminar mit Milton H. Erickson. Stuttgart (Klett-Cotta), 7. Aufl. 1999.

Gheorghiu, V. (1990): Hypnose, Suggestion und Suggestibilität. In: D. Revenstorf (Hrsg.): Klinische Hypnose. Heidelberg/Berlin (Springer), 2. korr. u. überarb. Aufl. 1993.

Gilligan, St. (1991): Therapeutische Trance. Das Prinzip Kooperation in der Ericksonschen Hypnotherapie. Heidelberg (Carl-Auer-Systeme).

Hammond, C. (1990): Handbook of hypnotic suggestions and metaphors. New York/London (W. W. Norton).

Holtz, K. L., S. Mrochen, P. Nemetschek, B. Trenkle (2000): Neugierig aufs Großwerden. Praxis der Hypnotherapie mit Kindern und Jugendlichen. Heidelberg (Carl-Auer-Systeme).

Horton-Hausknecht, J. (1995): Abschlußbericht zur psychologischen Interventionsstudie bei rheumatoider Arthritis am Institut für Medizinische Psychologie der LMU, München.

Hunter, M. E. (1996): Making peace with chronic pain. New York (Brunner & Mazel).

Kaiser, A. (1992): Hypnose in der Exploration akustischer Wahrnehmung während Allgemeinanästhesie. Dissertationsarbeit Universität München, FB Medizin.

Kaiser, A. (1991): Perception under general anaestesia. *Hypnos* 18 (3): 148–152.

Kaiser A., D. Schwender, S. Klasing u. E. Pöppel (1993): Hypnose in der Exploration akustischer Wahrnehmung während Allgemeinanästhesie. *Hypnose und Kognition* (10) 2: 46–48.

Kaiser Rekkas, A., E. Pöppel, S. Klasing u. D. Schwender (1994): Further exploration of hypnosis and auditory evokeed potentials for investigating hearing during general anaestesia. *Hypnos* 21 (2): 114–123.

Kaiser Rekkas, A., D. Schwender u. E. Pöppel (1997): Akustisch evozierte Potentiale und Hypnose in der Untersuchung akustischer Wahrnehmung während Allgemeinanästhesie. *Experimentelle und Klinische Hypnose* 13 (2): 137–154.

Kossak, H. Ch. (1989): Hypnose – ein Lehrbuch. Weinheim (Psychologie Verlags-Union), 3. korr. Aufl. 1997.

Loth, N. u. M. Kahan (1986): Tonsillektomie (Rachenmandeloperation) unter Hypnose. *Experimentelle und klinische Hypnose* 2 (2): 125–128.

Meares, A. (1985): A form of intensive meditation associated with the regression of cancer. *American Journal of Clinical Hypnosis* 25 (2/3): 114–121.

Mrochen, S., K.-L. Holtz u. B. Trenkle (1993): Die Pupille des Bettnässers. Heidelberg (Carl-Auer-Systeme), 4. Aufl. 2000.

Murray-Jobsis, J. (1994) (eds.): The borderline patient and the psychotic patient. In: J.W. Rhue, S. J. Lynn, a. I. Kirsch (eds.): Handbook of clinical hypnosis. Washington, DC (American Psychological Association).

Núñez, R. (1998): Self-hypnosis for improving seizure control in epilepsy. *Hypnos* 25 (1): 15 ff.

Phillips, M. a. F. Clair (1995): Healing the divided self. New York/London (Norton).

Olness, K. u. D. P. Kohen (2001): Lehrbuch der Kinderhypnose und -hypnotherapie. Heidelberg (Carl-Auer-Systeme).

Revenstorf, D. (1990): Klinische Hypnose. Heidelberg/Berlin (Springer), 2. korr. u. überarb. Aufl 1993.

Rossi, E. L. (1991): Die Psychobiologie der Seele-Körper-Heilung. Essen (Synthesis).

Schäfgen, E. (1992): Hypnosetherapie. Köln (Deutscher Ärzteverlag).

Schmierer, A. (1993): Einführung in die zahnärztliche Hypnose. Berlin (Quintessenz), 2. veränd. u. erw. Aufl. 1997.

Schwender, D., A. Kaiser, S. Klasing, K. Peter a. E. Pöppel (1994): Midlatency auditory evoked potentials and explicit and implicit memory in patients undergoing cardiac surgery. *Anesthesiology* 89 (3): 493–501.

Shazer, S. de (1985): Keys to solution in brief therapy. New York (Norton) [dt. (1999): Wege der erfolgreichen Kurztherapie. Stuttgart (Klett-Cotta)].

Shazer, S. de (1989): Der Dreh. Überraschende Wendungen und Lösungen in der Kurzzeittherapie. Heidelberg (Carl-Auer-Systeme), 6. Aufl. 1999.

Sokoloff, I. (1981): Localisation of functional activity in the central nervous system by measurement of glucose utilization with radioactive de-oxyglucose. *J. Cereb. Blood Flow Metab.* 1: 7–36.

Watkins, J. G. a. H. H. Watkins (1991): Hypnosis and ego-state therapy. In: P.A. Keller a. S. R. Heyman (eds.): Innovations in clinical practise. Vol. 10. Sarasata, FL (Professional Resources Exchange) 23–37.

Wolff, K. (1998): Hypnotische Archäologie – lang ist und windungsreich der Weg von der physikalistischen Phantastik des Mesmerismus bis zum psychologischen Realismus der Ericksonianer. *CH-Hypnose* 8 (2): 4 ff.

Yapko, M. D. (1994): When living hurts. Directives for treating depression. New York (Brunner & Mazel).

Yapko, M. D. (1996): Depression und Hypnose. München (Pfeiffer).

Yapko, M. D. (i. Vorb.): Erste Hilfe bei Depressionen. Heidelberg (Carl-Auer-Systeme).

Über die Autorin

Agnes Kaiser Rekkas studierte an der FU Berlin Psychologie, nachdem sie mehrere Jahre als Physiotherapeutin in der Traumatologie tätig war. Anschließend bildete sie sich in systemischer Therapie und klinischer Hypnose aus und promovierte an der Ludwig-Maximilian-Universität München mit dem Thema „Exploration akustischer Wahrnehmung während Allgemeinanästhesie in der Herzchirurgie mit Hilfe von Hypnose und akustisch evozierten Potentialen" zum Doktor der Humanbiologie. Agnes Kaiser Rekkas arbeitet in München in eigener psychotherapeutischer Praxis und lehrt klinische Hypnose und Hypnotherapie an Fortbildungsveranstaltungen in Deutschland, der Schweiz und Österreich. Sie ist Ausbilderin und Supervisorin der Deutschen Gesellschaft für Hypnose.

Dr. rer. biol. hum. Agnes Kaiser Rekkas
Chorherrstraße 4
81667 München
Tel. (089) 448 40 25
Fax: (089) 48 99 97 48
E-Mail: Agnes.Kaiser-Rekkas@t-online.de

Die Fee, das Tier und der Freund
Hypnotherapie in der Psychosomatik,

Agnes Kaiser Rekkas

Die Fee, das Tier und der Freund

Hypnotherapie in der Psychosomatik

Das Buch bietet ein Basistraining aus der Praxis für die Praxis. Mediziner und Psychotherapeuten finden hier einfaches, klares und strukturiertes Handwerkszeug für Techniken, die sich als nützlich erwiesen haben. Ein chronologisch orientiertes Konzept beschreibt strategisch den Aufbau eines allgemeingültigen Therapiemodells.

→ Die Fee, das Tier und der Freund
Hypnotherapie in der Psychosomatik
332 Seiten, Festband, 2001
ISBN 3-89670-189-4

→ Seifenblasen
Vier hypnotische Anleitungen für psychosomatische Krankheitsbilder
1 CD, ca. 70 Min.
ISBN 3-89670-171-1

Die vier hypnotherapeutischen Anleitungen rufen über metaphorische Bilder körperliche Erholung, Wohlbefinden und Stärkung der Immunabwehr hervor. Eingebettet in lebensvolle Phantasien finden sich sinnreiche Suggestionen für die unbewußte therapeutische Arbeit an den seelischen Hintergründen einer psychosomatischen Erkrankung (u. a. auch Tumorerkrankungen). Die CDs unterstützen die Arbeit des Hypnotherapeuten an konkreten Krankheitssymptomen und stärken die Selbstheilungsprozesse des eigenen Körpers.

Carl-Auer-Systeme Verlag